W0329572

hänssler

BILLY GRAHAM

Die Kraft des Heiligen Geistes empfangen

Alle zitierten Bibelstellen sind dem Bibeltext nach der Übersetzung Martin Luthers, Altes und Neues Testament, revidierte Fassung von 1984 entnommen.

CIP-Titelaufnahme der Deutschen Bibliothek

Graham, Billy:
Die Kraft des Heiligen Geistes empfangen / Billy Graham.
[Übers. von Dietrich Bärend]. - Neuhausen-Stuttgart :
Hänssler, 1990
(TELOS-Bücher ; 1325 : TELOS-Paperback)
ISBN 3-7751-1540-4
NE: GT

TELOS-Paperback 1325
Bestell-Nr. 71.325
© Copyright 1978 by Billy Graham
Published by Word, Inc., Irving, Texas
Originaltitel: The Holy Spirit
Übersetzt von Dr. Dietrich Bärend
© Copyright der deutschen Ausgabe 1990 by Hänssler-Verlag,
Neuhausen-Stuttgart
Umschlaggestaltung: Daniel Dolmetsch
Titelbild: The Image Bank
Printed in Germany

VORWORT

Eine alte amerikanische Indianerlegende erzählt, wie ein Häuptling aus den Bergen zum ersten Mal den endlos weiten Ozean sah. Gebannt blickte er auf die ungeheure Wasserfläche und bat um ein Litergefäß. Er watete in das Wasser, füllte das Gefäß und erklärte den erstaunten Zuschauern: »Mein Volk in den Bergen hat noch nie das ›Große Wasser‹ gesehen. Ich will ihm deshalb ein wenig davon mitbringen, damit es eine Ahnung von dem bekommt, was ich gesehen und erlebt habe.«

So ähnlich geht es mir, wenn ich die unendliche Größe und Allmacht des Heiligen Geistes in einem Buch festzuhalten versuche. Es ist wirklich so, als ob man den Ozean in einem Litergefäß nach Hause tragen wollte, denn die Unendlichkeit des Heiligen Geistes gleicht dem Ozean, aber der Geist des Menschen ist begrenzt wie ein Litergefäß.

Bevor Papst Johannes starb, wurde er gefragt, welche kirchliche Lehre heute wieder mehr betont werden sollte. Seine spontane Antwort war: »Die Lehre vom Heiligen Geist.« Die gleiche Meinung vertrat auch Dr. Karl Barth, bei dem meine Frau und ich vor vielen Jahren einmal zu Gast sein durften.

Das vorliegende Buch begann als Teil meiner geistlichen Pilgerfahrt. In den vielen Jahrzehnten als Evangelist erhielt ich ein wachsendes Verständnis für den großartigen und wohl atemberaubenden Dienst des Heiligen Geistes im Leben der Christen. Besonders in den letzten Jahren, als ich erlebte, wie in vielen Teilen der Welt das Interesse an SEINER Arbeit zunahm, begann ich mich intensivst mit IHM zu beschäftigen.

Systematisch studierte ich, was die Bibel über die Person und die Aufgabe des Heiligen Geistes lehrt. Anfänglich hatte ich auch gar nicht die Absicht, ein Buch über dieses Thema zu schreiben. Je tiefer ich aber in diese Materie eindrang, um so besorgter wurde ich über die Mißverständnisse und die Ignoranz, die in verschiedenen christlichen Kreisen über die dritte Person der Dreieinigkeit bestehen. Irgendwie hatte ich eine Scheu, dieses Buch zu schreiben. Beim Schreiben aber profitierte ich selbst sehr viel. Ich erhielt völlig neue Eindrücke über den Dienst des Heiligen Geistes. Es hat mir auch geholfen, einige Bewegungen des Heiligen Geistes in unserer heutigen Welt besser zu verstehen bzw. zu begreifen.

Ich hoffe und bete dafür, daß dieses Buch für viele Christen informativ und aufklärend wirken darf und daß es die Kinder Gottes näher zusammenbringt. Der Heilige Geist ist nicht gekommen, die Gemeinde Jesu zu spalten, sondern es gehört zu SEINER Aufgabe, daß alle, die Jesus Christus gehören, einander als Schwestern und Brüder erkennen.

In diesem Buch beschäftige ich mich nur mit dem, was die Bibel über den Heiligen Geist aussagt. Die Bibel – und ich glaube, daß sie vom Heiligen Geist inspiriert wurde – ist die einzige authentische Quelle, die uns zur Verfügung steht. Jede Analyse über die Person und die Arbeit des Heiligen Geistes muß daher biblisch fundiert sein.

Mir wurde bei meiner Arbeit auch klar, daß es einige Punkte gibt, die gläubige Christen unterschiedlich interpretieren können. Dort aber, wo es keine einhelligen Auffassungen unter Christen gibt, habe ich mich bemüht, nicht dogmatisch zu sein. Ich bin dankbar, daß der Heilige Geist in unserer Generation so wirkt, daß die Kirchen und Gemeinden erwachen und die Evangelisationen gesegnet sind.

Möge Gott dieses Buch als Werkzeug zur Erweckung und als Herausforderung für seine Kinder gebrauchen.

Billy Graham

INHALT

1. KAPITEL

Wer ist der Heilige Geist?

Vor einigen Jahren fragte der Lehrer in einer 11. Klasse seine Schüler, ob jemand die Elektrizität erklären könne. Daraufhin meldete sich ein Schüler. Der Lehrer fragte ihn: »Nun, wie erklärst du sie, Jimmy?« Jimmy kratzte sich kurz am Kopf und erklärte dann: »Gestern abend wußte ich es noch, aber heute früh habe ich es vergessen.« Der Lehrer schüttelte den Kopf und sagte dann zur Klasse: »Was für ein Jammer! Da sitzt der einzige Mensch auf der Welt, der je die Elektrizität verstanden hat und der hat es auch noch vergessen!«

Die Reaktion dieses Lehrers mag dem recht nahekommen, was Sie und ich empfinden, wenn wir uns mit der Lehre von der Dreieinigkeit befassen. Wir akzeptieren die Tatsache, daß der Heilige Geist Gott ist, genau soviel Gott, wie Gott der Vater und Gott der Sohn Gott ist. Aber wenn wir das erklären sollen, fühlen wir uns überfordert.

In den letzten Jahren haben die Menschen mehr über den Heiligen Geist gesprochen und mehr Bücher über ihn geschrieben als über irgendein anderes religiöses Thema, das Okkulte vielleicht ausgenommen. Das ist größtenteils auf den Einfluß der charismatischen Bewegung zurückzuführen, die man bereits als »dritte Kraft« im Christentum neben der katholischen und der evangelischen Kirche bezeichnet hat. Die charismatische Bewegung in ihrer neueren Ausprägung, die einige ihrer Wurzeln in der ursprünglichen Pfingstbewegung hat, und die den Heiligen Geist besonders betont, hat heute in den meisten christlichen Konfessionen und auch im Katholizismus deutlich Fuß gefaßt. Wir mögen das Gefühl haben, daß das alles ein weites Feld ist, und daß wir darüber nur wenig wissen. Aber Gott hat uns in seinem Wort alles offenbart, was wir wissen sollen.

Viele Fragen werden in diesem Buch behandelt, auf die verunsicherte und uninformierte Gläubige nach Antworten suchen. Es ist eine Tatsache, daß Millionen von Christen auf allen Kontinenten heute solche Fragen stellen, und sie haben das Recht auf eine biblische Antwort. Zum Beispiel: Was hat es mit der Taufe durch den Heiligen Geist für eine Bewandtnis? Wann findet sie statt? Ist es heute möglich oder notwendig, in Zungen zu reden? Gibt es so etwas wie einen »zweiten Segen«?

Am Beginn unserer Studie müssen wir gleich eine kritische Frage stellen: Wer ist der Heilige Geist?

Der Heilige Geist ist eine Person.

Die Bibel lehrt uns, daß der Heilige Geist eine Person ist. Jesus nannte ihn nie »es«, wenn er vom Heiligen Geist sprach. In Johannes 14, 15-16 spricht Jesus deshalb vom Heiligen Geist als ER, weil ER nicht eine Kraft oder eine Sache ist, sondern eine Person. Wann immer jemand mit Bezug auf den Heiligen Geist von »es« spricht, dann ist er nicht richtig informiert, oder ihm liegt nichts an einer Aufklärung. In der englischen King-James-Übersetzung der Bibel heißt es in Zusammenhang mit dem Heiligen Geist »itself«; das ist jedoch eine falsche Übersetzung. In fast allen neueren Übersetzungen heißt es nicht mehr »itself«, sondern »himself«.

Wir entnehmen der Bibel, daß der Heilige Geist Intelligenz, Gefühle und einen Willen hat. Außerdem schreibt ihm die Bibel Handlungsweisen zu, wie wir sie von jemandem erwarten, der nicht eine bloße unpersönliche »Kraft«, sondern eine wirkliche Person ist.

Er spricht: »Wer Ohren hat, der höre, was der Geist den Gemeinden sagt! Wer überwindet, dem will ich zu essen geben von dem Baum des Lebens, der im Paradies Gottes ist« (Offb 2,7).

»Als sie aber dem Herrn dienten und fasteten, sprach der Heilige Geist: Sondert mir aus Barnabas und Saulus zu dem Werk, zu dem ich sie berufen habe« (Apg 13,2).

Er handelt auch als Fürsprecher: »Desgleichen hilft auch der Geist unserer Schwachheit auf. Denn wir wissen nicht, was wir beten sollen, wie sich's gebührt; sondern der Geist selbst vertritt uns mit unaussprechlichem Seufzen« (Röm 8,26).

Er legt Zeugnis ab: »Wenn aber der Tröster kommen wird, den ich euch senden werde vom Vater, der Geist der Wahrheit, der vom Vater ausgeht, der wird Zeugnis geben von mir« (Joh 15,26).

Er weist den Weg: »Der Geist aber sprach zu Philippus: Geh hin und halte dich zu diesem Wagen« (Apg 8,29).

»Denn welche der Geist Gottes treibt, die sind Gottes Kinder« (Röm 8,14).

Er gibt Anordnungen: »Sie zogen aber durch Phrygien und das Land Galatien, da ihnen vom Heiligen Geist verwehrt wurde, das Wort zu predigen in der Provinz Asien. Als sie aber bis nach Mysien gekommen waren, versuchten sie, nach Bithynien zu reisen, doch der Geist Jesu ließ es ihnen nicht zu« (Apg 16, 6-7).

Er führt: »Wenn aber jener, der Geist der Wahrheit, kommen wird, wird er euch in alle Wahrheit leiten. Denn er wird nicht aus sich selber reden, sondern was er hören wird, das wird er reden, und was zukünftig ist, wird er euch verkündigen« (Joh 16,13).

Er ernennt: »So habt nun acht auf euch selbst und auf die ganze Herde, in der euch der Heilige Geist eingesetzt hat zu Bischöfen, zu weiden die Gemeinde Gottes, die er durch sein eigenes Blut erworben hat« (Apg 20,28).

Man kann ihn durch Lügen erbittern: »Petrus aber sprach: Hananias, warum hat der Satan dein Herz erfüllt, daß du den Heiligen Geist belogen und etwas vom Geld für den Acker zurückbehalten hast? Hättest du den Acker nicht behalten können, als du ihn hattest? Und konntest du nicht auch, als er verkauft war, noch tun, was du wolltest? Warum hast du dir dies in deinem Herzen vorgenommen? Du hast nicht Menschen, sondern Gott belogen« (Apg 5,3-4).

Er kann beleidigt werden: »Eine wieviel härtere Strafe, meint ihr, wird der verdienen, der den Sohn Gottes mit Füßen tritt und das Blut des Bundes für unrein hält, durch das er doch geheiligt wurde, und den Geist der Gnade schmäht?« (Hebr 10,29).

Man kann ihn lästern: »Darum sage ich euch: Alle Sünde und Lästerung wird den Menschen vergeben; aber die Lästerung gegen den Geist wird nicht vergeben. Und wer etwas redet gegen den Menschensohn, dem wird es vergeben; aber wer etwas redet gegen den Heiligen Geist, dem wird's nicht vergeben, weder in dieser noch in jener Welt« (Mt 12,31-32).

Er kann betrübt werden: »Und betrübt nicht den heiligen Geist Gottes, mit dem ihr versiegelt seid für den Tag der Erlösung« (Eph 4,30).

Alle die Gefühle und Handlungsweisen, die wir hier aufgeführt haben, sind charakteristisch für eine Person. Der Heilige Geist ist folglich nicht eine unpersönliche Kraft, wie etwa die Schwerkraft oder der Magnetismus. Er ist eine Person, mit allen Attributen einer Persönlichkeit ausgestattet. Aber er ist nicht nur eine Person. Er ist auch göttlich.

Der Heilige Geist ist eine göttliche Person: Er ist Gott.

In der gesamten Bibel besteht kein Zweifel daran, daß der Heilige Geist Gott selbst ist. Das sieht man beispielsweise an den Attributen, die ihm in der Schrift zugesprochen werden. Ohne jede Ausnahme handelt es sich dabei um die Attribute, die Gott selbst kennzeichnen.

Er ist ewig: Damit wird gesagt, daß es niemals eine Zeit gab, in der er nicht existierte. »Wieviel mehr wird dann das Blut Christi, der sich selbst als Opfer ohne Fehl durch den ewigen Geist Gott dargebracht hat, unser Gewissen reinigen von den toten Werken, zu dienen dem lebendigen Gott« (Hebr 9,14).

Er ist allmächtig: »Der Engel antwortete und sprach zu ihr: Der Heilige Geist wird über dich kommen, und die Kraft des Höchsten wird dich überschatten; darum wird auch das Heilige, das geboren wird, Gottes Sohn genannt werden« (Lk 1,35).

Er ist allgegenwärtig: »Wohin soll ich gehen vor deinem Geist, und wohin soll ich fliehen vor deinem Angesicht?« (Ps 139,7)

Er ist allwissend: »Uns aber hat es Gott offenbart durch seinen Geist; denn der Geist erforscht alle Dinge, auch die Tiefen der Gottheit. Denn welcher Mensch weiß, was im Menschen ist, als allein der Geist des Menschen, der in ihm ist? So weiß auch niemand, was in Gott ist, als allein der Geist Gottes« (1.Kor 2, 10-11).

Der Heilige Geist wird Gott genannt (Apg 5,3-4).

»Nun aber schauen wir alle mit aufgedecktem Angesicht die Herrlichkeit des Herrn wie in einem Spiegel, und wir werden verklärt in sein Bild von einer Herrlichkeit zur anderen, von dem Herrn, der der Geist ist« (2. Kor 3,18).

Er ist der Schöpfer: Die erste Erwähnung des Heiligen Geistes in der Bibel finden wir in 1. Mose 1,2 , wo uns gesagt wird, daß »der Geist Gottes auf dem Wasser schwebte«. Und doch heißt es in 1. Mose 1,1: »Am Anfang schuf Gott Himmel und Erde.« Und im Kolosserbrief, im 1. Kapitel, wo Paulus der Gemeinde zu Kolossä über den Herrn Jesus Christus schreibt, da teilt er uns unter vielen anderen wunderbaren Wahrheiten mit: »Denn in ihm ist alles geschaffen, was im Himmel und auf Erden ist, das Sichtbare und das Unsichtbare, es seien Throne oder Herrschaften oder Mächte oder Gewalten; es ist alles durch ihn und zu ihm geschaffen. Und er ist vor allem, und es besteht alles in ihm« (Kol 1,16-17).

Wir sehen also, daß Gott der Vater, Gott der Sohn und Gott der Heilige Geist gemeinsam die Welt erschaffen haben. Es ist für jeden Christen von größter Wichtigkeit, sowohl in theologischer als auch in praktischer Hinsicht, daß diese Tatsache verstanden und akzeptiert wird.

Ich habe einmal vor einigen Studenten in einem theologischen Seminar über den Heiligen Geist gesprochen. Daraufhin fragte einer der Hörer: »Aber üblicherweise wird er zuletzt, nach dem Vater und dem

Sohn, erwähnt. Bedeutet das nicht, daß er minderen Ranges ist?« Aber in Römer 15,30 wird er nicht als letzter erwähnt: »Ich ermahne euch aber, liebe Brüder, durch unseren Herrn Jesus Christus und durch die Liebe des Geistes, daß ihr mir kämpfen helft durch eure Gebete für mich zu Gott.« Und in Epheser 4,4 sagt Paulus: »Ein Leib und ein Geist, wie ihr auch berufen seid zu einer Hoffnung eurer Berufung.«

Wichtiger aber ist es noch, daß die übliche Reihenfolge der drei Personen der Dreieinigkeit im Neuen Testament mit ihrer jeweiligen Zuständigkeit und mit ihren unterschiedlichen Funktionen zu tun hat. So sagen wir, daß wir zum Vater durch den Sohn in der Kraft des Heiligen Geistes beten. Darüber hinaus habe ich bereits dargelegt, daß der Funktion nach der Vater zuerst kam, dann der Sohn Fleisch wurde, starb und auferstand. Heute leben wir im Zeitalter des Heiligen Geistes, und nun tut der Geist sein Werk in uns. Diese Reihenfolge hat also nichts mit einer Rangordnung zu tun, sondern nur mit der Funktion und der zeitlichen Abfolge.

Die Dreieinigkeit.

Als ich vor vielen Jahren begann, die Bibel zu studieren, war die Lehre von der Dreieinigkeit eines der schwierigsten Probleme, mit denen ich zu kämpfen hatte. Ich habe diese Frage nie ganz klären können, denn sie hat einen Aspekt des Geheimnisvollen. Aber obwohl ich sie bis zum heutigen Tag nicht gänzlich verstehe, akzeptiere ich sie als eine Offenbarung Gottes.

Die Bibel lehrt uns, daß der Heilige Geist ein lebendiges Wesen ist. Er ist eine der drei Personen der Heiligen Dreieinigkeit. Die Trinität zu erklären und zu beschreiben ist eine der schwierigsten Aufgaben, vor die ein Christ sich gestellt sehen kann.

David McKenna erzählte mir einmal, daß ihn sein kleiner Sohn Douglas gefragt habe: »Ist Gott Gott der Vater?« Er habe bejaht. »Ist Jesus Christus Gott?« »Ja.« »Ist der Heilige Geist Gott?« »Ja.« »Aber wie kann denn dann Jesus sein eigener Vater sein?« David dachte nach. Bei ihrer Unterhaltung saßen sie gerade in seinem alten Chevrolet. »Hör zu, mein Sohn«, antwortete er. »Unter der Motorhaube dieses Wagens befindet sich nur eine einzige Batterie. Aber du kannst damit die Scheinwerfer einschalten, die Hupe ertönen lassen und das Auto starten.« Er fügte hinzu: »Wie das möglich ist, weiß ich auch nicht – aber es geht!«

Die Bibel lehrt uns, daß die Dreieinigkeit eine Realität ist, und zwar sowohl im Alten wie auch im Neuen Testament. Wollen wir uns einige der wichtigsten Passagen dazu näher anschauen!

Gott entfaltet die Offenbarung seiner selbst in der Bibel Schritt für Schritt. Aber schon ganz am Anfang, im 1. Buch Mose, gibt es Hinweise darauf, daß Gott in drei Personen existiert – als Vater, als Sohn und Heiliger Geist – und diese drei Personen zusammen den dreieinigen Gott bilden. Der christliche Glaube ist also auf eine Dreieinigkeit ausgerichtet. Andererseits gibt es nur einen einzigen Gott und nicht drei Götter, und damit ist eindeutig klargestellt, daß der christliche Glaube in keiner Hinsicht polytheistisch ist. Die Bibel beginnt mit der majestätischen Aussage: »Am Anfang schuf Gott Himmel und Erde« (1.Mose 1,1).

Kenner der hebräischen Sprache haben mir gesagt, daß es in dieser Sprache nicht nur Singular und Plural, sondern darüber hinaus auch noch den Dual gibt. Der Singular ist die Einzahl, der Dual die Zweizahl und der Plural die Mehrzahl. Was in 1.Mose 1,1 mit »Gott« übersetzt wird, ist eigentlich ein Plural, und das deutet an, daß von mehr als zwei Personen die Rede ist. Das hebräische Wort, das hier verwendet wird, heißt Elohim. Matthew Henry sagt dazu, es verdeutliche »die Mehrzahl der Personen in der Gottheit, Vater, Sohn und Heiliger Geist. Dieser Mehrzahl-Name Gottes bekräftigt unseren Glauben an die Doktrin von der Dreieinigkeit, die zwar im Alten Testament nur in verhüllter Form vorkommt, aber dann im Neuen Testament klar und deutlich offenbart wird.«

Wie wir am Beispiel der Schöpfungsgeschichten gesehen haben, erlaubt uns Gott schon ganz am Anfang kurze Einblicke in die Wahrheit, daß die Gottheit aus mehr als einer Person besteht. Ich habe hier einige der Schlüsselworte hervorgehoben:

»Lasset *uns* Menschen machen, ein Bild, das *uns* gleich sei, die da herrschen über die Fische im Meer und über die Vögel unter dem Himmel und über das Vieh und über alle Tiere des Feldes und über alles Gewürm, das auf Erden kriecht« (1. Mose 1,26). Weiter sagt Gott, der Herr, in 1.Mose 3,22: »Siehe, der Mensch ist geworden wie *unsereiner* und weiß, was gut und böse ist.« Und in 1.Mose 11, 6-7: »Siehe, es ist einerlei Volk und einerlei Sprache unter ihnen allen, und dies ist der Anfang ihres Tuns; nun wird ihnen nichts mehr verwehrt werden können von allem, was sie sich vorgenommen haben zu tun. Wohlauf, laßt *uns* herniederfahren und dort ihre Sprache verwirren, daß keiner des anderen Sprache verstehe!« Als Jesaja die Stimme des Herrn hörte, die sagte: »Wen soll ich senden? Wer will *unser* Bote sein?«, da antwortete er: »Hier bin ich, sende mich!« (Jes 6,8)

Die Lehre des Neuen Testaments von der Dreieinigkeit ist viel weiter entwickelt, als die des Alten Testaments. Da die Offenbarung Schritt um Schritt vorangeht, fällt immer mehr Licht auf dieses Thema, und zwar in dem Maße, in dem Gott sich zur Zeit Jesu und der Apostel immer deutlicher offenbarte.

Das letzte Gebot Jesu vor seiner Himmelfahrt ist in Matthäus 28,18-20 wiedergegeben. Darin hat er seinen Anhängern die Anweisung gegeben, »alle Völker zu lehren« und sie zu taufen »auf den Namen des Vaters und des Sohnes und des Heiligen Geistes, und lehret sie halten alles, was ich euch befohlen habe. Und siehe, ich bin bei euch alle Tage bis an der Welt Ende.«

Hier hat Jesus den Auftrag gegeben, daß seine Jünger, wenn er die Welt verlassen hat, die Botschaft seines Evangeliums allen Völkern weitersagen sollen. Der Heilige Geist wird sie dazu gebrauchen, Menschen zu seinem Namen hinzuziehen. Dieser Auftrag, im Namen der Dreieinigkeit zu taufen, läßt erkennen, daß der Heilige Geist mit Gott dem Vater und Gott dem Sohn gleichgestellt ist. Er ist Gott der Heilige Geist.

Es ist wunderbar zu wissen, daß Jesus gesagt hat, er werde die, die an ihn glauben, nicht allein lassen. Durch den Heiligen Geist, den er und der Vater gesandt haben, wird er uns nie verlassen (Hebr 13,5). Er wird bei jedem Gläubigen bis zum Ende bleiben.

Dieser Gedanke hat mir unzählige Male neuen Mut gegeben in diesen dunklen Tagen, in denen in so vielen Teilen der Welt satanische Kräfte am Werk sind.

In diesem Zusammenhang hat der Apostel Paulus auch gesagt: »Die Gnade unseres Herrn Jesu Christi und die Liebe Gottes und die Gemeinschaft des Heiligen Geistes sei mit euch allen« (2. Kor 13,13). Dieser Segen läßt deutlich erkennen, daß der Heilige Geist mit dem Vater und mit dem Sohn eine Einheit in der Gottheit bildet. Es sind also nicht einer plus einer plus einer – ist gleich drei. Vielmehr ist es eins mal eins mal eins – gleich eins. Der Heilige Geist ist eins mit dem Vater und eins mit dem Sohn. Wenn der Vater Gott ist, und wenn Jesus Gott ist, dann ist auch der Heilige Geist Gott.

Das Hauptproblem bei der Lehre der Dreieinigkeit betrifft den Umstand des Christentums, daß es monotheistisch ist. Es verwirft den Polytheismus, den Glauben an mehr als einen Gott. Die Antwort geht dahin, daß der Glaube an die Dreieinigkeit die Einigkeit der Gottheit schützt, zugleich aber auch anerkennt, daß sich in dieser Gottheit drei Personen befinden, die doch nur ein Wesen sind.

Es handelt sich hierbei um ein außerordentlich komplexes Thema, das über die Erkenntnisfähigkeit unserer beschränkten Sinne weit hinausgeht. Gleichwohl ist es von größter Wichtigkeit, erklären zu können, was die Bibel sagt, während man auf der anderen Seite dort schweigen muß, wo die Bibel schweigt. Gott der Vater ist uneingeschränkt Gott. Gott der Sohn ist uneingeschränkt Gott. Gott der Heilige Geist ist uneingeschränkt Gott. Die Bibel lehrt dies als eine Tatsache. Sie erklärt dies nicht. Gleichwohl hat man es mit vielen Deutungen versucht, von denen einige durchaus logisch anmuten – sie entsprechen jedoch nicht der geoffenbarten Wahrheit der Heiligen Schrift.

Eine Irrlehre, die bereits von der frühen christlichen Kirche verworfen wurde, wurde »Modalismus« genannt. Es wurde gelehrt, Gott sei zu verschiedenen Zeiten in verschiedenen Formen erschienen, einmal als Vater, dann als Sohn und schließlich als Heiliger Geist. Die Vertreter dieser Auffassung dachten, auf diese Weise ließe sich die Einheit des Monotheismus bewahren. Das hätte dann jedoch bedeutet, daß Jesus, wenn er betete, Selbstgespräche geführt hätte! Und auch die Aussage der Apostelgeschichte, daß der Vater und der Sohn den Heiligen Geist sandten (2,33), verträgt sich nicht mit dieser Lehre. Außerdem verstößt sie gegen die ausdrückliche Darlegung der Dreieinigkeit in der Einheit, wie wir sie in Jesu Taufbefehl am Ende des Matthäus-Evangeliums finden. Jesus selbst war es, der sagte, daß seine Jünger die Neubekehrten »im Namen des Vaters und des Sohnes und des Heiligen Geistes« taufen sollten. Aus dem griechischen Satzbau ergibt sich ganz deutlich, daß Jesus von drei verschiedenen Personen spricht. Er hat unzweifelhaft die Lehre von der Dreieinigkeit vertreten.

Wir haben also gesehen, daß der Heilige Geist eine Person ist, selbst auch Gott ist und ein Teil der Dreieinigkeit ist. Jeder, der das nicht erkennt, versäumt viel Freude und Kraft. Obwohl der Vater der Quell allen Segens ist und der Sohn der Weg allen Segens, wird doch alle Wahrheit lebendig und wirksam in unserem Leben durch den Heiligen Geist, der in uns wirkt.

Bei der Zusammenfassung möchte ich nur auf den wichtigsten Punkt hinweisen: Es gibt nichts bei Gott, das nicht auch beim Heiligen Geist wäre. Alle wesentlichen Kennzeichen der Gottheit stehen auch dem Heiligen Geist zu. Wir können von ihm genau das sagen, was man von Jesus Christus im nicänischen Glaubensbekenntnis sagt:

»Er ist wahrer Gott vom wahren Gott. Deshalb verbeugen wir uns vor ihm, wir beten ihn an, wir zollen ihm jede Ehrerbietung, die die Bibel von uns gegenüber Gott, dem Allmächtigen, fordert.«

Wer ist der Heilige Geist? Er ist Gott!

2. KAPITEL

Als der Heilige Geist kam

Während ich dieses Kapitel schrieb, saßen meine Frau und ich einmal in der warmen Frühlingssonne auf der Veranda, und wir unterhielten uns darüber, wie erfrischend der Wind war, als der Abend näherrückte. Dabei erwähnten wir besonders die Kraft und das Geheimnis des Windes.

Es ist interessant, daß in der Bibel – sowohl im hebräischen wie auch im griechischen Text – das Wort, das verwendet wird, wenn vom Heiligen Geist die Rede ist, auch mit »Wind« übersetzt werden kann. So wirkt der Heilige Geist auf verschiedene Weise in unserem Leben und auf verschiedene Weise in der Geschichte.

Ich habe schon Tornados erlebt, in Texas und in Oklahoma, und, als ich noch ein Junge war, einmal sogar im Bundesstaat North Carolina, in dem ich geboren und aufgewachsen bin. Ich habe die gewaltige Kraft des Windes erlebt. Der Geschäftsführer eines Granitsteinbruchs in North Carolina erzählte mir: »Wir haben die Granitsteine für das Rathaus der Stadt New York geliefert. Wir können einen Granitblock, der drei Meter hoch ist, zum Abtransport in jede beliebige Höhe heben. Wir machen das mit Preßluft. Das geht so einfach, wie ich hier ein Stück Papier hochhebe.«

»Luft! Luft – dieses unsichtbare Element, in dem wir leben und uns bewegen, diese Substanz, die so wenig faßbar ist, daß wir unsere Hände in ihr bewegen können, als besäße sie überhaupt keine Realität. Aber die Kraft, die sie besitzt! Wie groß ist sie und wie schrecklich!«

Wir haben vorhin einiges über die Natur und über die Persönlichkeit des Heiligen Geistes gelernt. Nun müssen wir einen Blick auf seine deutlich erkennbare Tätigkeit in jedem der großen Zeitalter werfen. Zunächst aber, um den rechten Blick vermittelt zu bekommen, müssen wir sehen, wie der dreieinige Gott in jedem Zeitabschnitt am Werk gewesen ist.

Die Elemente des Geheimnisvollen, die hier hineinspielen, machen es für den menschlichen Verstand schwer, das Ganze zu begreifen. Zur gleichen Zeit haben der Vater, der Sohn und der Heilige Geist verschiedene Funktionen zu erfüllen, zu denen jeder nur allein berufen ist. Zum Beispiel war es nicht der Vater und nicht der Heilige Geist, der am Kreuz auf Golgatha starb. Es war Gott der Sohn. Wir müssen solche Tatsachen verstehen, besonders wenn wir an die heutige Zeit und Gottes Wirken in ihr denken.

Wenn wir die Bibel studieren, sehen wir, daß das Werk Gottes als Vater besonders im Alten Testament hervorgehoben wird. Das Werk Gottes als Sohn kommt in den Evangelien zum Ausdruck. Aber von Pfingsten an bis zur Gegenwart liegt die Betonung auf dem Werk, das Gott als Heiliger Geist tut. Und doch sagt uns die Bibel auch, daß Gott der Heilige Geist durch die ganze Geschichte hindurch am Werk gewesen ist, vom Anbeginn der Welt an. Daher beginnen wir unsere Studie des Wirkens des Heiliges Geistes, indem wir einen kurzen Blick auf seine Tätigkeit in der Zeit vor Pfingsten werfen, um uns dann auf seinen einzigartigen Dienst nach dieser Zeit zu konzentrieren.

Das Wirken des Heiligen Geistes von der Schöpfung bis Bethlehem.

Im vorigen Kapitel haben wir schon gesehen, daß der Heilige Geist bereits bei der Schöpfung am Werk war. In der Schöpfungsgeschichte wird berichtet, daß »die Erde wüst und leer war, und es war finster auf der Tiefe« (1. Mose 1,2). Unmittelbar danach heißt es jedoch schon, daß »der Geist Gottes auf dem Wasser schwebte«. Das hebräische Wort bedeutet »brüten« oder »schweben«. Ebenso, wie eine Henne auf ihren Eiern brütet, um sie auszubrüten und neues Leben zu erzeugen, so brütete der Heilige Geist über dem Ursprung der Schöpfung Gottes, um die Leere mit Leben in den verschiedensten Formen zu erfüllen. Auf diese Weise entstand die Schöpfung, von der im restlichen Teil von 1. Mose 1 und 2 berichtet wird. Wir sehen also, daß von allem Anfang an der Heilige Geist zusammen mit dem Vater und dem Sohn aktiv an der Schöpfung beteiligt war.

Als Gott »den Menschen aus Erde vom Acker« machte (1.Mose 2,7), da war auch der Heilige Geist beteiligt. Wir hören dies auch in Hiob 33,4, wo es heißt: »Der Geist Gottes hat mich gemacht, und der Odem des Allmächtigen hat mir das Leben gegeben.« Die Parallele von Gottes Geist und Atem zeigt hier, daß beide miteinander verbunden sind.

In 1.Mose 2,7 heißt es auch, Gott der Herr »blies ihm den Odem des Lebens in seine Nase. Und so ward der Mensch ein lebendiges Wesen.« Während hier das Wort, das mit »Atem« übersetzt wird, nicht das gleiche ist wie das Wort, das »Geist« bedeutet, ist es dennoch ganz klar, daß nach diesen Worten der Mensch sein Leben ganz und gar Gott verdankt. Und der Atem Gottes, durch den der Mensch auf seine irdische Reise geschickt wurde, war in der Tat der Heilige Geist, wie wir es ja auch in Hiob 33,4 hören.

Psalm 104,3ff. führt unser Verständnis für die Tätigkeit des Heiligen Geistes bei der Schöpfung noch einen Schritt weiter. Der Heilige Geist war nicht nur bei der Bildung der Erde und des ersten Menschen am Werk, sondern darüber hinaus ist der Heilige Geist immer der Schöpfer des Lebens. »Du sendest aus deinen Odem, so werden sie geschaffen, und du machst neu die Gestalt der Erde« (Ps 104,30). Wer sind diese »sie«, die der Heilige Geist erschafft? Der ganze Psalm gibt darauf Antwort, aber wenn wir uns nur die Verse 18-26 ansehen, dann lesen wir, daß die Gemsen und Kaninchen (V.18), die wilden Tiere, wie z.B. die jungen Löwen (V.20 f.), der Mensch (V.23), und alles was auf der Erde und im Wasser lebt (V.24 f.), gemeint sind.

In der Zeit des Alten Testaments ging eine verheiratete Frau, die keine Kinder bekommen konnte, in den Tempel, weil sie wußte, daß der Geist Leben gibt. Dort betete sie entweder selbst, oder der Priester bat Gott, ihren verschlossenen Leib zu öffnen. Nun wußte eine solche Frau über die Dinge des Lebens sicher ebenso gut Bescheid wie wir, obwohl sie vielleicht nicht so ausführliche medizinische Kenntnisse besaß wie wir heute. Und doch ist es selbst für uns heute eines der Geheimnisse der Natur und eines ihrer Wunder, daß Sperma in ein Ei eindringen und daß dadurch ein neues Leben beginnen kann. Aber das ist nur die medizinische und biologische Art und Weise, um die Berührung von Gottes Hand bei der Erschaffung des Lebens zu beschreiben.

Hanna gibt uns dafür das klassische Beispiel. Sie war zum Tempel gegangen, um um einen Sohn zu beten. Eli, der Hohepriester, dachte zuerst, sie sei betrunken, aber sie sagte ihm, daß sie eine Frau sei, die ihr Herz vor dem Herrn ausgegossen habe. Eli antwortete ihr darauf: »Gehe hin mit Frieden; der Gott Israels wird dir die Bitte erfüllen, die du an ihn gerichtet hast« (1.Sam 1,17). Später wurde sie schwanger, und der Prophet Samuel wurde geboren. In der Geschichte selbst wird der Heilige Geist zwar nicht erwähnt, aber da wir aus Psalm 104,30 und aus Hiob 33,4 wissen, welche Funktion er dabei einnimmt, sehen wir, daß es mit aller Deutlichkeit zu den Aufgaben des Heiligen Geistes gehört, Leben zu spenden.

Aber Psalm 104,30 sagt noch mehr als nur dieses, daß wir unsere Erschaffung dem Heiligen Geist verdanken. Er erneuert auch die Gestalt der Erde. Gott ernährt auch, was er geschaffen hat.

Deswegen waren auch die Gläubigen im Alten Testament mit Recht davon überzeugt, daß Gott etwas mit dem Wachstum der Pflanzen zu tun hat. Sie wußten, daß er für eine gute Ernte gesorgt hatte: »Du lässest Gras wachsen für das Vieh und Saat zu Nutz des Menschen, daß du Brot aus der Erde hervorbringst« (Ps 104,14). In 5.Mose 28 sind die Bedingungen für den Segen und für den Fluch im Verheißenen Land aufgeführt. Wenn Israel Gott gehorchte, dann galt die Verheißung: »Gesegnet wird sein die Frucht deines Leibes, der Ertrag deines Akkers und die Jungtiere deines Viehs, deiner Rinder und deiner Schafe«, und: »Der Herr wird machen, daß du Überfluß an Gutem haben wirst« (1. Mose 28,4.11). Das Fest der ersten Früchte in Israel war eine formelle Bestätigung dafür, daß man Gott für den Überfluß zu danken hatte.

Und wenn wir heute vor der Mahlzeit den Kopf neigen, um Gott für die Nahrung zu danken, dann erkennen auch wir ihn damit als den an, der uns erhält.

Aber Gott segnet ebenso, wie er auch verflucht, er rettet ebenso, wie er bestraft. Im Alten Testament wird die Errettung Israels oft dem Heiligen Geist Gottes zugeschrieben. Er kämpfte mit den Menschen vor der Sintflut (1.Mose 6,3). Ich glaube, daß er mit den Menschen heute ebenso kämpft, wie er es vor der Sintflut getan hat. Jesus hat gesagt: »Und wie es geschah zu den Zeiten Noahs, so wird's auch geschehen in den Tagen des Menschensohnes« (Lk 17,26). Die gleichen krankmachenden Perversionen, der moralische Verfall und der Verlust aller Werte sind heute zu beobachten. Der Heilige Geist kämpft mächtig mit uns, aber die große Mehrheit der Menschheit will nicht hören.

Von Zeit zu Zeit hat der Heilige Geist auch von bestimmten Menschen Besitz ergriffen, um Gottes Volk zu retten. Wenn wir z.B. allein das Buch der Richter ansehen, dann sehen wir, daß er auf Otniël (3,10), Gideon (6,34), Jeftah (11,29) und Simson (13,25) fiel.

Die drei hauptsächlich verwendeten Ausdrücke, die im Alten Testament für das Werk des Heiligen Geistes am Menschen gebraucht werden, sind:

1. Er kam auf Menschen: »Und der Geist Gottes ergriff Sacharja« (2.Chr. 24,20).

2. Er ruhte auf Menschen: »Und als der Geist auf ihnen ruhte ...« (4.Mose 11,25).

3. Er erfüllte Menschen: »... Und habe ihn erfüllt mit dem Geist Gottes« (2.Mose 31,3).

Der Geist gebrauchte nicht nur Richter und Propheten, um Israel zu erretten, sondern auch Könige. Sie wurden mit Öl gesalbt, zum Zeichen dafür, daß sie vom Heiligen Geist bevollmächtigt waren. So lesen wir in 1.Samuel 16,13, daß, nachdem Samuel den David gesalbt hatte, »der Geist des Herrn über David geriet von dem Tag an und weiterhin«.

Der nächste Vers jedoch hat eine besondere Bedeutsamkeit. Während wir im Buch der Richter oft lesen, daß der Geist einen Menschen verließ, wenn dessen Aufgabe getan war, konnte er auch von einer Person weichen, wenn der- oder diejenige seinem Auftrag nicht gehorchte. Das widerfuhr Saul, wie wir in 1.Sam. 16,14 lesen, und auch Simson, wenn wir Richter 14,9 und 16,20 miteinander vergleichen. Die Sorge Davids, daß der Geist ihn nur nicht verlassen möge, kommt zum Ausdruck in seinem Gebet: »Nimm deinen heiligen Geist nicht von mir« (Ps 51,13).

Die große Rettung Gottes kam dann, natürlich nicht durch einen menschlichen gesalbten König, sondern durch einen Messias, ein Titel, der auf deutsch »der Gesalbte« bedeutet. Jesaja hatte prophetisch vorausgesagt, daß der Messias von sich bezeugen würde: »Der Geist Gottes des Herrn ist auf mir, weil der Herr mich gesalbt hat« (Jes 61,1). Und als Jesus 800 Jahre später diesen Text in der Synagoge vorlas, sagte er: »Heute ist dieses Wort der Schrift erfüllt vor euren Ohren« (Lk 4,21).

Es ist nicht immer einfach, die Rollen des Vaters, des Sohnes und des Heiligen Geistes im Alten Testament auseinanderzuhalten. Aber wir wissen, daß Jesus von Zeit zu Zeit in sogenannten Theophanien erschien, d.h. er erschien in menschlicher Gestalt in der Zeit des Alten Testaments. Wir wissen auch, daß sich der Name Gottes im Alten Testament auf die verschiedenen Personen der Dreieinigkeit beziehen kann.

Zusammenfassend können wir sagen, daß der Heilige Geist schon am Werk war, bevor die Welt begann. Damals stärkte und erneuerte er immer wieder seine Schöpfung. Das ganze Alte Testament hindurch war er aktiv, sowohl in der Natur als auch unter Seinen Menschen, indem er sie leitete und errettete durch Richter, Könige, Propheten und andere. Und er bezeugte, daß ein Tag kommen würde, an dem der Gesalbte erscheinen sollte.

Das Werk des Heiligen Geistes von Bethlehem bis Pfingsten.

Während der Zeit, über die in den vier Evangelien berichtet wird, konzentrierte sich das Werk des Heiligen Geistes auf die Person Jesu Christi. Der Gott-Mensch wurde gezeugt durch den Geist (Lk 1,35), getauft durch den Geist (Joh 1,32,33), geführt vom Heiligen Geist (Lk 4,1), gesalbt vom Geist (Lk 4,18; Apg 10,38), ermächtigt durch den Geist (Mat 12,27-28). Er opferte sich durch den Geist zur Versöhnung für unsere Sünden (Hebr 9,14), wurde durch den Geist von den Toten auferweckt (Röm 8,11) und gab Weisung durch den Geist (Apg 1,2).

Eine der am meisten Ehrfurcht gebietenden Passagen in der Heiligen Schrift sind die Worte des Engels zu Maria: »Der heilige Geist wird über dich kommen, und die Kraft des Höchsten wird dich überschatten; darum wird auch das Heilige, das geboren wird, Gottes Sohn genannt werden« (Lk 1,35). Übermäßig skeptische Menschen und solche mit einem sehr engen Blickfeld mögen darüber ungläubig ihren Spott haben, aber der Engel zerstreute allen Zweifel, als er sagt: »Denn bei Gott ist kein Ding unmöglich« (Lk 1,37).

Christen erscheint der Gedanke, daß Gott der Heilige Geist etwa nicht in der Lage gewesen wäre, durch eine Jungfrau ein Kind zur Welt bringen zu lassen, ganz unsinnig. Wenn wir glauben, daß Gott Gott ist – und daß er über das ganze Universum regiert –, dann ist nichts zu schwierig für seine unbegrenzte Macht. Gott tut zu allen Zeiten das, was ihm wohlgefällt. Als er die Geburt des Messias plante, tat er ein Wunder. Er übersprang ein Glied in der normalen physiologischen Kette, die zu einer Geburt führt. Kein menschliches männliches Leben war beteiligt. Das Leben, das sich im Mutterleib der Jungfrau bildete, war nichts anderes als das fleischgewordene Leben Gottes des Sohnes, in menschlicher Natur. Die Jungfrauengeburt war ein so außerordentliches Zeichen, daß man daraus ganz offenbar entnehmen konnte: Gott, und nicht ein Mann, war an dieser Menschwerdung beteiligt. Es gibt heute einige sogenannte Theologen, die die Tatsache der Menschwerdung bezweifeln – sie lehnen die Göttlichkeit Jesu Christi ab. Wenn sie aber so etwas tun, dann sind sie sehr nahe dran, den Heiligen Geist zu lästern.

Der Heilige Geist war auch unter den Jüngern Jesu vor Pfingsten am Werk. Wir wissen das, weil Jesus von ihnen gesagt hat: »Er (der Heilige Geist) bleibt bei euch« (Joh 14,17). Und zu Nikodemus sagte Jesus: »Es sei denn, daß jemand geboren werde aus Wasser und aus Geist, so kann er nicht in das Reich Gottes kommen« (Joh 3,5). Und weiter sagte er: »Ihr müßt von neuem geboren werden« (Joh 3,7).

Aber die Tätigkeit des Heiligen Geistes unter den Menschen zur Zeit Jesu war eine andere, als sie es heute ist. Denn in Johannes 7,39 sagt uns der Apostel Johannes das folgende Wort Jesu: »Das sagte er (Jesus) aber von dem Geist, den die empfangen sollten, die an ihn glaubten; denn der heilige Geist war noch nicht da; denn Jesus war noch nicht verherrlicht.«

Worin der Unterschied eigentlich lag, sagt uns die Bibel nicht genau. Wir wissen aber, daß das Kommen des Heiligen Geistes zu Pfingsten etwas viel Gewaltigeres war als alles, was die Jünger bis dahin erlebt hatten. Und in jedem Fall haben wir gesehen, daß der Heilige Geist in vielfältiger Weise bei der Geburt und im Leben unseres Herrn Jesus Christus und im Leben und Dienst seiner Jünger am Werk war.

Das Werk des Heiligen Geistes von Pfingsten bis heute.

In der Apostelgeschichte berichtet Lukas über die Himmelfahrt Jesu (Apg 1, 3-11). Im 2. Kapitel berichtet er über das Kommen des Heiligen Geistes auf die Erde (Apg 2,1-4). Jesus hatte gesagt: »Denn wenn ich nicht weggehe, kommt der Tröster nicht zu euch. Wenn ich aber gehe, will ich ihn zu euch senden.« (Joh 16,7). Und diese Verheißung wurde erfüllt, als Petrus sagte, wobei er vom auferstandenen Herrn sprach: »Da er nun durch die rechte Hand Gottes erhöht ist und empfangen hat den verheißenen Heiligen Geist vom Vater, hat er diesen ausgegossen, wie ihr hier seht und hört« (Apg 2,33).

Vor vielen Jahren ging ein bekannter Arktisforscher auf eine Expedition zum Nordpol. Nach zwei langen Jahren dort im einsamen Norden schrieb er einen kurzen Brief, befestigte ihn unter dem Flügel einer Brieftaube und schickte sich dann an, den Vogel freizulassen, damit er sich auf die 2000 Meilen lange Reise nach Norwegen machen konnte. Der Forscher blickte in der Einsamkeit um sich. Kein einziges Lebewesen war zu sehen. Nichts umgab ihn als Eis, Schnee und eine nie weichende bittere Kälte. Er hielt den kleinen zitternden Vogel einen Augenblick lang in seiner erhobenen Hand und entließ ihn dann in die eisige Atmosphäre. Der Vogel kreiste dreimal über ihm und flog dann viele Hunderte von Meilen über Eis und gefrorene Wasserwüsten, bis er sich zuletzt auf dem Schoß der Frau des Forschers niederließ. Durch die Ankunft des Vogels wußte die Frau, daß mit ihrem Mann dort oben in der dunklen Nacht des arktischen Nordens alles gut stand.

In ähnlicher Weise zeigte das Kommen des Heiligen Geistes, der himmlischen Taube, den Jüngern, daß Jesus das himmlische Heiligtum betreten hatte. Er hatte sich zur rechten Hand Gottes des Vaters gesetzt, denn sein Versöhnungswerk war getan. Das Kommen des Heiligen Geistes erfüllte die Verheißung Jesu, und es bezeugte zugleich, daß Gottes Gerechtigkeit zur Vollendung gekommen war. Das Zeitalter des Heiligen Geistes, das nicht beginnen konnte, bevor Jesus nicht in den Himmel aufgefahren war, hatte seinen Anfang genommen.

Ohne jede Frage bedeutete das Kommen des Heiligen Geistes am Tage der Pfingsten den entscheidenden Wendepunkt in der Geschichte des Handelns Gottes mit den Menschen. Es ist eines der fünf Ereignisse, die wesentliche Bestandteile des Evangeliums sind: die Menschwerdung, die Versöhnung, die Auferstehung, die Himmelfahrt und Pfingsten. Ein sechstes Ereignis liegt noch in der Zukunft: die Wiederkunft Jesu.

Die Menschwerdung, das erste Ereignis, bedeutete den befreienden Eintritt Gottes in das menschliche Leben, und zwar selbst in der Person eines Menschen. Das zweite Ereignis war jenes, das es Gott gestattete, selbst gerecht zu bleiben und schuldig gewordene Menschen gerecht zu sprechen – die Versöhnung. Das dritte Ereignis – die Auferstehung – demonstrierte, daß die drei großen Feinde des Menschen, der Tod, der Teufel und die Hölle, ihren tödlichen Schlag erhalten hatten. Das vierte – die Himmelfahrt – zeigte, daß der Vater die Erlösungstat seines Sohnes angenommen hatte, und daß seinen gerechten Forderungen damit Genüge getan war. Pfingsten, das fünfte Ereignis, ist der Beweis dafür, daß der Geist Gottes gekommen ist, um seine Zwecke in der Welt, in der Gemeinde und in jedem einzelnen Gläubigen auszurichten.

Der jüdische religiöse Kalender enthält eine Reihe von jährlichen Festen. Die drei wichtigsten von ihnen waren aber die, bei denen alles Volk vor dem Herrn erscheinen mußte (5. Mose 16,16). Das waren das Fest der ungesäuerten Brote (Passah), das Fest der Wochen und das Fest der Laubhütten.

Das Passahfest sollte an die Zeit erinnern, zu der die Israeliten auf wunderbare Weise aus ihrer langjährigen Knechtschaft in Ägypten befreit worden waren. Nachdem sie ein »Lamm ohne Fehl« (2.Mose 12,5) geschlachtet hatten, strichen die Israeliten das Blut über die Türen all ihrer Häuser; das Lamm wurde dann gebraten und gegessen. Das Blut dieses Lammes brachte die Befreiung von Gottes Todesurteil. Das Passahfest des Alten Testamentes fand seine letztendliche Erfüllung im Tode Jesu auf Golgatha. »Denn auch wir haben ein Passahlamm, das ist Christus, der geopfert ist« (1.Kor 5,7). Im Hebräerbrief heißt es, daß es deshalb heute nicht mehr nötig ist, das Blut von Bullen und von Ziegen zu opfern. Jesus Christus hat sich ein für allemal für die Rettung der Menschheit hingegeben, indem er sein Blut vergoß.

Das Laubhüttenfest erinnerte Israel an die Tage nach dem Auszug aus Ägypten, als die Menschen nicht in Häusern lebten, sondern in Hütten, die sie aus abgeschnittenen Zweigen gemacht hatten. Die Feiern fanden statt, wenn die Ernte eingebracht war, deshalb wird es in

2.Mose 23,16 auch das »Fest der Einsammlung« genannt. In Johannes 7,38 wird vielleicht angedeutet, daß der Heilige Geist den Durst so völlig stillen würde, wie weder das Wasser in der Wüste noch der Regen, der die Ernte ermöglicht hatte, es tun könnten.

Pfingsten wurde das Fest der Wochen genannt, weil es an dem Tag gefeiert wurde, der auf das Verstreichen von sieben Sabbaten nach dem Passah-Fest folgte – eine Woche von Wochen sozusagen –, und weil es damit auf den fünfzigsten Tag fiel, erhielt es den Namen »Pfingsten«, vom griechischen Wort für »der Fünfzigste«. Das Fest des fünfzigsten Tages kennzeichnete den Beginn der Ernte; in 4.Mose 28,26 heißt es deshalb auch »der Tag der Erstlinge«. So hat es eine sehr wichtige Bedeutung, daß der Tag der Pfingsten im Neuen Testament, an dem der Heilige Geist erschien, ein »Tag der Erstlinge« war – der Anfang von Gottes Ernte in dieser Welt, die vollendet werden soll, wenn Jesus wiederkommt. Pfingsten im Neuen Testament markierte den Beginn des gegenwärtigen Zeitalters des Heiligen Geistes. Die Gläubigen leben heute unter seiner Führung, ebenso wie die Jünger Jesu damals unter seiner Führung standen. Vom Himmel herab übt Jesus noch immer seine Herrschaft über uns aus, aber da er nicht mehr körperlich unter uns lebt, übermittelt er seine Anweisungen durch den Heiligen Geist, der Jesus für uns Wirklichkeit werden läßt. Seit Pfingsten ist der Heilige Geist das Verbindungsglied zwischen dem ersten und dem zweiten Kommen Jesu. Er tut das Werk Jesu Christi an den Menschen, die heute leben. Das werden wir auf den folgenden Seiten noch deutlicher sehen.

Als ich anfing, mich mit dem Heiligen Geist zu beschäftigen, kurz nachdem ich ein Christ geworden war, war eine der ersten Fragen, die in mir auftauchten: Warum mußte der Heilige Geist kommen?

Die Antwort darauf fand ich rasch in der Bibel. Er kam deswegen, weil er ein Werk in der Welt, in SEINER Gemeinde und in jedem einzelnen Christen auszurichten hat, wie wir jetzt sehen werden.

Das gegenwärtige Werk des Heiligen Geistes in der Welt.

Das Werk des Heiligen Geistes in der Welt hat zwei verschiedene Aspekte. Einmal ist er gekommen, um »der Welt die Augen aufzutun über die Sünde und über die Gerechtigkeit und über das Gericht« (Joh 16,7-11). Die Bibel lehrt uns, und wir wissen es auch aus der eigenen Erfahrung, daß alle gesündigt haben und »des Ruhmes mangeln, den sie bei Gott haben sollten« (Röm 3,23). Der sündige Mensch kann nicht des ewigen Lebens teilhaftig werden. Jeder Mensch, der jemals geboren wurde, wiederholt den Sündenfall Adams. Jeder wurde mit der Saat der Sünde in sich geboren, die, wenn die Zeit gekommen ist, in der wir Rechenschaft abzulegen haben, eine Menge von Sünden hervorgebracht hat. Es gibt einen Unterschied zwischen der Sünde und den Sünden. Die Sünde ist die Wurzel, die Sünden sind die Früchte.

Es mag aber jemandem nicht bewußt sein, daß sein größtes Problem die Sünde ist oder daß die Sünde ihn von der Gemeinschaft mit Gott trennt. Daher ist es das Werk des Heiligen Geistes, ihn zu beunruhigen und seiner Sünde zu überführen. Solange dies nicht geschehen ist, kann ein Mensch die Rettung nicht erfahren. Bei unseren Evangelisationen habe ich Menschen hinausgehen sehen, die die Fäuste gegen mich schüttelten, während ich predigte. Ich weiß, daß sie gar nichts gegen mich persönlich hatten, sondern der Heilige Geist arbeitete in ihnen, um ihnen zu sagen, daß sie Sünder sind. Oft kommen solche Menschen später wieder, um Jesus anzunehmen.

Aber der Heilige Geist überführt nicht nur Sünder. Er zeigt Menschen auch, daß Jesus die Gerechtigkeit Gottes ist. Er zeigt Sündern, daß Jesus der Weg, die Wahrheit und das Leben ist und daß niemand zum Vater kommt außer durch ihn.

Der Heilige Geist führt auch die Welt in das Gericht, denn der Fürst dieser Welt wird gerichtet werden, und alle Menschen werden auch gerichtet werden, wenn sie Gottes Angebot des ewigen Lebens ablehnen. Als der Apostel Paulus vor Agrippa sprechen durfte, da berichtete er, daß Gott ihm auf dem Wege nach Damaskus bei seiner Bekehrung erklärt hatte, was sein Auftrag sein würde. Es würde die Heiden betreffen, »um ihnen die Augen aufzutun, daß sie sich bekehren von der Finsternis zum Licht und von der Gewalt des Satans zu Gott. So werden sie Vergebung der Sünden empfangen... « (Apg 26,18).

In dem Augenblick, in dem Jesus starb, erlitt der Teufel eine fürchterliche Niederlage. Es kommt uns vielleicht nicht so vor, wenn wir unsere Zeitungen lesen oder den Fernsehapparat einschalten, aber grundsätzlich ist der Teufel besiegt worden. Er ist immer noch mit seinen verrückten Kriegszügen beschäftigt, aber seine gänzliche Vernichtung und seine Entfernung von der Erde stehen nahe bevor. Bis dahin wird er jedoch seine Tätigkeit noch intensivieren. Für Christen in der ganzen Welt ist es offenkundig, daß überall neue Dämonen auftauchen, denn Perversionen, Gewalttätigkeit, Genußsucht und hundert andere Tendenzen, die der Tiefe entstammen, sind in aller Welt zu beobachten, und zwar in einem solchen Maße, wie man es seit den Tagen Noahs nicht gekannt hat. Der Heilige Geist ist gekommen, um uns diese Dinge zu zeigen, denn er hat viel mit den biblischen Prophezeiungen zu tun, wie wir noch sehen werden.

Aber das Werk des Heiligen Geistes ist nicht auf den Dienst der Verkündigung von Sünde, Gerechtigkeit und Gericht beschränkt. Seine zweite Aufgabe in der Welt ist es, der wachsenden Gesetzlosigkeit entgegenzutreten, das heißt, den Dienst der Bewahrung auf sich zu nehmen. Der Apostel Paulus hat gesagt: »Denn es regt sich schon das Geheimnis der Bosheit, nur muß der, der es jetzt noch aufhält, weggetan werden« (2.Thess 2,7).

Die Bibel sagt ganz deutlich, daß auf diesem Planeten schon die buchstäbliche Hölle auf Erden herrschen würde, wenn nicht der Heilige Geist in der Welt gegenwärtig wäre. Die ungläubige Welt hat nur wenig Ahnung, wieviel sie der bewahrenden Kraft des Heiligen Geistes zu danken hat.

Mehrere Theologen in Europa und in den USA, mit denen ich mich unterhalten habe, sind der Ansicht, daß der Heilige Geist allmählich von der Welt zurückgezogen wird, und zwar in dem Maße, in dem sich das Ende des gegenwärtigen Zeitalters immer mehr abzeichnet. Wenn er völlig zurückgezogen worden sei, werde »die Hölle selbst losbrechen«: In der Welt werden Kriege, Gewalt, Hemmungslosigkeit, Perversionen, Haß und Angst herrschen – Schrecknisse, von denen wir heute nur erst einen kurzen Blick aufschnappen. Die Menschen werden sich in einer Hölle wiederfinden, die sie sich selbst geschaffen haben. Der Antichrist wird, nunmehr frei von der Behinderung durch den Heiligen Geist, für eine kurze Zeit uneingeschränkt herrschen, bis der wiederkommende Herr Jesus Christus und die himmlischen Heerscharen ihn vernichten werden.

Der Heilige Geist handelt auch durch die Menschen Gottes, die Jesus in der Bergpredigt als das Salz der Erde und das Licht der Welt bezeichnet (Mt 5,13-14). Dies sind zwei sehr gute Vergleiche, denn sowohl das Salz als auch das Licht sind Kräfte, die zwar unbemerkt und unaufdringlich am Werk sind, die aber doch große Auswirkungen haben. Salz und Licht beschreiben den guten Einfluß, den Christen in der Gesellschaft ausüben können. Wir Gläubigen denken manchmal, es sei schwer zu verstehen, wie wir, die wir so wenige sind, einen solchen Einfluß haben können, zumal auch noch Spaltungen unter uns herrschen und wir immer wieder dem Herrn nicht gehorchen. Aber durch die Kraft des Heiligen Geistes können wir das Böse zurückhalten und Gutes tun!

Wenn wir über die Vergleiche noch weiter nachdenken, dann sehen wir, daß Salz und Licht bei uns zuhause wichtig sind; das Licht vertreibt die Finsternis, und das Salz hindert den Verfall. Die Bibel sagt uns, daß die Welt immer dunkler werden wird, je mehr wir uns dem Ende unseres Zeitalters nähern. Die Welt selbst hat kein Licht – und sie ist gekennzeichnet durch zunehmenden Verfall. Jesus hat uns aber gelehrt, daß wir, die wir seine Nachfolger sind, mögen wir auch noch so schwach und gering an Zahl sein, als Salz wirken, damit wir den Prozeß des Niedergangs aufhalten können. Christen, die in der Welt tätig sind, sind die einzigen wirklichen geistlichen Lichter inmitten der großen geistlichen Finsternis.

Dies erlegt uns allen eine ungeheure Verantwortung auf. Nur wenn die Welt unsere guten Taten sieht, weiß sie, daß ein Licht brennt. Nur wenn die Welt unser moralisches Verhalten beobachten kann, wird sie sich des Salzes bewußt. Deswegen hat Jesus davor gewarnt, daß das Salz seine Würze verlieren und das Licht trübe werden kann. Er hat gesagt: »So laßt euer Licht leuchten« (Mt 5,16). Würden Sie und ich diese Aufgabe getreulich wahrnehmen, so gäbe es in der Welt gewissermaßen über Nacht eine dramatische, aber friedliche Revolution. Wir Christen sind nicht ohne Kraft. Uns steht die mächtige Kraft Gottes zur Verfügung, durch den Heiligen Geist, und das mitten in dieser Welt.

Das Werk des Heiligen Geistes in der Gemeinde.

Der Geist handelt nicht nur in der Welt, sondern auch in der Gemeinde. Wenn ich von der Gemeinde spreche, dann meine ich nicht Presbyterianer, Baptisten, Methodisten, Anglikaner, Lutheraner, Pfingstkirchen oder Katholiken, sondern die Gemeinschaft der Gläubigen. Das Wort »Gemeinde« stammt von einem griechischen Wort und bedeutet »die Zusammengerufenen«.

Die Gemeinde war zwar in der Zeit des Alten Testaments noch in ein Geheimnis gehüllt, aber Jesaja verkündete schon: »Darum spricht Gott der Herr: »Siehe, ich lege in Zion einen Grundstein, einen bewährten Stein, einen kostbaren Eckstein, der fest gegründet ist« (Jes 28,16). Im Neuen Testament wird Jesus der »lebendige Stein« seiner Gemeinde genannt, und alle Gläubigen sollen kleine lebendige Steine sein, die zu einem geistlichen Hause im Herrn gebaut werden (1.Petr 2,5). Jesus ist auch das Haupt seiner Gemeinde in der ganzen Welt. Und ebenso ist er das Haupt jeder örtlichen Gemeinde. Jeder Mensch, der über seine Sünde Buße getan und Jesus Christus als Herrn und Erretter angenommen hat, ist Mitglied dieser Gemeinde. Die Gemeinde ist damit mehr als eine religiöse Organisation. Sie ist ein Organismus, dessen lebendiges Haupt Jesus ist. Er lebt, und das Leben Jesu hat jedes seiner Mitglieder zum Leben gebracht.

Welche Rolle spielt der Heilige Geist hierbei? Zunächst einmal beschreibt die Bibel sehr schön, daß er die Gemeinde erschaffen hat: »Denn wir sind durch *einen* Geist alle zu *einem* Leibe getauft, wir seien Juden oder Griechen, Sklaven oder Freie, und sind alle mit *einem* Geist getränkt. Denn auch der Leib ist nicht *ein* Glied, sondern viele« (1.Kor 12,13-14).

Zweitens lebt durch den Geist Gott selbst in der Gemeinde (Eph 2,22). Heute wohnt Gott nicht in Tempeln, die von Händen gemacht sind (Apg 7,48). Aber wenn wir uns dessen bewußt sind, daß Gott in unseren Gottesdiensten wirklich gegenwärtig ist, dann wird dies unsere Andachten vertiefen.

Ein Punkt, der das Verhältnis zwischen dem Heiligen Geist und Jesus Christus betrifft, bedarf noch der Klärung. Die Bibel spricht von dem »Christus in euch«, aber manche Christen wissen nicht so recht, was das bedeutet. Als Gott-Mensch lebt Jesus in einem auferstandenen Leib. Und überall dort, wo Jesus ist, muß sein Leib auch sein. In diesem Sinne, bei seinem Werk als der zweiten Person der Dreieinigkeit, ist Jesus nun zur rechten Hand des Vaters im Himmel.

Lesen Sie z.B. Römer 8,10, wo es heißt: »Wenn aber Christus in euch ist, so ist der Leib zwar tot um der Sünde willen, der Geist aber ist Leben um der Gerechtigkeit willen.« Oder lesen Sie Galater 2,20: »Christus lebt in mir.« Diese Verse lassen deutlich erkennen, daß Christus in uns ist, wenn der Geist in uns ist. Christus wohnt durch unseren Glauben in unseren Herzen. Aber der Heilige Geist ist in Wirklichkeit die Person der Dreieinigkeit, die in uns Wohnung genommen hat. Er ist gesandt vom Sohn, der von uns gegangen ist, der aber sichtbar wiederkommen wird, so daß wir alle ihn wahrnehmen werden.

Die Gläubigen sind in der Tat der Wohnsitz des Heiligen Geistes. Aber unglücklicherweise fehlt es ihnen so oft an der *Frucht* des Geistes. Sie bedürfen der Stärkung und eines neuen Lebens. Das wurde mir mit großem Nachdruck von Bischof Festo Kivengere beigebracht. In einem Artikel über die bemerkenswerten Erweckungen, die in Ostafrika zu beobachten waren, schrieb er:

»Ich möchte Ihnen mitteilen, welch herrliches Werk der Heilige Geist tut, indem er neues Leben in eine alte Kirche strömen läßt. Sie mögen es Erneuerung nennen oder ›zum Leben kommen‹, oder was immer Sie wollen ... Der Herr Jesus Christus hat in der Kraft seiner Auferstehung damit begonnen, eine Kirche zu besuchen, die einem nur noch wie ein Haufen verstreuter Gebeine vorkam ... es mag einige von Ihnen überraschen, daß man sowohl evangelisch als auch vertrocknet sein kann, aber es ist möglich. Und dann kam Jesus Christus ... die Anziehungskraft, die zunehmende Macht kam auf Grund einer ganz einfachen Präsentation des Neuen Testaments, und der Heilige Geist nahm Männer und Frauen, darunter auch mich, aus unserer Isolation und zog uns hin zum Zentrum, dem Kreuz. Das Kernthema der Erweckung in Ostafrika war das Kreuz, und das brauchten wir ... Der Heilige Geist riß Männer und Frauen aus ihrer Isolation und veränderte uns – Sünden erschienen im strahlenden Licht der Liebe Gottes als Sünden, und Herzen schmolzen dahin.«

Ich habe einen guten Freund, der in Florida Pfarrer ist. Er hat seine Examina an einer der angesehensten alten Universitäten an der Ostküste der USA gemacht. Er war Pfarrer in einer Gemeinde im Nordosten der USA. Auf Grund seines ausgedehnten Studiums war er schon fast ein Agnostiker geworden, obwohl er tief drinnen in seinem Herzen immer noch glaubte. Er erzählte mir, daß er zusehen konnte, wie seine Gemeinde immer kleiner wurde. Er hatte keine Vollmacht und keine geistliche Kraft mehr zu seinem Amt. Dann kam er auf Grund einer Reihe von Umständen dazu, zu akzeptieren, daß die Bibel das untrügliche Wort Gottes ist. Er begann zu leben und in Vollmacht zu predigen. Die Frucht des Heiligen Geistes wurde in seinem Leben offenbar, und die geistliche Kraft wurde bei der Ausübung seines Amtes deutlich sichtbar. Er konnte beobachten, wie seine Gemeinde wie eine Rose aufblühte. Die Menschen strömten nun von weither herbei, um ihn predigen zu hören.

Drittens gibt der Heilige Geist bestimmten Menschen in der Gemeinde bestimmte Gaben: »...damit die Heiligen zugerichtet werden zum Werk des Dienstes. Dadurch soll der Leib Christi erbaut werden« (Eph 4,12).

Da wir uns aber mit diesen Gaben in den späteren Kapiteln noch näher befassen werden, mag es hier genügen, zu sagen, daß der Heilige Geist jedem Christen irgendeine Gabe schenkt, und zwar in dem Augenblick, in dem er zum Glauben an Jesus kommt. Kein Christ könnte von sich sagen: »Ich habe keine Gabe!« Jeder Gläubige hat mindestens eine Gabe vom Heiligen Geist bekommen. Eine der Schwächen in den Gemeinden heute ist die, daß man die Gaben nicht erkennt und nicht sorgsam pflegt, die die Menschen in den Kirchenbänken erhalten haben.

Ich habe einen Freund, der Pfarrer in einer Gemeinde an der Westküste der USA ist. Eines Sonntags verteilte er in seiner Gemeinde lauter weiße, unbeschriebene Zettel. Dann sagte er: »Ich möchte Sie alle bitten, eine Woche lang in der Bibel zu lesen, nachzudenken und darüber zu beten, um zu erfahren, welche Gaben Ihnen der Heilige Geist geschenkt hat. Schreiben Sie sie auf dieses Blatt Papier.

Am nächsten Sonntag werden wir alles wieder einsammeln.« Am nächsten Sonntag wurden die Zettel dann wirklich eingesammelt. Auf einigen stand nur eine Gabe verzeichnet, auf einigen zwei oder drei, einige hatten auch geschrieben, sie wüßten immer noch nicht, welche Gabe sie hätten. Das Ergebnis war aber, daß die ganze Gemeinde in Bewegung kam. Man begann, alle Gaben auch zu gebrauchen. Die Gemeinde begann zu wachsen, und unter den Mitgliedern kam es zu einer geistlichen Erneuerung. Bis dahin hatten die Menschen immer angenommen, der Pfarrer habe alle Gaben, und es sei seine Aufgabe, die ganze Arbeit zu tun. Sie waren nur Zuschauer gewesen. Nun wurde ihnen klar, daß sie genau die gleiche Pflicht hatten, ihre Gaben zu gebrauchen, wie sie der Pfarrer bei der Anwendung seiner Gaben hatte.

Das Werk des Heiligen Geistes im Leben des einzelnen Gläubigen.

Nachdem wir uns mit dem Werk des Heiligen Geistes in der Welt und in der Gemeinde befaßt haben, wollen wir uns nun dem einzelnen Gläubigen zuwenden. Zunächst einmal erleuchtet der Heilige Geist den Verstand eines Christen: »Uns aber hat es Gott offenbart durch seinen Geist; denn der Geist erforscht alle Dinge, auch die Tiefen der Gottheit« (1. Kor 2,10). »Und stellt euch nicht dieser Welt gleich, sondern ändert euch durch Erneuerung eures Sinnes« (Röm 12,2), »Erneuert euch aber in eurem Geist und Sinn« (Eph 4,23).

John Stott schreibt in einem kleinen Büchlein, in dem er betont, wie wichtig es ist, daß wir Gott gestatten, unsere nach dem Gläubigwerden veränderten Sinne weiterzuentwickeln und zu gebrauchen: »Niemand will ein kaltes, freudloses und nur intellektuelles Christentum. Aber soll das etwa bedeuten, daß wir nun um intellektuelles Denken unbedingt einen Bogen machen müßten? Der Himmel möge verhüten, daß Wissen ohne Eifer an die Stelle von Eifer ohne Wissen tritt! Gott will beides, Eifer, der durch Wissen gelenkt wird, und Wissen, das durch Eifer angespornt wird. Dr. John Mackay sagte einmal, als er noch Präsident des Seminars zu Princeton war: ›Die Hingabe an etwas, ohne daß man darüber nachdenkt, ist Fanatismus in Aktion. Aber ein Nachdenken ohne Hingabe tötet alle Aktion.‹«

Dr. Stott betont, wie sehr alle die irren, die die Auffassung vertreten, daß es am Ende nicht auf die Doktrin, sondern auf die Erfahrung ankomme. Zur Begründung führt er aus:

»Das wäre das gleiche, als wenn wir unsere subjektive Erfahrung über die offenbarte Wahrheit Gottes stellen wollten.«

Es ist die Aufgabe des Heiligen Geistes, den Schleier zu heben, den der Teufel über unseren Verstand gelegt hat, und ihn so zu erhellen, daß wir die Dinge Gottes verstehen können. Er tut dies besonders dann, wenn wir das Wort Gottes lesen und studieren, das der Heilige Geist inspiriert hat.

Zweitens erleuchtet der Heilige Geist nicht nur den Verstand eines Christen, sondern er nimmt auch in seinem Körper Wohnung. »Oder wißt ihr nicht, daß euer Leib ein Tempel des Heiligen Geistes ist, der in euch ist und den ihr von Gott habt, und daß ihr nicht euch selbst gehört?« (1.Kor 6,19).

Wenn uns Christen wirklich bewußt wäre, daß Gott selbst in der Person seines Heiligen Geistes in unseren Körpern wohnt, dann wären wir viel vorsichtiger mit dem, was wir essen oder trinken, anschauen oder lesen. Kein Wunder, daß Paulus sagte: »... sondern ich bezwinge meinen Leib und zähme ihn, damit ich nicht den anderen predige und selbst verwerflich werde« (1.Kor 9,27). Paulus disziplinierte seinen Körper aus Sorge, daß Gott ihn sonst tadeln könnte. Das sollte uns dazu motivieren, unsere Fehler in dieser Hinsicht vor Gott zu bekennen.

Weiter brauche ich wohl keine detaillierten Ausführungen darüber zu machen, wie der Heilige Geist im Leben der Gläubigen am Werk ist. Beispielsweise tröstet er sie (Apg 9,31), er leitet sie (Joh 16,13), er heiligt sie (Röm 15,16), er lehrt seine Jünger predigen (1.Kor 2,13), er sagt Missionaren, wohin sie gehen sollen (Apg 13,2), er hilft unserer Schwachheit auf (Röm 8,26) und er sagt den Gläubigen sogar, wohin sie nicht gehen sollen (Apg 16,6-7).

Zusammenfassend kann man, allgemein ausgedrückt, sagen, daß die Tätigkeit des Heiligen Geistes unter den Menschen in den drei Epochen der Menschheitsgeschichte durch drei Worte definiert werden kann: »auf«, »bei« und »in«. Im Alten Testament kam er *auf* bestimmte Menschen und blieb dort für eine bestimmte Zeit (Ri 14,19). In den Evangelien ist er *bei* den Jüngern in der Person Jesu Christi (Joh 14,17). Vom 2. Kapitel der Apostelgeschichte an wird gesagt, er wohne *in* den Menschen Gottes (1.Kor 6,19).

3. KAPITEL

Der Heilige Geist und die Bibel

»Vor kurzem brachte jemand sein reichlich gebrauchtes und abgenutztes Neues Testament zu einem Buchbinder und bat ihn, er möge es mit gutem Leder binden und auf dem Rücken die Worte ›The New Testament‹ in goldenen Buchstaben prägen lassen. Zur vereinbarten Zeit kam er wieder in das Geschäft und stellte fest, daß seine Bibel tatsächlich sehr schön gebunden war. Der Buchbinder mußte sich jedoch für etwas entschuldigen: Die Buchstaben, die er in seinem Geschäft hatte, waren nicht klein genug, um die Worte auf dem Buchrücken in voller Länge einzuprägen, deshalb hatte er die Worte abkürzen müssen. Der Kunde sah auf dem Rücken des Neuen Testaments nach und fand dort die Buchstaben T.N.T.[1] ›Aber das ist ja wahr!‹ rief der Kunde. ›Es ist Gottes TNT!‹«

Paulus sagt im Neuen Testament, daß alle Schrift von Gott herstammt. Wörtlich heißt es: »Denn alle Schrift, von Gott eingegeben, ist nütze zur Lehre, zur Zurechtweisung, zur Besserung, zur Erziehung in der Gerechtigkeit« (2.Tim 3,16). Für das Wort »eingegeben« benützt er ein griechisches Wort, das wörtlich bedeutet »aus Gottes Atem stammend«. Damit soll offenbar gesagt werden, daß ebenso, wie Gott sein Leben in den Menschen einhauchte und ihn dadurch lebendig machte, er auch durch seinen Atem Leben und Weisheit in das geschriebene Wort Gottes hineingab. Das macht die Bibel zum wichtigsten Buch der Welt, besonders für alle die, die an Jesus Christus glauben. Die Bibel ist die beständige Quelle des Glaubens, der Führung und der Inspiration, aus der wir täglich trinken.

Der Heilige Geist hat die Bibel inspiriert.

Hunderte von Bibelversen bezeugen direkt oder auch indirekt, daß Gott der Heilige Geist die Menschen inspiriert hat, die die Bibel ge-

1 Chemische Abkürzung für Dynamit.

schrieben haben. Wir wissen nicht genau, wie er seine Botschaft den Sinnen der Menschen eingab, die er dazu erwählte, sein Wort niederzuschreiben, aber wir wissen, daß er sie dabei führte. »Denn es ist noch nie eine Weissagung aus menschlichem Willen hervorgebracht worden, sondern getrieben von dem Heiligen Geist haben Menschen im Namen Gottes geredet« (2.Petr 1,21).

Es scheint so, als sei jedes Buch der Bibel deswegen entstanden, weil es zu der betreffenden Zeit eine bestimmte Notwendigkeit dafür gab. Aber selbst wenn es Gott in erster Linie darum ging, so blickte er doch darüber hinaus in die ferne Zukunft. Er schuf die Bibel so, daß sie für die Nöte aller Menschen zu allen Zeiten die rechte Antwort hat. Deswegen haben die Verfasser manchmal über künftige Ereignisse geschrieben, die sie selbst gar nicht richtig verstehen konnten, sondern die sie nur in Umrissen wahrnahmen. Jesaja selbst wird wohl das 53. Kapitel seines Buches nicht verstanden haben, in dem er das Leiden Jesu Christi so genau schilderte, obwohl es sich erst 700 Jahre später zutragen sollte. »Nach dieser Seligkeit haben gesucht und geforscht die Propheten, die von der Gnade geweissagt haben, die für euch bestimmt ist« (1.Petr 1,10).

Sowohl im Alten wie auch im Neuen Testament finden wir ständig Beispiele dafür, daß der Geist Gottes Menschen Gottes inspiriert hat, die dann die Heilige Schrift niedergeschrieben haben. So sagt uns die Bibel, daß der Heilige Geist durch David sprach, der viele Psalmen geschrieben hat: »Der Geist des Herrn hat durch mich geredet, und sein Wort ist auf meiner Zunge« (2.Sam 23,2).

Er sprach auch durch den großen Propheten Jeremia: »... das soll der Bund sein, den ich mit dem Hause Israel schließen will nach dieser Zeit, spricht der Herr: Ich will mein Gesetz in ihr Herz geben und in ihren Sinn schreiben, und sie sollen mein Volk sein, und ich will ihr Gott sein. Und es wird keiner den anderen noch ein Bruder den anderen lehren und sagen: ›Erkenne den Herrn‹, sondern sie sollen mich alle erkennen, beide, klein und groß, spricht der Herr; denn ich will ihnen ihre Missetat vergeben und ihrer Sünde nimmermehr gedenken« (Jer 31,33-34).

Hesekiel sagte: »Und der Geist kam in mich und stellte mich auf meine Füße. Und er redete mit mir und sprach zu mir: Geh hin und schließ dich ein in deinem Hause!« (Hes 3,24).

Der Apostel Petrus sprach davon: »Ihn muß der Himmel aufnehmen bis zu der Zeit, in der alles wiedergebracht wird, wovon Gott geredet hat durch den Mund seiner heiligen Propheten von Anbeginn« (Apg 3,21).

Der Hebräerbrief zitiert aus dem Gesetz (in 9,6-8), aus den Propheten (in 10,15-17) und aus den Psalmen (in 3,7-10), wobei in jedem einzelnen Fall die Urheberschaft des Heiligen Geistes betont wird.

Jesus versicherte den Jüngern schon zu der Zeit, als er noch bei ihnen war, daß der Heilige Geist die Verfasser des Neuen Testaments inspirieren würde: »Aber der Tröster, der heilige Geist, den mein Vater senden wird in meinem Namen, der wird euch alles lehren und euch an alles erinnern, was ich euch gesagt habe« (Joh 14,26). Das gilt für die vier Evangelien von Matthäus bis Johannes. Die Aussage Jesu: »Er wird euch in alle Wahrheit leiten« (Joh 16,13) umfaßt die Bücher von der Apostelgeschichte bis hin zum Judasbrief. Und die Worte: »Was zukünftig ist, wird er euch verkündigen« (Joh 16,13) betreffen sowohl die Offenbarung als auch viele andere Bibelstellen im ganzen Neuen Testament. Wir sehen also, daß es sich – wie es einmal jemand formuliert hat – bei der Heiligen Schrift um einen Text handelt, in den der Heilige Geist selbst eingeflossen ist.

Und ebenso wie Gott der Heilige Geist das Niederschreiben der Bibel inspiriert hat, war er auch beteiligt bei der Auswahl der 66 Bücher, aus denen sie besteht. Entgegen einer vielfach gehörten Meinung wurde die Frage, welche Bücher in die Heilige Schrift aufgenommen werden sollten, nicht einfach durch die menschliche Entscheidung eines kirchlichen Gremiums entschieden. Der Heilige Geist war in den Gläubigen am Werk, die dann die 66 Bücher auswählten, aus denen unsere Bibel besteht. Nach Jahrzehnten, ja sogar nach Jahrhunderten der Diskussion, des Gebets und der Erforschung der Herzen wurde schließlich der sogenannte Kanon der Heiligen Schrift geschlossen. Der Heilige Geist umging damit also nicht menschliche Überlegungen, sondern er bediente sich ihrer als sein Mittel.

Was bedeutet »inspiriert durch den Heiligen Geist«?

Wenn wir uns mit der Inspiration der Bibel beschäftigen, geraten wir unversehens an eine der kontroversten Fragen, die die Menschen zu allen Zeiten beschäftigt haben. Seit der Satan im Garten Eden der Eva die Frage stellte: »Sollte Gott gesagt haben – ?« haben immer wieder Menschen das Wort Gottes angegriffen. Aber immer dann, wenn sie es angezweifelt haben, waren die Folgen schrecklich, und zwar sowohl im Leben einzelner Personen als auch im Leben eines ganzen Volkes (das alte Israel) oder in der Geschichte der Kirche. Ohne jede Ausnahme durchlief dann der betreffende einzelne oder das Volk oder die Kirche eine Zeit geistlichen Niedergangs, oft kam es zur Abgötterei und Unmoral.

Große Theologen stimmen darin überein, daß der Heilige Geist die Verfasser der Heiligen Schrift nicht nur als seine Sekretäre einsetzte, denen er die Texte diktierte, obwohl manche aufrechte Christen dieser Auffassung sind. Die Bibel selbst enthält keine Einzelheiten darüber, in welcher Weise der Heilige Geist sein Ziel erreichte, die Bibel schriftlich abzufassen. Aber wir wissen, daß er den Verstand von Menschen dazu benutzte, und daß er ihre Gedanken nach seiner göttlichen Absicht lenkte. Darüber hinaus bin ich immer der Auffassung gewesen, daß es ohne inspirierte Worte auch keine inspirierten Gedanken gibt.

Es wäre sicherlich hilfreich, wenn wir die wichtigsten Begriffe definieren würden, die mit einer »von Gott durchatmeten« Bibel in Verbindung gebracht werden. Der erste dieser Begriffe lautet Inspiration.

Wenn wir von der Totalinspiration der Bibel sprechen, dann meinen wir damit, daß die ganze Bibel, und nicht nur einzelne Teile, vom Heiligen Geist inspiriert sind. Dr. B.H. Carroll, der Begründer des größten theologischen Seminars auf der Welt (das Southwestern Baptist Theological Seminary in Fort Worth in Texas), hat sich zu dieser Frage häufig mündlich und schriftlich geäußert:»... man nennt die Bibel heilig, weil sie das untrügliche, von Gott durchatmete (theopneustos) Werk des Heiligen Geistes ist ...« Sehr viele Menschen sagen: »Ich glaube zwar, daß die Bibel Gottes Wort enthält, aber ich bezweifle, daß alles in der Bibel Gottes Wort ist; die Bibel enthält zwar das Wort Gottes, aber sie ist es nicht selbst.«

Dagegen müßte ich einwenden, daß dann Inspiration dafür notwendig wäre, um die Bibelstellen zu erkennen, die eine göttliche Inspiration enthalten. Das wäre dann eine viel schwierigere Inspiration als die, von der ich spreche, und sie würde allein dazu dienen, die Seiten der Bibel durchzublättern und zu bestimmen, was Gottes Wort ist und was nicht.

Wir kommen also zu dem Ergebnis, daß die Inspiration umfassend ist, das heißt, sie ist vollständig und erschöpfend. Deswegen lautet meine Frage: »Glauben Sie an die Totalinspiration der Heiligen Schrift?« Wenn die Inspiration vollständig ist, dann muß sie auch total sein.

Meine nächste Frage lautet dann: »Glauben Sie auch an die Verbal-Inspiration?«

Ich persönlich glaube daran, und zwar aus dem ganz einfachen Grund, weil die Worte nur Ausdrucksformen von Gedanken sind, und weil ich nicht weiß, wie man einen Gedanken verstehen soll, wenn man ihn nicht in Worte fassen kann. Wenn es keine Worte gibt, die man zu mir sagt, wie soll ich dann etwas erfahren? Es mag manchmal nur ein kleines Wort sein, oder manchmal auch nur ein Buchstabe. Auch ein Wort, das nur einen einzigen Buchstaben enthält, und sei es der kleinste Buchstabe, beweist die Tatsache, daß das Alte Testament vom Heiligen Geist inspiriert ist. Der Mensch, der es dort hingeschrieben hat, war inspiriert.

Lesen Sie, was Jesus dazu gesagt hat: »Bis Himmel und Erde vergehen, wird nicht vergehen der kleinste Buchstabe noch ein Tüpfelchen vom Gesetz bis es alles geschieht« (Mt 5,18).

Der kleinste Buchstabe im hebräischen Alphabet ist das »jod«, und der Tüttel ist ein kleiner Bogen, der sich an hebräischen Buchstaben befindet. Jesus sagt, daß zwar der Himmel vergehen wird, aber weder das kleine »jod« noch ein noch so kleiner Bestandteil des Gesetzes untergehen wird. Danach sagt er, daß die Schrift nicht gebrochen werden kann.

Worum handelt es sich hierbei, das nicht gebrochen werden kann? Etwas, das niedergeschrieben ist, kann nicht gebrochen werden, wenn es »theopneustos« ist. Aber ein Wort ist nicht inspiriert, wenn es nicht von Gott durchatmet ist, und damit von ihm inspiriert ist (Carroll, Inspiration of the Bible, 1930, Seite 54 ff.).

Wir könnten noch weit mehr über die absolute Vertrauenswürdigkeit der Bibel sagen. Zur Illustration verwendete die Bibel hunderte von Malen Ausdrücke wie »Gott sprach« oder »Das Wort des Herrn kam zu mir und sprach«. Es ist auch interessant, daß Jesus uns nie gesagt hat, wir sollten am Wahrheitsgehalt von schwierigen Stellen im Alten Testament zweifeln. Beispielsweise betrachtete er die Geschichten von Jona und dem Fisch, von Noah und der Arche, sowie die Erschaffung von Adam und Eva als geschichtliche Tatsachen und nicht etwa nur als Fiktionen. Wenn diese Berichte nicht völlig der Wahrheit entsprechen, dann hätte er es uns gewiß gesagt. Aber Jesus, und später die Verfasser des Neuen Testaments, haben die Schrift immer als Autorität und als das Wort Gottes bezeichnet.

Natürlich gilt diese Inspiration des Heiligen Geistes nicht für die vielen Übersetzungen, sondern nur für die Sprachen, in denen sie ursprünglich geschrieben wurden. In keiner modernen Sprache gibt es Wörter, die dem gleichbedeutenden griechischen oder hebräischen Wort völlig entsprechen. Aber viele Theologen stimmen darin überein, daß die meisten Übersetzungen, so sehr sie sich auch untereinander unterscheiden, die Grundlagen der theologischen Lehre der Bibel nicht verändern und insbesondere nicht falsch darstellen. Das gilt insbesondere für die Erlösung und für die christliche Lebensweise.

Meine Frau hat ständig mehr als zwanzig verschiedene Übersetzungen griffbereit. Wenn sie alle miteinander verglichen hat, kann sie davon ausgehen, daß sie einen recht guten Begriff von dem hat, was der Heilige Geist in einem bestimmten Abschnitt der Bibel zum Ausdruck bringen wollte.

Es ist auch interessant zu sehen, daß manche Wörter sich in andere Sprachen einfach nicht übersetzen lassen, so daß man sie aus der Originalsprache entlehnen mußte. Das griechische Wort für Taufe beispielsweise hatte im Englischen keine Entsprechung, und so übernahm man »baptism« in die eigene Sprache. Der Heilige Geist hat darauf geachtet, daß die Bibel kein totes Buch ist, sondern vielmehr ein lebendiges Ausdrucksmittel, das er so gebrauchen kann, wie er es möchte.

Es gibt aber noch ein zweites Wort, über das wir sprechen müssen, wenn wir uns mit der Bibel beschäftigen. Die Bibel ist nicht nur inspiriert, sie ist auch autoritativ. Wenn wir sagen, daß die Bibel autoritativ ist, dann meinen wir damit, daß sie Gottes für uns verpflichtende Offenbarung ist. Wir sind ihr gehorsam, weil sie von Gott herrührt. Wenn uns jemand fragt: »Woher stammt Ihr Wissen über den Glauben?«, dann lautet unsere Antwort: »Aus der Bibel, und sie ist *die* Autorität für uns.«

Dr. John Stott hat hierzu geschrieben:

»Alle die, die die Autorität des Alten oder des Neuen Testaments nicht wahrhaben wollen, verwerfen die Autorität Jesu Christi. Das ist von höchster Wichtigkeit, denn wir sind dazu erschaffen, uns der Autorität Jesu Christi als unseres Herrn zu unterwerfen, und das gleiche gilt für die Autorität der Bibel. Der Gehorsam gegenüber der Schrift ist die Grundlage für das alltägliche christliche Leben, denn ohne ihn erleidet die christliche Jüngerschaft, die christliche Integrität, die Freiheit eines Christen und das christliche Zeugnis schweren Schaden, oder sie werden gänzlich vernichtet« (Stott, The Authority of the Bible, 1974, S. 30,40).

Jawohl, jeder Bereich unseres Lebens muß unter der Herrschaft Jesu Christi stehen. Und das bedeutet, daß der Scheinwerfer von Gottes Wort in jeden Winkel unseres Lebens hineinleuchten muß. Es steht uns nicht frei, die Stellen aus der Bibel auszusuchen, an die wir glauben und denen wir gehorchen wollen. Gott hat uns die ganze Bibel gegeben, und wir müssen der ganzen Bibel gegenüber gehorsam sein.

Nachdem ich zum Ausdruck gebracht habe, wie ich über die Autorität, die Inspiration und die Wahrhaftigkeit der Bibel denke, muß ich noch eine Frage beantworten. Wie bin ich dazu gekommen, all dies über die Bibel zu glauben? Es gibt verschiedene Gründe dafür, daß man die Bibel voll Vertrauen als das Wort Gottes ansehen kann, aber gerade hierbei kann man das Werk des Heiligen Geistes am besten erkennen. Es ist die absolute Wahrheit, daß derselbe Heilige Geist, der durch menschliche Werkzeuge die Bibel schreiben ließ, auch in jedem einzelnen von uns am Werk ist, um uns davon zu überzeugen, daß die Bibel das Wort Gottes ist, dem man in allen seinen Aussagen glauben kann und muß.

Johannes Calvin schreibt in seinem Buch »Die Institutionen der christlichen Religion« einige Zeilen über das Werk des Heiligen Geistes, die mir gefallen: »Derselbe Geist, der durch den Mund der Propheten gesprochen hat, muß daher unsere Herzen durchdringen, um uns davon zu überzeugen, daß die Propheten getreulich verkündet haben, was sie als göttlichen Auftrag erhalten hatten ... Solange der Heilige Geist nicht unseren Verstand erleuchtet, werden wir ständig zwischen Zweifeln hin- und hergetrieben! ... Anders ausgedrückt: Der Heilige Geist lehrt die Kinder Gottes sich auf die Schrift zu verlassen; und zeigt ihnen dabei, daß die Schrift von sich aus ihre eigene Autorität besitzt.

Die Bibel ist in all ihren Aussagen wahr und kein Mensch hat daher das Recht, Beweise beziehungsweise Begründungen von ihr zu verlangen. Die Bibel verdient durch die Fülle, durch ihre Erhabenheit allgemeinen Respekt. Allerdings berührt sie uns nur dann in der ganzen Tiefe, wenn sie uns durch den Heiligen Geist offenbart wird. Wir glauben daher, daß wir durch den Heiligen Geist erleuchtet werden, wissen, daß die Schrift von Gott herstammt. Diese Gewißheit ist so groß, daß wir sicher sein können, Gott selbst in seiner ganzen Majestät in der Schrift zu ersehen. So haben wir in der Bibel die unangreifbare Wahrheit des Allmächtigen zu unserer Verfügung.«

Die Erleuchtung durch den Heiligen Geist.

Daß die Verfasser des Alten und des Neuen Testaments durch den Heiligen Geist inspiriert wurden, ist nur ein Teil der Geschichte. Außerdem erleuchtet er nämlich den Verstand, und er öffnet die Herzen seiner Leser. Wir finden geistliche Antworten auf das Wort Gottes in denkbar vielfältiger Weise. Jeremia hat gesagt: »Dein Wort ward meine Speise, so oft ich's empfing, und dein Wort ist meines Herzens Freude und Trost; denn ich bin ja nach deinem Namen genannt, Herr, Gott Zebaoth« (Jer 15,16). Und Jesaja sagte: »Das Gras verdorrt, die Blume verwelkt, aber das Wort unseres Gottes bleibt ewiglich« (Jes 40,8).

Jesus warnte die Sadduzäer, die zu seiner Zeit lebten, weil ihre Lehren viele Irrtümer enthielten. »Ihr irrt, weil ihr weder die Schrift kennt noch die Kraft Gottes« (Mt 22,29). Dieser Ausspruch verbindet die Schrift mit der Kraft des Heiligen Geistes, der durch die Bibel Veränderungen bewirkt. Johannes berichtet die Worte Jesu: »... die Schrift kann doch nicht gebrochen werden« (Joh 10,35). Und Jesus hat auch gesagt: »Ihr seid schon rein um des Wortes willen, das ich zu euch geredet habe« (Joh 15,3).

So gibt uns also der Heilige Geist durch die Bibel nicht nur die Wahrheit der Lehre und der Geschichte, er benutzt sie auch als Werkzeug, um zu unseren Herzen zu sprechen. Das ist der Grund, weshalb sich die Menschen ständig dazu drängen, die Bibel zu studieren, und zwar unabhängig davon, ob sie alles verstehen, was sie lesen, oder ob das nicht der Fall ist. Wenn wir nur in der Bibel lesen, versetzt das den Heiligen Geist schon in die Lage, uns zu erleuchten, und sein Wort in uns auszurichten. Während wir in der Schrift lesen, sättigt ihre Botschaft unser Herz, ob wir uns dessen nun bewußt werden oder nicht. Das Wort mit all seiner geheimnisvollen Macht berührt unser Leben und vermittelt uns seine Kraft.

Das können wir aus einer Aussage des Apostels Paulus ersehen: »Was kein Auge gesehen hat und kein Ohr gehört hat und in keines Menschen Herz gekommen ist, was Gott bereitet hat denen, die ihn lieben. Uns aber hat es Gott offenbart durch seinen Geist« (1.Kor 2,9,f.).

Bitte beachten Sie: Paulus sagt uns hier nicht, daß Gott uns diese wunderbaren Dinge durch sein Wort offenbart (obwohl wir sie darin finden), sondern daß er es durch seinen Geist in seinem Wort tut. »Wir aber haben nicht empfangen den Geist der Welt, sondern den Geist aus Gott, daß wir wissen können, was uns von Gott geschenkt ist« (1. Kor 2,12).

Pfarrer Gottfried Osei-Mensah aus Kenia sagte auf dem Kongreß für Evangelisation im Jahre 1974 in Lausanne: »Es ist das Werk des Heiligen Geistes, Wahrheiten zu offenbaren, die zuvor dem menschlichen Forschen und Verstehen verborgen waren, und den Verstand der Menschen zu erleuchten, um sie zu erkennen und zu verstehen (vgl. 1.Kor 2,9 f.) ... und wenn es die Aufgabe des Heiligen Geistes ist, zu unterweisen, dann ist es die unsere, aufmerksame Leser des Wortes zu sein« (Douglas, Let the Earth hear His Voice, 1975, S.259).

Das ist auch meine Erfahrung gewesen, wenn ich die Bibel aufmerksam gelesen habe. Dinge, die ich nach meinem menschlichen

Verstand seit vielen Jahren gewußt hatte, erhalten auf eine schon fast wunderbare Art und Weise eine viel vollkommenere geistliche Bedeutung. Wenn ich intensiv in der Bibel gelesen habe, habe ich auch immer wieder erfahren, daß der Geist immer mehr Licht aus dem Wort hervorleuchten läßt. Fast jedes Mal, wenn ich eine alte und mir wohlbekannte Bibelstelle lese, fällt mir etwas Neues auf. Das ist so, weil das geschriebene Wort Gottes ein lebendiges Wort ist. Wenn ich die Bibel aufschlage, bete ich immer mit dem Psalmdichter: »Öffne mir die Augen, daß ich sehe die Wunder an deinem Gesetz« (Ps 119,18).

Die Einheit des Geistes und des Wortes.

Zwischen dem Heiligen Geist und dem Wort Gottes besteht eine wunderbare Einheit. Petrus zeigte dies am Tage der Pfingsten deutlich, als er aus dem Alten Testament zitierte: »... sondern das ist's, was durch den Propheten Joel zuvor gesagt worden ist« (Apg 2,16). »Das« bezieht sich auf den verheißenen Heiligen Geist. »Es« bezieht sich auf das geschriebene Wort. »Das ist es« zeigt uns die wunderbare Einheit, die zwischen dem Geist und dem Wort besteht.

»In des Königs Wort ist Gewalt« (Pred 8,4) und »wo aber der Geist des Herrn ist, da ist Freiheit« (2.Kor 3,17). Diese beiden Dinge – Kraft und Freiheit – charakterisieren die Aussprüche eines Menschen, der, erfüllt vom Heiligen Geist, das Wort Gottes verkündet. John Harvey beschreibt die Veränderung, die bei John Wesley stattfand, nachdem er sich vom Heiligen Geist führen ließ. Er drückt es so aus: »Die Predigt von John Wesley war früher so, wie wenn man einen Pfeil abschoß. Die Geschwindigkeit und Kraft hing von der Stärke seines Armes ab, mit der er den Bogen spannte. Heute aber ist es wie der Schuß einer Gewehrkugel – die Kraft hängt von dessen Feuerkraft ab, und es bedarf nur der Bewegung eines Fingers, um die Kugel aus dem Rohr zu lassen.«

Ich bin der Überzeugung, daß eine wirksame Predigt biblisch gegründet sein muß, und zwar unabhängig davon, ob man nur über ein einzelnes Wort aus der Bibel predigt oder über einen bestimmten Text oder über ein ganzes Kapitel. Der Heilige Geist bedient sich des Wortes. Das macht es so wichtig, daß das Wort Gottes verkündet wird. Tausende von Pfarrern, Sonntagsschullehrern und christlichen Mitarbeitern sind ohne Kraft, weil sie nicht das Wort Gottes als Quelle ihres Predigens oder Lehrens verwenden. Wenn wir predigen oder in der Schrift unterweisen, dann öffnen wir dem Heiligen Geist die Tür, damit er sein Werk tun kann. Gott hat nicht versprochen, daß er eine gute Rede segnet oder eine menschlich kluge Predigt. Er hat zugesagt, daß er sein Wort segnen wird. Er hat gesagt, daß es »nicht leer zurückkommen« wird (Jes 55,11).

Und das Wort Gottes verändert auch unser Leben. Denken Sie daran, daß Gott uns sein Wort gegeben hat »zur Lehre, zur Zurechtweisung, zur Besserung, zur Erziehung in der Gerechtigkeit, daß ein Mensch Gottes vollkommen sei, zu allem guten Werk geschickt« (2.Tim 3,16-17). Ereignet sich dergleichen in unserem Leben? Lernen wir Gottes Wahrheit kennen? Jesus hat gesagt: »Dein Wort ist die Wahrheit« (Joh 17,17). Lassen wir uns davon überzeugen, daß es in unserem Leben Sünde gibt, und davon, daß wir Gottes Korrektur und seiner Gerechtigkeit bedürfen? In der Bibel heißt es hierzu: »Denn das Wort Gottes ist lebendig und kräftig und schärfer als jedes zweischneidige Schwert und dringt durch, bis es scheidet Seele und Geist, auch Mark und Bein, und ist ein Richter der Gedanken und Sinne des Herzens. Und kein Geschöpf ist vor ihm verborgen, sondern es ist alles bloß und aufgedeckt vor den Augen Gottes, dem wir Rechenschaft geben müssen« (Hebr 4,12-13). Lassen Sie das Studium der Bibel zu dem zentralen Anliegen in Ihrem Leben werden, damit Sie die Bibel nicht nur kennen, sondern ihr auch gehorchen. Sprechen Sie mit Hiob: »... und übertrat nicht das Gebot seiner Lippen und bewahrte die Reden seines Mundes bei mir« (Hiob 23,12).

Georg Müller, der im vorigen Jahrhundert das große Waisenhaus in Bristol begründete, hat einmal gesagt: »Die Kraft unseres geistlichen Lebens hängt von dem Stellenwert ab, den die Bibel in unserem Leben und in unseren Gedanken einnimmt ... Ich habe die Bibel einhundertmal gelesen, und meine Freude hat dabei jedesmal zugenommen. Sie ist mir jedesmal wie ein neues Buch erschienen. Der Segen, der aus einem konsequenten, sorgfältigen und täglichen Bibellesen erwächst, ist sehr groß. Ich betrachte einen Tag als verloren, an dem ich mich nicht ausführlich mit dem Wort Gottes beschäftigen konnte« (Halley, Halley's Bible Handbook, 1962, S.5).

Der Heilige Geist gebraucht das Wort auch heute.

Der Geist hat auch heute die Kraft, Menschen durch die Bibel zu wandeln und zu inspirieren. Lesen Sie hier Beispiele dafür, wie er in der jüngsten Vergangenheit Menschen angerührt hat.

In Portugal machte ein pensionierter Chefarzt an einem regnerischen Tag einen Spaziergang. Als er wieder nach Hause gekommen war, stellte er fest, daß an einem seiner Schuhe ein Stück Papier klebte. Als er es abgelöst hatte und es sich näher ansah, stellte er fest, daß es ein Traktat war, das den Weg zur Erlösung beschrieb, und das Zitate aus der Bibel enthielt. Während er es las, bekehrte er sich von Herzen zu Jesus Christus.

Dr. J.B. Philipps schreibt im Vorwort seines Buches »Letter to Young Churches«, daß er »fortwährend beeindruckt war von dem so lebendigen Material«, mit dem er zu tun hatte, oft kam er sich vor »wie ein Elektriker, der in einem alten Hause neue Stromleitungen verlegen mußte, ohne aber dabei den Strom abschalten zu können«.

Während des Krieges in Vietnam erhielten viele Kriegsgefangene im sogenannten »Hanoi Hilton« auf wunderbare Weise Hilfe vom Heiligen Geist durch das Wort Gottes. Diese Männer bezeugten, wieviel Stärke sie durch das Wort Gottes erhalten hatten. Howard Mutledge beschreibt in seinem Buch »In the Presence of Mine Enemies«, wie die Gefangenen einen Code zur Verständigung untereinander entwickelten, den der Feind nicht brechen konnte. Mit seiner Hilfe konnten sie sich untereinander verständigen und sich gegenseitig ihre Namen und Feldpostnummern mitteilen. Sie tauschten auch Botschaften und Bibelverse, die sie kannten, untereinander aus.

Geoffrey Bull, der als Missionar an der Grenze zu Tibet tätig war, schildert in seinem Buch »When Iron Gates Yield«, daß er in den drei Jahren, die er im Kerker zubringen mußte, unbarmherzigen Gehirnwäschen unterzogen wurde, und daß er zugrunde gegangen wäre, hätte er nicht Bibelverse auswendig gekannt. In der Einzelhaft wiederholte er sie sich immer wieder. Und dadurch stärkte ihn Gott so, daß er die Kraft hatte, die Folterungen zu überstehen, die ihn zerbrechen sollten.

Ich habe hier vorwiegend von Menschen berichtet, die ins Gefängnis geworfen wurden oder die in anderer Hinsicht Schlimmes durchzustehen hatten. Aber viel könnte auch gesagt werden über die tägliche Ernährung und Stärkung des Glaubens, die wir alle empfangen, wenn wir das Wort Gottes studieren, und damit über die Weisheit, die wir für unser tägliches Leben geschenkt bekommen. Das erinnert mich an Hebräer 11,32: »Und was soll ich noch mehr sagen? Die Zeit würde mir zu kurz, wenn ich erzählen sollte von Gideon und Barak und Simson und Jeftah und David und Samuel und den Propheten.« Zehntausende von Heiligen Gottes und von Märtyrern in allen Jahrhunderten haben Licht in ihren dunklen Nächten und Kraft für ihre gepeinigten Seelen gefunden, weil sie im Worte Gottes Hilfe vom Heiligen Geist erfuhren.

4. KAPITEL

Der Heilige Geist und die Erlösung

Zu einer unserer Evangelisationen in London kam an einem Abend ein vornehmer Mann, der aus Rußland stammte. Er verstand kein Englisch. Als aber am Schluß die Einladung ausgesprochen wurde, nach vorn zu kommen, tat er es auch. Der Seelsorger, mit dem er dann ins Gespräch kam, und der die russische Sprache beherrschte, fragte ihn, wie er denn der Einladung überhaupt habe folgen können, wenn er die englische Sprache doch nicht verstehe. Der Mann erwiderte: »Als ich hier hereinkam, fühlte ich in mir eine ganz außerordentlich starke Sehnsucht nach Gott. Bitte sagen Sie mir, wie ich ihn finden kann.«

Das ist nur eine von hunderten ähnlicher Geschichten, die ich in den Jahren meines Dienstes erlebt habe. Bei unseren Evangelisationen haben wir immer Seelsorger dabei, die verschiedene Sprachen beherrschen. Bei der Evangelisation in Toronto, die vor kurzem stattfand, standen uns Seelsorger zur Verfügung, die insgesamt 28 Sprachen beherrschten. Es ist sehr bemerkenswert, daß bei fast jeder Evangelisation Menschen auf unsere Einladung hin nach vorn kommen, die nur wenig oder gar kein Englisch können. Ich bin überzeugt, daß hier ganz offenbar der Heilige Geist am Werk ist, und trotz der Sprachbarriere Menschen zum Heiland hinzieht.

Die Bibel sagt uns, daß, wenn ein Mensch zu Jesus kommt, der Heilige Geist zuvor in verschiedenster Weise am Werk gewesen ist. Manches davon mögen wir nicht recht verstehen, aber das ändert nichts an der Tatsache, daß der Heilige Geist an unserer Erlösung sehr intensiv beteiligt ist. In diesem Kapitel werden wir uns mit einigen der Wege befassen, die der Heilige Geist beschreitet, um uns zu Jesus zu führen.

Die Notwendigkeit einer geistlichen Wiedergeburt.

Wir leben in einer Welt revolutionärer Umwälzungen. Die moralischen Fähigkeiten des Menschen sind sehr viel geringer als seine technologischen Fähigkeiten und Entdeckungen. Das könnte für die menschliche Rasse zu einem Desaster führen. Und das bringt uns zu der Einsicht, daß es das Wichtigste auf der Welt ist, die menschliche Natur zu verändern. Viele Technologen sagen, daß eine dringende Notwendigkeit dafür besteht, eine neue Art von Menschen hervorzubringen. Sogar die politisch Radikalen und die Humanisten sprechen von dem »neuen Menschen«. Das zeigt deutlich, daß ihrer Meinung nach der Mensch, so wie er ist, nicht gut genug ist. So halten sie Ausschau nach dem neuen Menschen, der ihrer Meinung nach dann entstehen wird, wenn die Gesellschaft sich gewandelt hat, so daß eine veränderte Umgebung ihn hervorbringen kann.

Daneben gibt es auch noch die Technokraten, die der Auffassung sind, daß es mit der Technologie so rasch vorangeht, daß wir bald in der Lage sein werden, eine gänzlich neue menschliche Rasse zu erschaffen. Es gibt Ingenieure auf dem Fachgebiet der Genetik, die glauben, daß sie am Ende dieses Jahrhunderts in der Lage sein werden, jeden beliebigen Menschentyp zu erschaffen.

Aber für das Bedürfnis der Menschen nach einer Veränderung gibt es letztlich doch nur *eine* Antwort. Wissenschaft und Technologie können die eigentliche Natur des Menschen nicht verändern. Keine wirtschaftliche Umstrukturierung kann die eigentliche Natur des Menschen verändern. Das gleiche gilt für jeden Versuch der Selbstverbesserung oder des Wunschdenkens. Nur der Gott, der uns auch erschaffen hat, kann uns neu machen. Und genau das tut er, wenn wir uns Jesus Christus übergeben. Die Bibel sagt dazu: »Ist jemand in Christus, so ist er eine neue Kreatur; das Alte ist vergangen, siehe, Neues ist geworden« (2.Kor 5,17). Welch eine wunderbare Aussage!

Die Bibel beschreibt diese Veränderung auf verschiedene Weisen. Eine sehr lebendige Formulierung ist der Ausdruck »wiedergeboren«: Ebenso wie wir einmal körperlich geboren wurden, so können wir auch wiedergeboren werden, und zwar geistlich. »Denn ihr seid wiedergeboren nicht aus vergänglichem, sondern aus unvergänglichem Samen, nämlich aus dem lebendigen Wort Gottes, das da bleibt« (1.Petr 1,23).

Wohl nur wenige Stellen im Neuen Testament sprechen so deutlich über die Rolle des Heiligen Geistes bei unserer Erlösung wie das dritte Kapitel des Johannesevangeliums. Darin berichtet uns Johannes von einem Gespräch zwischen Jesus und einem sehr einflußreichen religiösen Anführer mit Namen Nikodemus. Dieser Mann war wohlhabend, und er war ein Mitglied des Sanhedrin, des Hohen Rates der Juden. Wahrscheinlich fastete er mehrere Male in der Woche, und er ging jeden Tag in den Tempel, um dort zu beten. Er gab den Zehnten seines

Einkommens, und offenbar war er auch ein angesehener Lehrer in religiösen Dingen. Heute würde man ihn in manchen christlichen Kreisen sicher als vorbildlich ansehen. Aber Jesus sagte ihm, daß diese ganze gute Lebensweise doch nicht gut genug war. Statt dessen sagte er ihm: »Ihr müßt von neuem geboren werden« (Joh 3,7).

Jesus erläuterte ihm dann, daß diese neue Geburt – dieser geistliche Neuanfang – durch den Heiligen Geist bewirkt wird. »Der Wind bläst, wo er will, und du hörst sein Sausen wohl; aber du weißt nicht, woher er kommt und wohin er fährt. So ist es bei jedem, der aus dem Geist geboren ist« (Joh 3,8).

Das Ganze ist etwas Geheimnisvolles, wir können nicht richtig verstehen, wie diese Geburt zustandekommt. Sie kommt von oben, nicht aus der Erde oder aus unserer menschlichen Natur. Sie wird uns zuteil auf Grund der Liebe und der Gnade Gottes. Sie wird uns zuteil auf Grund des Todes und der Auferstehung Jesu Christi. Sie wird uns zuteil auf Grund des Wirkens des Heiligen Geistes.

Die »Open Bible« beschreibt in ihren Randbemerkungen das Gespräch zwischen Jesus und Nikodemus folgendermaßen: »Was für ein Schock muß es für Nikodemus gewesen sein, zu erkennen, daß seine ganze Religiosität nicht gut genug war! Sie ist nie gut genug. Er kam zu Jesus und sprach ihn an als ›Lehrer, von Gott gekommen‹. Jesus kannte Nikodemus, weil er alle Menschen kennt (vgl. Joh 2,24 f.), und er wußte, daß er mehr brauchte als nur einen Lehrer – er brauchte einen Heiland. Er brauchte mehr als nur Religion – er brauchte eine Erneuerung. Er brauchte mehr als nur das Gesetz – er brauchte das Leben. Jesus begann seine Rede, indem er genau auf diesen Punkt kam. Er sagte: ›Du mußt von neuem geboren werden‹. Nikodemus fragte: ›Wie kann ein Mann geboren werden, wenn er schon alt ist?‹ (Joh 3,4; Gut verständlich, daß Nikodemus solch eine Frage stellte). Dann wies Jesus auf den Unterschied zwischen den beiden Geburten hin: ›Was vom Fleisch geboren wird, das ist Fleisch‹ (das Fleisch wird sich nie verändern), ›und was vom Geist geboren wird, das ist Geist‹ (Joh 3,6; auch der Heilige Geist wird sich nie verändern).«

Jesus wußte, was im Herzen des Menschen ist – die verderbliche Krankheit, die das Lügen und Betrügen, den Haß, Vorurteile, Neid und Begierden hervorruft. Er sagte: »Denn aus dem Herzen kommen böse Gedanken, Mord, Ehebruch, Unzucht, Diebstahl, falsches Zeugnis, Lästerung« (Mt 15,19-20). Psychologen wissen, daß mit der menschlichen Rasse irgend etwas nicht stimmt, aber sie sind sich nicht einig darüber, was die Ursache dafür ist. Die Bibel sagt, daß dieses Problem des Menschen die direkte Folge seiner Entscheidung ist, als ein intelligentes, moralisch denkendes und verantwortlich handelndes Wesen gegen den Willen seines Schöpfers zu handeln. Die Bibel nennt diese Krankheit des Menschen Sünde.

Die Sünde ist ein Verstoß gegen das Gesetz (1. Joh 3,4). Der Mensch versäumt es, seine Pflicht zu tun, er tut das nicht, was er nach Gottes Willen tun sollte. Es ist etwas ganz Schändliches, ein Abweichen vom geraden Wege. Jesaja hat gesagt: »Wir gingen alle in die Irre wie Schafe, ein jeder sah auf seinen Weg« (Jes 53,6). Die Bibel lehrt, daß der Sünder vor Gott »tot« ist, wenn sie uns sagt: »Deshalb, wie durch einen Menschen die Sünde in die Welt gekommen ist und der Tod durch die Sünde, so ist der Tod zu allen Menschen durchgedrungen, weil sie alle gesündigt haben« (Röm 5,12). Daher ist im inneren Wesen eines jeden Menschen eine radikale Veränderung nötig. Dabei handelt es sich aber um eine Veränderung, die der Mensch nicht selbst herbeiführen kann, und er kann sie auch nicht selbst bewirken. Es ist eine Veränderung, bei der ihm die Naturwissenschaft nicht helfen kann; nur Gott allein kann und muß es tun.

Der Heilige Geist überzeugt und ruft uns.

Eine der verheerendsten Auswirkungen der Sünde ist die, daß sie uns für unsere Sünden blind macht. »... den Ungläubigen, denen der Gott dieser Welt den Sinn verblendet hat, daß sie nicht sehen das helle Licht des Evangeliums von der Herrlichkeit Christi, welcher ist das Ebenbild Gottes« (2.Kor 4,4). Nur der Heilige Geist kann unsere Augen öffnen. Nur er kann uns die Größe unserer Sünde zeigen, und nur er kann uns von der Wahrheit des Evangeliums überzeugen. Das ist einer der Gründe, warum der Heilige Geist der »Geist der Wahrheit« genannt wird (Joh 14,17). Jesus zeugt von dem Heiligen Geist, indem er sagt: »Und wenn er kommt, wird er der Welt die Augen auftun über die Sünde und über die Gerechtigkeit und über das Gericht; über die Sünde: daß sie nicht an mich glauben; über die Gerechtigkeit: daß ich zum Vater gehe und ihr mich hinfort nicht seht; über das Gericht: daß der Fürst dieser Welt gerichtet ist« (Joh 16,8-11).

J. Gresham Machen hat hierzu geschrieben: »An der neuen Geburt muß das geheimnisvolle Wirken des Heiligen Geistes beteiligt sein. Wenn das nicht der Fall ist, sind alle unsere Überlegungen nutzlos. Bei der neuen Geburt macht der Heilige Geist nicht einen Menschen zum Christen, der gar nicht weiß, was dabei mit ihm geschieht, sondern, ganz im Gegenteil, beseitigt er den Nebel vor seinen Augen und befähigt ihn dazu, sich in seiner Sündhaftigkeit zu sehen« (Machen, The Christian Faith in the Modern World, 1947, S.63)

Wir müssen auch daran denken, daß der Heilige Geist die Wahrheit des Wortes Gottes benützt, um unsere Herzen zu überzeugen. Die Bibel sagt uns: »So kommt der Glaube aus der Predigt, das Predigen aber durch das Wort Christi« (Röm 10,17). Und an einer anderen Stelle lesen wir: »Denn das Wort Gottes ist lebendig und kräftig und schärfer als jedes zweischneidige Schwert, und dringt durch, bis es scheidet Seele und Geist, auch Mark und Bein, und ist ein Richter der Gedanken und Sinne des Herzens« (Hebr 4,12). Gott der Heilige Geist kann die armseligste Predigt und die schwächlichsten Worte unseres Bekenntnisses zu Jesus nehmen und sie durch seine Macht in eine überzeugende Botschaft für das Leben anderer Menschen verwandeln.

Wenn es den Dienst des Heiligen Geistes nicht gäbe, würden wir nie in der Wahrheit unseres Gottes unsere Sünden klar erkennen können, und auch nicht die Wahrheit Gottes, was unseren Heiland angeht. Ich glaube, daß Jesus das in Johannes 6,44 sagen wollte: »Es kann niemand zu mir kommen, es sei denn, ihn ziehe der Vater, der mich gesandt hat, und ich werde ihn auferwecken am Jüngsten Tage.«

Die Bibel warnt uns aber auch ausdrücklich davor, dem Rufen des Heiligen Geistes Widerstand zu leisten. Wenn der Heilige Geist nicht einen Menschen antreibt, kann er nicht zu Jesus Christus kommen. Aber es besteht auch die Gefahr, daß wir über den Punkt hinausgeraten, von dem aus eine Rückkehr noch möglich wäre, und daß die Sünde uns so hart und gefühllos macht, daß wir die Stimme des Geistes nicht mehr hören können.

Auch hier gibt es viel, was wir nicht ganz verstehen, und es steht uns nicht zu, zu sagen, wann im Leben eines anderen Menschen dieser Punkt erreicht ist. Anscheinend war niemand härter und unzugänglicher als der König Manasse im Alten Testament, aber schließlich tat er doch über seinen Sünden Buße, und Gott in seiner Gnade vergab ihm (2.Chr 33). Aber wir dürfen nicht die Warnung der Bibel überhören, die da lautet: »Siehe, jetzt ist die Zeit der Gnade, siehe, jetzt ist der Tag des Heils!« (2.Kor 6,2). In den Sprüchen heißt es: »Wer gegen alle Warnung halsstarrig ist, der wird plötzlich verderben ohne alle Hilfe« (29,1).

Der Heilige Geist erneuert uns.

Neben Buße und Glauben ist eines der Werke, die der Heilige Geist im Herzen von Menschen ausrichtet, die Erneuerung. »Erneuerung« ist nur ein anderes Wort für Neubeginn oder Wiedergeburt. »... machte er uns selig – nicht um der Werke der Gerechtigkeit willen, die wir getan hatten, sondern nach seiner Barmherzigkeit – durch das Bad der Wiedergeburt und Erneuerung im heiligen Geist« (Tit 3,5). Eigentlich ist das griechische Wort, das hier mit »Erneuerung« übersetzt wird, aus zwei Wörtern zusammengesetzt, deren buchstäbliche Übersetzung lautete »wieder geboren« oder »neue Geburt«.

Dabei handelt es sich um eine Veränderung, die zwar nur ein einziges Mal stattfindet, die aber doch ständig weitere Auswirkungen hat. In Johannes 3,3 spricht die Bibel davon, daß jemand von neuem geboren wird, und in neueren Übersetzungen heißt es »wiedergeboren« oder »von oben geboren«, um die Aussage noch mehr zu verdeutlichen. Nach seinem natürlichen Zustand ist der Sünder geistlich tot in seinen Übertretungen und Sünden. Durch die Erneuerung geschieht es, daß das, was tot ist, lebendig gemacht wird. Gott macht den Sünder gerecht von der Schuld, gegen das Gesetz verstoßen zu haben, und ihm werden alle seine Sünden vergeben, ja mehr noch, durch die neue Geburt wird der gerechtfertigte Sünder zu einem neuen Geschöpf – er wird eine neue Schöpfung (2.Kor 5,17; Gal 6,15). Und noch mehr, die Erneuerung hat, ebenso wie die Rechtfertigung, eine sofortige Wirkung, und sie geschieht auf Grund eines einzigen Handelns des Heiligen Geistes, und zwar unabhängig davon, ob der betreffende Mensch, der »wiedergeboren« ist, sich dieses Zeitpunktes genau bewußt geworden ist oder nicht. Theologen haben viele Streitgespräche darüber geführt, wann sich die Erneuerung im Leben eines Menschen tatsächlich ereignet. Es mag da einige Streitpunkte geben, aber die zentrale Aussage ist unzweideutig: Der Heilige Geist ist es, der uns von innen her erneuert.

Das Geschenk dieses neuen, göttlichen Lebens erhält die Seele des neugeborenen Menschen von Jesus, und zwar durch den Heiligen Geist. Jesus hat gesagt, daß die neue Geburt »ein Geheimnis« sei. Er gebrauchte das Beispiel des wehenden Windes: Man spürt ihn, aber wir können nicht sagen, woher er kommt, und auch nicht, wohin er geht. Die Erneuerung ist also ein verborgener Vorgang in der gleichen Weise wie etwas, was im Herzen eines Menschen vorgeht. Dem Betreffenden mag es bewußt sein oder auch nicht – und oft nehmen es auch die Menschen, die um ihn herum sind, nicht gleich wahr. Das, was sich aber auf Grund einer neuen Geburt sehr bald zeigt, ist so unbeschreiblich bedeutsam, daß man es füglich als ein »Wunder« bezeichnen kann, sogar als das größte aller Wunder!

Ebenso wie ungläubige Männer Jesus nicht erkannten, als er auf der Erde wandelte, und nicht zu sehen vermochten, daß der Mensch gewordene Gott vor ihnen stand, ebenso ist es möglich, daß der in Jesus neugeborene Mensch für eine Zeit äußerlich nicht als solcher erkannt wird. Aber, gleichgültig, ob er der Welt sichtbar ist oder nicht, der neue Mensch existiert innerlich. Früher oder später wird sich das neue Leben in einer gotterfüllten Lebensweise zeigen. Aber es besteht schon, und es wird in Ewigkeit Bestand haben, und den neugeborenen Menschen, der des Königreiches Gottes teilhaftig ist, den gibt es auch schon – eine neue Schöpfung (2.Kor 5,17).

Damit soll nicht gesagt werden, daß der persönliche Glaube und die persönliche Entscheidung nicht wichtig wären. Wir lehnen uns nicht untätig zurück und warten darauf, daß der Heilige Geist sein Werk an uns tue, bevor wir zu Jesus kommen. Wir stehen unter dem Befehl: »Bittet, so wird euch gegeben, suchet, so werdet ihr finden, klopfet an, so wird euch aufgetan« (Mt 7,7). Wir haben die Verheißung Gottes: »...wenn ihr mich von ganzem Herzen suchen werdet, so will ich mich von euch finden lassen ...« (Jer 29,13). Außerdem lesen wir in der Schrift, daß selbst der Glaube ein Geschenk des gnädigen Gottes ist. »Denn aus Gnade seid ihr selig geworden, durch Glauben, und das nicht aus euch: Gottes Gabe ist es« (Eph 2,8). Wir haben also alles, was wir brauchen, um uns für Jesus zu entscheiden, aber es ist immer noch unsere Sache, auf den Ruf des Heiligen Geistes zu antworten.

Wenn ein Mensch von neuem geboren worden ist, ist das, aus der göttlichen Perspektive gesehen, ein ganz unkomplizierter Vorgang. Der Geist Gottes nimmt das Wort Gottes und macht einen Menschen zum Kind Gottes. Wir werden wiedergeboren durch das Handeln des Heiligen Geistes, der seinerseits das göttlich inspirierte Wort Gottes gebraucht. Gottes Geist bringt den Menschen das Leben. In diesem Augenblick nimmt der Heilige Geist in einem Menschen für dessen ganzes Leben Wohnung. Er erhält ewiges Leben.

In den 35 Jahren, in denen ich als Evangelist tätig gewesen bin, habe ich Hunderttausende in Auditorien, Stadien, Kirchen, Zelten und Laubhütten nach vorne kommen sehen, um, wie es oft genannt wird, sich für Jesus zu entscheiden. Vor Jahren habe ich einmal versucht, diesen Ausdruck durch das Wort »Fragesteller« zu ersetzen. Wenn Menschen bei einer Evangelisation nach vorn kommen, dann bedeutet das nicht unbedingt, daß ein Mensch von neuem geboren worden ist oder werden wird. Wenn man nach vorn geht, um sich öffentlich für Jesus zu verpflichten, dann ist das nur ein äußerlich sichtbares, wenngleich ein wichtiges Tun. Es mag zeigen oder auch nicht zeigen, was in dem Herzen des Betreffenden vor sich geht oder was dort vielleicht schon geschehen ist. Die Erneuerung ist nicht das Werk des Evangelisten. Sie ist das Werk des Heiligen Geistes.

Die unverzichtbare Vorbedingung für eine neue Geburt ist Buße und Glauben, aber Buße und Glauben allein erretten nicht. Ein wahrer Glaube ist Gottes Geschenk an einen Menschen, und wie ich schon gesagt habe, hilft dieser uns auch dabei, Buße zu tun. Wenn jemand diese Buße und diesen Glauben an den Tag legt, dann dürfen wir sicher sein, daß der Heilige Geist die Erneuerung dazu schenken wird. Darin sehen wir die Liebe und Gnade Gottes, die durch Jesus für Sünder überreichlich ausgegossen wird, die sonst dem strafenden Urteil unterworfen wären.

Von neuem geboren zu sein heißt also: »Denn wie der Vater die Toten auferweckt und macht sie lebendig, so macht auch der Sohn lebendig, welche er will« (Joh 5,21). In der Apostelgeschichte sprach Petrus von »Buße tun« oder von »sich bekehren«. In Römer 6,13 drückte es Paulus so aus, daß Menschen »aus den Toten lebendig geworden sind«. An die Kolosser schrieb Paulus: »Belügt einander nicht; denn ihr habt den alten Menschen mit seinen Werken ausgezogen und den neuen angezogen, der erneuert wird zur Erkenntnis nach dem Ebenbild dessen, der ihn geschaffen hat« (Kol 3,9-10).

Sie und ich können die Erneuerung nicht ererben. Vielmehr ist es so, daß »wieviele ihn aber aufnahmen, denen gab er Macht, Gottes Kinder zu werden, die an seinen Namen glauben« (Joh 1,12). Ein Mensch mag getauft worden sein, wie z.B. selbst Hitler und Stalin, aber das ist keine Garantie dafür, daß er neues Leben empfangen hat. Simon der Zauberer wurde von Philippus getauft, nachdem er behauptet hatte, er »glaube«, aber Petrus sagte zu ihm: »Dein Herz ist nicht rechtschaffen vor Gott« (Apg 8,21).

Jemand mag in den mehr auf eine Liturgie ausgerichteten Kirchen konfirmiert worden sein, aber das bedeutet nicht unbedingt, daß er neues Leben empfangen hat. In der Apostelgeschichte lesen wir: »Der Herr aber fügte täglich zur Gemeinde hinzu, die gerettet wurden« (Apg 2,47). Die einzige unverzichtbare Bedingung für die Zulassung zur Gemeinschaft der ersten Christen war die, daß man neues Leben empfangen mußte.

Man kann auch nicht dadurch erneuert werden, daß man gute Taten tut: »...machte er uns selig – nicht um der Werke der Gerechtigkeit willen, die wir getan hatten, sondern nach seiner Barmherzigkeit – durch das Bad der Wiedergeburt und Erneuerung im Heiligen Geist« (Tit 3,5). Jemand kann in seiner Stadt jedem Wohltätigkeitsverein beitreten und bei jeder karitativen Veranstaltung mitmachen, und er kann während seines ganzen Lebens ein »guter« oder »moralischer« Mensch sein und braucht deshalb noch nicht zu wissen, was es bedeutet, neues Leben empfangen zu haben.

Andere versuchen, neues Leben zu empfangen, indem sie sich selbst verbessern. Dazu machen sie die besten Anläufe, und sie fassen immer neue gute Vorsätze. Die Bibel sagt aber: »Aber nun sind wir alle wie die Unreinen, und alle unsere Gerechtigkeit ist wie ein beflecktes Kleid« (Jes 64,5).

Manche wohlmeinenden Menschen versuchen sogar, die Errettung dadurch zu erlangen, daß sie sich bemühen, Jesus in ihrem Leben nachzuahmen. Aber das kann Gott nicht akzeptieren, denn niemand kann es Jesus wirklich gleichtun. Jesus war rein. Die Menschen sind Sünder, tot in ihren Sünden. Was sie brauchen, ist Leben, und das kann nur der Heilige Geist durch die neue Geburt schenken.

Haben Sie sich durch die Kraft des Geistes Gottes ein neues Leben schenken lassen? Nichts sonst auf der Welt kann Ihrem Leben eine wirkliche geistliche neue Geburt schenken. Gott hat seinen Sohn in die Welt gesandt, um uns neues Leben zu schenken, Gott hat uns sein Wort gegeben, und der Heilige Geist in seiner Kraft kann es ergreifen und uns Erneuerung, eine geistliche Wiedergeburt, schenken.

Diese neue Geburt wird eine Veränderung in Ihrem Verhältnis zu Gott, eine Veränderung in Ihrem Verhältnis zu Ihrer Familie, eine Veränderung in Ihrem Verhältnis zu sich selbst, eine Veränderung in Ihrem Verhältnis zu Ihren Nachbarn bewirken. Wenn Sie ein gehorsamer Gläubiger sind, wird es bald auch zu einer Veränderung Ihrer Pläne, Neigungen, Ziele, Grundsätze und Interessen kommen.

Der Heilige Geist gibt uns Sicherheit.

Auch wenn wir Jesus als unseren Heiland angenommen haben, werden wir uns manchmal unsicher fühlen, weil die alten Versuchungen noch nicht gänzlich verschwunden sind. Wir sündigen noch immer. Manchmal geraten wir in Zorn. Stolz und Eifersucht können noch immer einmal ihr Haupt erheben. Das verwirrt nicht nur, sondern es entmutigt auch, und manchmal führt es zu geistlicher Niedergeschlagenheit. Vielleicht wissen wir sogar, daß wir eine bestimmte »Lieblingssünde« haben, die uns plagt, und der anscheinend mit nichts beizukommen ist.

Aber in dem Augenblick, in dem Sie und ich Jesus aufgenommen haben und vom Heiligen Geist neues Leben empfingen, haben wir eine neue Natur erhalten. So haben also die unter uns, die von neuem geboren sind, nun zwei Naturen. Die alte Natur stammt von der ersten Geburt, die neue rührt von der neuen Geburt her. Durch die alte Geburt sind wir Kinder des Fleisches, durch die neue Geburt sind wir Kinder Gottes. Das ist der Grund, weshalb Jesus zu Nikodemus sagte, er müsse »von neuem geboren« werden.

Wann immer sich die alte Natur in uns wieder einmal meldet, mag ein junger Gläubiger anfangen, daran zu zweifeln, ob er wirklich von neuem geboren ist oder nicht. Der Satan hätte es gern, daß wir an der Wirklichkeit unserer Errettung zweifeln – das aber würde bedeuten, daß wir an Gottes Wort zweifeln, das an uns ergangen ist. Wir werden über die Sicherheit und Verläßlichkeit unserer Errettung in einem späteren Kapitel noch ausführlicher sprechen, aber an dieser Stelle hier wollen wir uns daran erinnern, daß der Heilige Geist uns die Bestätigung dafür gibt, daß wir wiedergeboren und Mitglieder der Familie Gottes geworden sind. »Es bezeugt uns das aber auch der Heilige Geist« (Hebr 10,15). Aufgrund des geschriebenen Wortes Gottes und durch das stille Werk des Heiligen Geistes in unseren Herzen wissen wir, daß wir wiedergeboren sind – gleichgültig, welche Anschuldigungen der Satan auch erheben mag. »Der Geist selbst gibt Zeugnis unserem Geist, daß wir Gottes Kinder sind« (Röm 8,16).

Wie man von neuem geboren wird.

Zunächst einmal machen Sie sich klar, daß Sie in Gottes Augen ein Sünder sind. Vielleicht halten Sie sich selbst nicht für einen schlechten Kerl, weil Sie wissen, daß Sie ein ganz ordentliches Leben geführt haben. Auf der anderen Seite tragen Sie aber vielleicht auch an der Last einer Schuld wegen einiger Sünden, die Sie in früherer Zeit begangen haben. Wie immer es bei Ihnen auch aussehen mag, die Bibel sagt uns: »Da ist keiner, der gerecht ist, auch nicht einer« (Röm 3,10). Wir alle haben das Gesetz Gottes gebrochen, und wir alle verdienen nichts anderes als Gottes Urteil und Zorn.

Zweitens machen Sie sich klar, daß Gott Sie liebt und daß er seinen Sohn gesandt hat, um für Sie zu sterben. Eigentlich verdienen Sie es, für Ihre Sünden zu sterben, aber Jesus starb an Ihrer Stelle. »Denn auch Christus hat *einmal* für die Sünden gelitten, der Gerechte für die Ungerechten, damit er euch zu Gott führte« (1. Petr 3,18). Das ist das Wunder des Evangeliums – daß Gott uns liebt! Er liebt Sie, obwohl es eine Tatsache ist, daß Sie ein Sünder sind.

Drittens bereuen Sie Ihre Sünden. »Reue« kommt von einem griechischen Wort, das bedeutet: »Veränderung des Sinnes«. Es bedeutet, daß ich zugebe, ein Sünder zu sein, und daß es mir leid tut, gesündigt zu haben. Reue bedeutet aber auch, daß ich meinen Sünden den Rükken zuwende – sie von mir weise – und daß ich mich dazu entschließe, durch Gottes Gnade so zu leben, wie er es will. Jesus hat gesagt: »Wenn ihr nicht Buße tut, werdet ihr auch alle so umkommen« (Lk 13,3). Reue bedeutet, daß man dazu bereit ist, die Sünde zurückzulassen und das Leben seinem Herrn Jesus Christus als Herrn dieses Lebens zu übergeben. Wir sehen uns so, wie Gott uns sieht, und wir beten: »Gott, sei mir Sünder gnädig« (Lk 18,13).

Viertens kommen Sie voll Glauben und Vertrauen zu Jesus. Die Bibel sagt uns, daß die Erlösung ein Geschenk ist. Gott hat alles Notwendige getan, um uns die Erlösung zugänglich zu machen, aber wir müssen darauf reagieren und uns das Geschenk zu eigen machen. »Denn der Sünde Sold ist der Tod; die Gabe Gottes aber ist das ewige Leben in Christus Jesus, unserem Herrn« (Röm 6,23).

Wie nehmen Sie dieses Geschenk an? Durch einen einfachen Akt des Glaubens, durch den Sie zu Jesus »ja« sagen. Wenn Sie den Herrn Jesus noch nicht in Ihr Leben aufgenommen haben, dann bitte ich Sie, es gleich zu tun, bevor noch eine weitere Minute vergeht! Sagen Sie Gott ganz einfach, daß Sie wissen, daß Sie ein Sünder sind, und daß Ihnen Ihre Sünden leidtun. Sagen Sie Ihm, daß Sie glauben, daß Jesus für Sie starb und daß Sie ihm Ihr Leben von diesem Augenblick an übergeben wollen, um ihm als Ihrem Herrn für den Rest Ihres Lebens zu folgen. »Denn also hat Gott die Welt geliebt, daß er seinen eingeborenen Sohn gab, damit alle, die an ihn glauben, nicht verloren werden, sondern das ewige Leben haben« (Joh 3,16).

Wenn Sie das getan haben, hat Gott alle Ihre Sünden vergeben. Wie herrlich ist es zu wissen, daß jede Sünde, die Sie jemals begangen haben, selbst solche, die Sie gar nicht als Sünden erkannt haben, alle durch das Blut Jesu hinweggewaschen sind, »in dem wir die Erlösung haben, nämlich die Vergebung der Sünden« (Kol 1,14). Und mehr noch – Sie können im Glauben annehmen, daß Sie in Christus eine neue Kreatur sind.

In seinem Gespräch mit Nikodemus erinnerte Jesus ihn an ein Ereignis in der Zeit, als das Volk Israel durch die Wüste zog. Gott hatte sein sündiges Volk gestraft, indem er feurige Schlangen unter das Volk sandte, deren Bisse tödlich waren. Viele Israeliten starben daran. Dann aber sagte der Herr zu Moses, er solle eine eherne Schlange machen und sie zum Zeichen aufrichten. Alle, die im Glauben auf diese

Schlange blickten, nachdem sie gebissen worden waren, wurden gerettet. Das hörte sich nun beinahe an, als wollte man ihre Intelligenz beleidigen! Das Metall hatte keine heilende Wirkung. Andererseits wußten sie auch, daß es nichts half, wenn sie die Bißstellen mit Salbe einrieben. Und es nützte auch nichts, wenn man versuchte, die Schlangen zu bekämpfen. Nicht einmal Moses, der Prophet Gottes, konnte ihnen helfen.

Nein, *alles*, was sie zu tun hatten, war, die eherne Schlange anzublicken, in kindlichem Vertrauen darauf, daß Gott in seiner Gnade sie dann vollkommen erretten würde. Wenn sie auf die eherne Schlange schauten, dann schauten sie durch sie hindurch, auf Gott selbst. Es war, als hätte Jesus gesagt: »Ich werde erhöht werden – blickt auf mich, und Ihr werdet erlöst sein.« Natürlich war das die Erhöhung, die bei seinem Tode am Kreuz stattfinden sollte. Niemand kann zu Jesus kommen, wenn nicht der Heilige Geist ihn zum Kreuz hinzieht, wo Jesus durch sein Blut jeden Menschen von seiner Sünde reinigt, der sein Vertrauen auf ihn setzt.

Ebensowenig wie bei den Israeliten damals in der Wüste will Gott heute unsere Intelligenz beleidigen. Aber wenn Sie nicht zum Glauben zu Jesus gefunden haben, dann hat der Teufel Ihren Verstand geistlich verblendet, und er ist von der Sünde angegriffen. Deshalb hat der Apostel Paulus gesagt: »Denn weil die Welt, umgeben von der Weisheit Gottes, Gott durch ihre Weisheit nicht erkannte, gefiel es Gott wohl, durch die Torheit selig zu machen, die daran glauben« (1.Kor 1,21).

Zunächst mag es töricht erscheinen, zu glauben, daß Jesus Christus, der vor zweitausend Jahren an einem Kreuz starb und von den Toten wieder auferstand, Ihr Leben heute durch den Heiligen Geist radikal verändern kann. Und doch würden Millionen von Christen auf allen Kontinenten sich in diesem Augenblick erheben und bezeugen, daß er ihr Leben verwandelt hat. Mir selbst ist es vor vielen Jahren so ergangen. Es könnte bei Ihnen noch heute geschehen!

5. KAPITEL

Die Frage der Geistestaufe

Als junger Mann nahm ich einmal an einer Evangelisation teil. Die Menschen hörten begeistert zu. »Haben Sie die Taufe des Heiligen Geistes empfangen?« fragte der Prediger die Anwesenden. Offensichtlich waren ihm viele persönlich bekannt. Unvermutet wandte er sich dann an mich und fragte: »Und Sie, sind Sie mit dem Heiligen Geist getauft worden?« »Ja«, antwortete ich. Daraufhin fragte er weiter: »Wann war das?« Ich antwortete: »In dem Augenblick, als ich Jesus Christus als meinen persönlichen Heiland angenommen habe.« Er sah mich verdutzt an, bevor er sich dem nächsten zuwandte, und sagte nur: »Das kann nicht sein.« Aber es war so.

In all den Jahren, die dieser Begegnung folgten und in denen ich die Bibel gründlich durchgearbeitet habe, bin ich zu der Überzeugung gelangt, daß es nur eine einzige Taufe mit dem Heiligen Geist gibt. Und diese Taufe empfängt jeder Mensch in dem Augenblick, in dem er Jesus als seinen Herrn und Heiland aufnimmt, in dem er Buße tut und sich Jesus zuwendet.

»Taufe«, biblisch verstanden, meint immer Neubeginn. Und dieser Neubeginn geschieht nur einmal. Es gibt keine Bibelstellen, die darauf hinweisen, daß die Taufe mit dem Heiligen Geist wiederholt werden müsse. In 1.Korinther 12,13 heißt es: »Denn wir sind durch einen Geist alle zu einem Leib getauft.« Es geht also um zweierlei: Erstens, die Taufe mit dem Heiligen Geist geschieht nur durch den Geist Gottes. Zweitens, jeder, der zum Glauben findet, empfängt diese Taufe. Der Apostel Paulus betont: »alle«. Es sind nicht die treuen Thessalonicher oder die liberalen Philipper, auch nicht die geistlichen Epheser, sondern es sind »alle«, auch die fleischlich-weltlichen Korinther (1.Kor 3,1).

In diesem Zusammenhang sind auch die Erfahrungen des Volkes Israel wichtig, die in 1.Korinther 10,1-5 beschrieben werden. In den Versen wird das Wort »alle« fünfmal erwähnt: »Alle unter der Wolke«, »alle sind durch das Meer gegangen«, »alle sind getauft«, »alle haben gegessen«, »alle haben getrunken«. Und doch heißt es 1.Korinther 10: »Aber an den meisten von ihnen hatte Gott kein Wohlgefallen.«

Sie gehörten alle zum Volk Gottes, aber sie lebten nicht gemäß der Berufung, die Gott diesem Volk zugedacht hatte. Genauso verhält es sich mit anderen Menschen, die mit dem Heiligen Geist getauft worden sind. Sie haben zwar die Taufe des Heiligen Geistes empfangen, aber sie sind noch nicht erfüllt vom Heiligen Geist. Er ist noch nicht das Zentrum all ihrer Lebensbereiche. Darum kann die Kraft des Heiligen Geistes noch nicht voll zum Ausdruck kommen.

Ich weiß, daß die Taufe mit dem Heiligen Geist von Menschen, die auch an Jesus Christus glauben, anders verstanden wird. Wir sollten keine Angst davor haben, unser unterschiedliches Verständnis zum Ausdruck zu bringen, aber wir sollten dabei einander achten, füreinander beten und den Wunsch haben, voneinander zu lernen.

Einige Christen meinen, der Gläubige empfange die Geistestaufe erst einige Zeit nach der Bekehrung. Andere dagegen behaupten, ein Gläubiger müsse eine besondere spätere Geistestaufe empfangen, erst dann könne er Gott richtig dienen. Wieder andere behaupten, die Geistestaufe sei immer verbunden mit einer besonderen Gabe, die ein Mensch dabei empfange. Wenn jemand nicht mit der Geistestaufe getauft worden sei, hätte er auch diese besondere Gabe (Charisma) nicht empfangen.

Taufe mit dem Heiligen Geist bei der Bekehrung.

Ich muß offen gestehen, daß ich mir manchmal gewünscht habe, in so einfachen Bahnen glauben zu können. Ich wollte auch eine »besondere Erfahrung« haben. Aber diese Erfahrung muß eine biblische Grundlage haben. Die Bibel sagt, daß wir durch den Heiligen Geist in den Leib Christi getauft werden, das geschieht bei unserer Bekehrung. Nur von dieser Geistestaufe spricht die Bibel. Wenn wir sie empfangen haben, sollten wir zugleich ganz und gar erfüllt sein mit dem Heiligen Geist. Wir sind es aber oft nicht, weil Schuld und Ungehorsam in unserem Leben sind. Biblisch gesehen kann ich daraus aber nicht ableiten, daß das Erfülltsein mit dem Heiligen Geist eine zweite Taufe bedingt. Es gibt auch keinen Hinweis darauf, daß die Zungenrede eine notwendige Begleiterscheinung der Erfüllung mit dem Heiligen Geist ist.

Ich will versuchen aufzuzeigen, daß vielleicht das, was einige Christen als Geistestaufe bezeichnen, von der Bibel in Wirklichkeit als Fülle des Geistes gemeint ist.

Es gibt nur sieben Stellen im Neuen Testament, die von der Taufe mit dem Heiligen Geist sprechen. Fünf dieser Stellen bezeichnen die Geistestaufe als ein zukünftiges Ereignis. Vier dieser Aussagen macht Johannes der Täufer (Mt 3,11; Mk 1,7-8; Lk 3,16 und Joh 1,33). Eine Äußerung macht Jesus selbst nach seiner Auferstehung (Apg 1,4-5). Eine sechste Stelle weist zurück auf die Ereignisse und Erfahrungen, die zu Pfingsten gemacht wurden (Apg 11,15-17). Darin heißt es, daß nun die Verheißungen, die Johannes der Täufer und Jesus selbst ausgesprochen hätten, in Erfüllung gegangen seien. Nur die eine Stelle in 1.Korinther 12,13 redet von einer Erfahrung, die alle Gläubigen angeht.

Während meines Predigtdienstes bin ich immer wieder Gläubigen begegnet, die sich sehr abmühten, kämpften und darum beteten, den Heiligen Geist zu bekommen. Prüfen Sie einmal gemeinsam mit mir, wie Gott an Christus in der Leidenswoche und dann 50 Tage später zu Pfingsten handelte. Dann wird uns klarwerden, daß wir nicht erst zu suchen brauchen, was Gott bereits jedem Gläubigen gegeben hat.

Als Jesus am Kreuz starb, nahm er unsere Sünden auf sich: »Das tat Gott: Er sandte seinen Sohn in der Gestalt des sündigen Fleisches und um der Sünde willen und verdammte die Sünde im Fleisch« (Röm 8,3).

Der Prophet Jesaja verkündigte: »Aber der Herr warf unser aller Sünde auf ihn« (Jes 53,6). Der Apostel Paulus sagte: »Denn er hat den, der von keiner Sünde wußte, für uns zur Sünde gemacht« (2.Kor 5,21). Damit wurde Jesus, der Sohn Gottes, zur Verkörperung der Sünde der ganzen Welt.

Jesus sendet den Heiligen Geist.

Jesus sagte nichts davon, daß sein Tod am Kreuz seinen Auftrag beenden würde, im Gegenteil. Am Abend vor seinem Tode sagte er wiederholt zu den Jüngern, er würde ihnen den Heiligen Geist senden. »Aber ich sage euch die Wahrheit: es ist euch gut, daß ich weggehe. Denn wenn ich nicht weggehe, kommt der Tröster nicht zu euch. Wenn ich aber gehe, will ich ihn zu euch senden« (Joh 16,7). Bevor Jesus den Heiligen Geist, den Tröster, senden konnte, mußte Jesus zuerst weggehen, d.h. er mußte zuerst den Tod am Kreuz erleiden, dann auferstehen und gen Himmel fahren. Erst dann konnte er den Heiligen Geist zu Pfingsten ausgießen. Jesus befahl den Jüngern, sie sollten nach seinem Tod und der Auferstehung in Jerusalem bleiben, um das

Geschenk des Heiligen Geistes zu erwarten. »Ihr aber sollt in der Stadt bleiben, bis daß ihr angetan werdet mit Kraft aus der Höhe« (Lk 24,49). Sie sollen auch dort bleiben, bis sie »mit dem Heiligen Geist getauft werden nicht lange nach diesen Tagen« (Apg 1,5).

Darum verkündigt Johannes der Täufer den doppelten Auftrag Jesu Christi: »... als das Lamm Gottes, welches der Welt Sünde trägt« (Joh 1,29). Außerdem prophezeite er, daß dem Dienst Jesu auf Golgatha sein Dienst durch die Taufe mit dem Heiligen Geist folgen werde (Joh 1,33).

Als Christus von den Toten auferstanden war, war die Taufe mit dem Heiligen Geist noch nicht geschehen. Sie ereignete sich erst 50 Tage später. Zehn Tage nach Himmelfahrt fand Pfingsten statt, wie es Gott verheißen hatte. 120 Jünger wurden voll des Heiligen Geistes. Petrus erklärte den Zuhörern des Geschehen als »Gabe des Heiligen Geistes«. Er drängte die Zuhörer: »Tut Buße und lasse sich ein jeglicher taufen ... so werdet ihr empfangen die Gabe des Heiligen Geistes« (Apg 2,38).

Der Heilige Geist für »nachpfingstliche« Leute.

John Stott, ein bekannter evangelistischer Theologe aus England, betont: »Die 3000 Menschen, die dabei waren, haben offensichtlich nicht dasselbe übernatürliche Phänomen erlebt (den rauschenden Wind, die Flämmchen, die Zungen glichen und das Reden in fremden Sprachen). Zumindest wird darüber nichts gesagt. Weil Gott es aber Petrus zugesichert hatte, müssen auch diese 3000 dasselbe Gnadengeschenk empfangen haben (Vers 33 und 39). Trotzdem war da ein Unterschied: Die 120 Jünger hatten schon eine Wiedergeburt erfahren, sie empfingen aber die Geistestaufe erst, nachdem sie 10 Tage lang auf die Erfüllung der Verheißung Gottes gewartet hatten. Die 3000 anderen aber waren noch nicht gläubig. Durch dieses Pfingstereignis erhielten sie die Vergebung ihrer Schuld und die Gabe des Heiligen Geistes zur selben Zeit. Sie brauchten nicht noch auf die Gabe des Heiligen Geistes zu warten.

Dieser Unterschied zwischen den beiden Gruppen – den 120 und den 3000 – ist sehr wichtig. Die Glaubenssituation der 3000 ist für uns entscheidend und nicht etwa die der 120 Jünger. Die 120 Jünger erlebten das Geschenk des Glaubens in zwei aufeinander folgenden Schritten. Doch das liegt einzig und allein in der einmaligen geschichtlichen Situation. Die Jünger konnten das Pfingstgeschenk nicht vor Pfingsten empfangen. Jesus hatte sie ja selbst auf den festgelegten Ablauf hingewiesen. Aber mit diesem Ereignis war auch die – nennen wir es einmal »Stufenfolge« –, abgeschlossen. Wir, heute, sind »nachpfingstliche« Leute. Für uns gilt dieselbe Situation, wie sie damals die 3000 Ungläubigen erlebten. So wird uns, wie diesen 3000 damals, die Vergebung der Sünden und die »Gabe« oder »Taufe« des Heiligen Geistes im selben Augenblick geschenkt.«

Von diesem Pfingsttag an lebt der Heilige Geist in den Herzen aller Menschen, die an Jesus Christus als ihren Herrn und Heiland glauben. Es begann mit den 120 Jüngern, die diesen Heiligen Geist zu Pfingsten als Geschenk erhielten. Durch dieses Geschenk nahm der Heilige Geist in ihnen Wohnung. Sie wurden zum Leib Christi. So entstand Gemeinde, Kirche. Dieser Heilige Geist, der auch heute unser Herz erfüllt, verbindet uns alle miteinander, ganz gleich, welcher Denomination wir angehören.

Taufe mit dem Heiligen Geist als besonderes Zeichen.

In der Apostelgeschichte ist noch von zwei weiteren Ereignissen die Rede, die dem Pfingstgeschehen ähneln. Da heißt es z.B. in der Apostelgeschichte 8,14-17, daß Samarien das Wort Gottes angenommen hatte und dann von Petrus und Johannes die Taufe des Heiligen Geistes empfing. Und an anderer Stelle (Apg 10,44-48) ist von dem Hauptmann Kornelius die Rede. Kornelius lud Petrus ein, in seinem Haus zu predigen. Während Petrus das Evangelium von Jesus verkündigte, fiel der Heilige Geist auf alle, die ihm zuhörten.

Diese beiden Ereignisse dienen aber nur dazu, das Wachstum und die Ausdehnung der frühen Kirche zu kennzeichnen. Die Menschen, die in Samarien lebten, waren eine Mischung verschiedener Rassen. Andere Volksstämme verachteten sie und meinten, sie seien der Liebe Gottes nicht würdig. Die Taufe mit dem Heiligen Geist, die sie durch Johannes und Paulus empfingen, ist ein Zeichen dafür, daß sie durch den Glauben an Jesus Christus zu Gottes Kindern geworden waren. Die Bekehrung des Hauptmanns Kornelius ist ein Zeichen dafür, daß die Verkündigung des Evangeliums auch den Heiden gilt. So ist auch die Taufe mit dem Heiligen Geist zu verstehen, die Kornelius, seine Familie und seine Angestellten empfingen.

Wenn man sich das alles einmal klarmacht, wird deutlich, daß kein Christ mühevoll darum kämpfen oder Tage und Nächte durchbeten muß, um den Heiligen Geist zu empfangen. Er hat ihn schon erhalten –

nicht als Resultat seines Kampfes, seiner Arbeit, seines Sich-Quälens und seines Gebets, sondern als unverdientes Gnadengeschenk.

Einige Christen aber betonen, die Apostelgeschichte berichte von Menschen, die den Heiligen Geist noch nicht empfangen hatten, als sie ihre ersten Glaubensschritte machten. Darum sind sie der Ansicht, eine besondere Geistestaufe sei notwendig, nachdem ein Mensch sich für Jesus Christus entschieden hat. In diesem Zusammenhang sind drei Stellen besonders wichtig.

Die erste Textstelle finden wir in der Apostelgeschichte 8. Dort wird von der Reise des Philippus berichtet. Philippus verkündigte das Evangelium und tat Wunder. Die Samariter wurden dadurch tief bewegt. Viele von ihnen fanden zum Glauben an Jesus und wurden getauft. Als die Apostel in Jerusalem davon hörten, wurden sie unruhig. Sie schickten eine Abordnung nach Samarien – Petrus und Johannes; sie sollten prüfen, was dort geschehen sei. Als die beiden ankamen, fanden sie eine große Menge von Gläubigen vor, die bereit waren, die Taufe des Heiligen Geistes zu empfangen. »Da legten sie die Hände auf sie, und sie empfingen den Heiligen Geist« (Apg 8,17).

Wenn wir einmal den Zusammenhang genau lesen, stellen wir fest, daß die Predigten, die Philippus in Samarien hielt, offensichtlich die ersten waren, die außerhalb Jerusalems gehalten wurden. Wahrscheinlich lag es daran, daß die Samariter und die Juden seit jeher erbitterte Feinde waren. Das ist auch der Grund, warum die Gläubigen in Samarien den Heiligen Geist noch nicht empfangen hatten. Petrus und Johannes sollten selbst erkennen, daß Gott die verhaßten Samariter zum Glauben an Jesus geführt hatte. Nachdem sie sich davon überzeugt hatten, tauften sie sie mit dem Heiligen Geist.

Denken Sie auch an ein anderes Ereignis: Der Geist des Herrn führte Philippus in die Wüste nach Gaza. Dort legte er vor dem Äthiopier Zeugnis ab. Der Äthiopier glaubte dem, was Philippus gesagt hatte. Er nahm Jesus als seinen Heiland an und ließ sich dann von Philippus mit Wasser taufen. Philippus hatte ihm nicht die Hände aufgelegt und gebetet, er möge den Heiligen Geist empfangen. In dieser Begebenheit wird nichts über eine zweite Taufe gesagt. So ist das Ereignis in Samarien, wie es in der Apostelgeschichte berichtet wird, einzigartig. Es entspricht nicht den anderen Berichten der Bibel.

Aber es gibt noch eine Textstelle, die manchen Gläubigen Schwierigkeiten bereitet. Es handelt sich im die Bekehrung des Saulus auf der Straße nach Damaskus (Apg 9). Einige Christen behaupten, Paulus hätte später, als Ananias ihn besuchte, eine zweite Geistestaufe empfangen.

Aber auch diese Situation ist einzigartig. Gott hatte Saulus, der die Christen verfolgte, auserwählt, »daß er meinen Namen trage vor Heiden und vor Könige und vor das Volk Israel«. Als Saulus Jesus anrief, gebrauchte er den Ausdruck »Herr« – was auch heißen kann »mein persönlicher Herr«, »mein Herr«. Diese Worte bezeugen nicht unbedingt seine Bekehrung. Sie konnten seinen Respekt zum Ausdruck bringen. Sie sind nicht ohne weiteres als Bekenntnis des Glaubens zu verstehen. Ananias nannte Paulus später »Bruder« (Vers 17). Aber auch das beweist nicht, daß Paulus zu diesem Zeitpunkt schon Christ war, denn die Juden jener Tage nannten sich untereinander auch »Bruder«.

Wann also fand die Wiedergeburt von Paulus statt? Auf der Straße nach Damaskus, oder erlebte er sie während der drei Tage, in denen er als Blinder in Damaskus wohnte, also während der Zeitspanne, in der Ananias bei ihm war und ihm das Evangelium nahebrachte?

Auch bei anderen Menschen mag es Wochen, Monate oder sogar Jahre dauern, bis jemand durch den Heiligen Geist zur wirklichen Bekehrung geführt wird. Ich habe bei unseren Evangelisationen festgestellt, daß einige Teilnehmer immer wieder nach vorn kamen, um ihre Entscheidung für Jesus Christus in aller Öffentlichkeit zu bekräftigen, aber daß sie erst beim dritten oder vierten Mal Heilsgewißheit erhielten. Wann also wurden sie wiedergeboren? Das weiß nur Gott. Sie können ihre Wiedergeburt bei der Konfirmation erlebt haben oder bei irgendeiner anderen Gelegenheit. Wenn sie während unserer Evangelisationen nach vorn kamen, konnte das entweder bedeuten, daß sie Gewißheit über ihre Wiedergeburt haben wollten oder daß sie diese Wiedergeburt gern noch einmal in aller Öffentlichkeit vor Gott und den Menschen bestätigen wollten.

In der Apostelgeschichte 9,17 heißt es, Paulus sollte mit dem Heiligen Geist erfüllt werden. In dem Vers ist nicht die Rede von der Taufe. Nachdem Paulus vom Heiligen Geist erfüllt worden war, sprach er nicht etwa gleich in Zungen. Nichts wird darüber gesagt. Wenn Paulus also auf der Straße nach Damaskus die Wiedergeburt erfuhr, dann kann das spätere Erfülltsein vom Heiligen Geist nicht als zweite Taufe dargestellt werden. Wahrscheinlich erfuhr er seine Wiedergeburt erst, als Ananias zu ihm kam. Aber auch aus dieser Stelle geht nicht hervor, daß Paulus zum zweiten Mal mit dem Heiligen Geist getauft wurde.

Auch ein dritter Text hat Anlaß zu einigen Diskussionen gegeben. In Apostelgeschichte 19,1-7 wird berichtet, daß Paulus nach Ephesus kam und dort zwölf Jünger traf, die nicht den Heiligen Geist empfangen hatten. Sofort erhebt sich die Frage: Waren diese zwölf Leute schon wiedergeborene Christen, bevor sie mit Paulus zusammentrafen? Offensichtlich wußten sie weder vom Heiligen Geist noch von Jesus. Sie sagten lediglich, sie seien »getauft auf die Taufe des Johannes«. Paulus machte ihnen klar, daß es Jesus war, auf den Johannes hinweisen wollte. Als sie das hörten, ließen sie sich taufen auf den Namen Jesu. Die Taufe des Johannes hatten tiefen Eindruck gemacht auf diese zwölf Menschen, aber bis zum Besuch des Paulus hatten sie wahrscheinlich allen Kontakt zu den Lehren von Johannes und Jesus verloren. Wieder erkennen wir darin eine einzigartige Situation.

Paulus stellt ihnen Fragen, weil er offensichtlich die Echtheit ihrer Bekehrung bezweifelt. Aber dann heißt es in Apostelgeschichte 19,6: »Und da Paulus die Hände auf sie legte, kam der Heilige Geist auf sie, und sie redeten in Zungen und weissagten.«

Ein amerikanischer Theologe, Dr. Merrill Tenney, bezeichnet sie als »verspätete Gläubige«. Interessanterweise findet hier alles zur selben Zeit statt: Wiedergeburt, Erfülltsein mit dem Heiligen Geist und Zungenreden. Es ist unklar, ob das Zungenreden, von dem hier die Rede ist, dem Zungenreden entspricht, auf das sich Paulus in 1.Korinther 14 bezieht, oder ob es sich um das Zungenreden handelt, von dem Lukas in der Apostelgeschichte bei der Schilderung des Pfingstereignisses berichtet. Das Wort »Weissagung«, das hier verwendet wird, meint zugleich Zeugnis und Verkündigung. Offensichtlich gingen diese zwölf sofort nach dem Ereignis zu den Menschen, die sie kannten, und erzählten ihnen, wie sie zum Glauben an Jesus Christus gefunden hatten. Ich meine, daß man auch daraus nicht ableiten kann, daß etwa eine zweite Geistestaufe, nach der Geistestaufe bei der Wiedergeburt, notwendig ist. Ganz offensichtlich wurden sie zur selben Zeit wiedergeboren und mit dem Heiligen Geist getauft.

Der Heilige Geist und die Gründung der Gemeinde.

Pfingsten wurde die Gemeinde, die Kirche gegründet. Wichtig war nun nur noch, daß die Samariter, die Heiden und die »verspäteten Gläubigen« mit dieser Kirche verbunden wurden. Apostelgeschichte 8 weist auf die Samariter hin, Kapitel 10 auf die Heiden (entsprechend auch Apg 11,15) und Kapitel 19 auf die »verspäteten Gläubigen«. Nachdem jede dieser Gruppen die Geistestaufe empfangen hatte, war Gottes besonderes Handeln an diesen Gruppen abgeschlossen. Für alle Menschen, die danach zum Glauben kamen – bis zum heutigen Tag –, gilt, daß ein Mensch die Taufe mit dem Heiligen Geist im selben Augenblick empfängt, wenn er sein Leben Jesus Christus übergibt.

Pfingsten war ein Ereignis, das nicht nur diejenigen betraf, die dabei waren, sondern auch alle Gläubigen in den nachfolgenden Jahrhunderten. Ein ähnliches Beispiel gibt uns ja auch der Sühnetod Jesu Christi. Er starb einmal für alle Menschen. Er starb für die »Glieder seines Leibes«, die noch nicht geboren und auch noch nicht wiedergeboren waren. Daher sind Sie und ich Glieder seines Leibes durch die Wiedergeburt. Denn Jesus hat nur einmal sein Blut vergossen – für uns alle. Genauso sind wir durch die Wiedergeburt auch Glieder der neuen Gemeinschaft, der Gemeinde in Jesus Christus. Das, was damals zu Pfingsten durch die Geistestaufe geschah, wird jetzt durch uns immer wieder neu zu einer Wirklichkeit, wenn wir »von einem Geist trinken« (1.Kor 12,13). So haben auch wir heute Anteil an dem damaligen Pfingstereignis durch die Wiedergeburt. Weil die Geistestaufe zum selben Zeitpunkt wie die Wiedergeburt stattfindet, werden die Christen in der Bibel nie aufgefordert, nach der Geistestaufe zu trachten. »Wer aber Christi Geist nicht hat, der ist nicht sein«, betont Paulus in Römer 8,9.

Im Neuen Testament gibt es kein Gebot, das fordert, wir sollten mit dem Heiligen Geist getauft werden. Wenn eine besondere Geistestaufe für unser Leben als Christen notwendig wäre, wäre das Neue Testament doch wohl voll davon. Christus selbst hätte es geboten! Aber wir Christen sollten nicht nach einem Ereignis trachten, das schon stattgefunden hat.

In 1.Korinther 12,13 schreibt der Apostel Paulus: »Denn wir sind durch einen Geist alle zu einem Leib getauft, wir seien Juden oder Griechen, Sklaven oder Freie, und sind alle mit einem Geist getränkt.« Die Gemeinde in Korinth führte ein weltliches Leben und war Gott ungehorsam. Paulus betonte die Notwendigkeit der Einheit in Christus: »In demselben Geist« (1.Kor 12), »in dem einen Geist« (Vers 9), »derselbe eine Geist« (Vers 11), »ein Herr« (Vers 5), »ein Leib« (Vers 12), »nun aber sind es viele Glieder, aber der Leib ist einer« (Vers 20), »damit im Leib keine Spaltung sei« (Vers 25).

Darüber sind sich alle Christen einig: Jeder wirklich Gläubige muß durch den Heiligen Geist in den Leib Christi hineingetauft werden. Und dann beginnt für jeden von uns ein Wachstumsprozeß, wobei Gottes Heiliger Geist in uns wirkt und uns umformt in das Ebenbild Jesu.

Aber dazu müssen wir ihm Raum geben. Dann wird seine Kraft in uns sichtbar werden, und wir werden immer mehr zu dem, was wir sein sollen – Heilige Gottes!

6. KAPITEL

Das Siegel, das Pfand und das Zeugnis des Heiligen Geistes

Am Anfang unseres Jahrhunderts starb ein englischer Missionar in Indien. Unmittelbar nach seinem Tode brachen seine Nachbarn in sein Haus ein und fingen an, seine Habe wegzuschleppen. Der englische Konsul wurde informiert, und der klebte, weil sich an der Tür des Missionars kein Schloß befand, ein Stück Papier über die Türe und brachte darauf das Siegel von Großbritannien an. Die Einbrecher wagten es nicht, das Siegel zu brechen, weil die mächtigste Nation der Erde dahinter stand.

Das Versiegeln durch den Heiligen Geist erfolgt in dem Augenblick, in dem wir unsere Sünden bekennen und Jesus als Heiland annehmen. Wir müssen das noch nicht einmal bewußt bemerken. Zunächst einmal hat uns Gott gerecht gemacht und uns neues Leben geschenkt. Zweitens hat uns der Heilige Geist in den Leib Jesu hineingetauft. Drittens hat der Heilige Geist seine Wohnung in unseren Herzen genommen. In diesem und in den folgenden Kapiteln wollen wir uns mit einigen der Dinge beschäftigen, die unsere Erlösung begleiten, und wir wollen auch sein weitergehendes Werk in uns betrachten.

Das Siegel.

Das vierte Ereignis, das stattfindet, ist das, was die Bibel »das Siegel« nennt. Damit wird ein griechisches Wort übersetzt, das »bestätigen« oder »aufdrücken« bedeutet. Das Wort wird im Neuen Testament dreimal im Zusammenhang mit Gläubigen gebraucht. Es wird auch im Zusammenhang mit Jesus gebraucht. Bei Johannes heißt es: »... denn auf dem ist das Siegel des Vaters« (Joh 6,27). Wir lesen hier also, daß der Vater den Sohn versiegelt hat.

Im Augenblick ihrer Bekehrung werden Gläubige für den Tag der Erlösung mit dem Geist versiegelt: »In ihm seid auch ihr, die ihr das Wort der Wahrheit gehört habt, nämlich das Evangelium von eurer Seligkeit – in ihm seid auch ihr, als ihr gläubig wurdet, versiegelt worden mit dem heiligen Geist, der verheißen ist« (Eph 1,13, vgl. auch Kap. 4,30).

Es scheint mir, daß Paulus bei dem Hinweis auf die Versiegelung durch den Heiligen Geist hauptsächlich an zwei Dinge dachte. Das eine betrifft die Sicherheit, das andere das Eigentumsrecht. Das Versiegeln mit der Bedeutung der Sicherheit beobachten wir im Alten Testament, als der König die Löwengrube versiegelte, in der sich Daniel befand, so daß dieser nicht hinausgelangen konnte. In den alten Zeiten, in denen Esther Königin war (vgl. Est 8,8), benützte der König oft seinen Ring, um sein Zeichen oder sein Siegel auf Briefen oder auf Dokumenten anzubringen, die in seinem Namen geschrieben worden waren. Wenn er das getan hatte, konnte niemand mehr umstoßen, was er geschrieben hatte.

Pilatus tat praktisch das gleiche, als er befahl, daß die Soldaten das Grab Jesu bewachen sollten. Er sagte: »Da habt ihr die Wache; geht hin und bewacht es, so gut ihr könnt. Sie gingen hin und sicherten das Grab mit der Wache und versiegelten den Stein« (Mt 27,65-66). In diesem Schriftabschnitt ist »Siegel« das gleiche Wort wie in anderen Bibelstellen, die vom Versiegeln durch den Heiligen Geist sprechen. A.T. Robertson hat geschrieben, daß der Stein »wahrscheinlich durch ein Band versiegelt wurde, das über den Stein gelegt und an jeder Seite versiegelt wurde, wie wir es auch in Dan. 6,17 lesen. Die Versiegelung wurde in Gegenwart der römischen Wache vorgenommen, die dann dort blieb, um diesen Prägestempel römischer Macht und Autorität zu bewachen« (Word Pictures in the New Testament, 1930, S. 239). In einer viel bedeutungsvolleren Art und Weise sind wir sicher geborgen in Jesus Christus, wenn der Heilige Geist uns versiegelt oder sein Zeichen auf uns drückt.

Einer der ergreifendsten Gedanken, die mir je durch den Kopf gingen, ist der, daß der Heilige Geist mich versiegelt hat. Und er hat auch Sie versiegelt – wenn Sie gläubig sind.

Nichts kann Sie mehr berühren. »Denn ich bin gewiß, daß weder Tod noch Leben, weder Engel noch Mächte noch Gewalten, weder Gegenwärtiges noch Zukünftiges, weder Hohes noch Tiefes noch eine andere Kreatur uns scheiden kann von der Liebe Gottes, die in Christus Jesus ist, unserem Herrn« (Röm 8,38-39).

Aber dieses Versiegeln durch den Heiligen Geist bedeutet noch mehr als Sicherheit. Es bedeutet auch das Eigentumsrecht. Im Alten Testament lesen wir, daß Jeremia einen Acker kaufte, vor Zeugen für ihn bezahlte »und den versiegelten Kaufbrief an sich nahm nach Recht und Gewohnheit« (Jer 32,10). Damit gehörte ihm der Acker.

Die Bedeutung des Siegels als Beweis für einen Verkauf war auch für die Epheser von großer Bedeutung. Die Stadt Ephesus besaß einen Seehafen, und die Kapitäne der Handelsschiffe in den benachbarten Häfen betrieben einen regen Handel mit Nutzhölzern. Dabei wurde so vorgegangen: Ein Kaufmann suchte zunächst sein Holz aus und siegelte es dann mit seinem Siegel; dabei handelte es sich um einen anerkannten Beweis für das Eigentumsrecht. Zu gegebener Zeit schickte der Kaufmann dann einen Agenten, dem er vertraute und dem er sein Siegel mitgegegeben hatte. Dieser suchte die Hölzer zusammen, die damit gesiegelt worden waren, und nahm sie in Besitz. Matthew Henry hat es so ausgedrückt: »Durch ihn (den Heiligen Geist) werden die Gläubigen versiegelt, d.h. sie werden gekennzeichnet und abgesondert für Gott, und es ist damit deutlich erkennbar, daß sie ihm gehören.« (Commentary on the Whole Bible, S.688 ff.).

Das Pfand.

Wenn wir auf Jesus vertrauen, gibt Gott uns den Heiligen Geist aber nicht nur als Siegel, sondern auch als Pfand, oder, wie es in manchen Übersetzungen heißt, als »Anzahlung« (vgl. dazu 2. Kor 1,22 und Eph 1,14).

»Gott ist's aber, der uns fest macht samt euch in Christus und uns gesalbt und versiegelt und in unsere Herzen als Pfand den Geist gegeben hat« (2.Kor 1,21-22).

In der Zeit, zu der Paulus lebte, hatte ein Pfand nach Auffassung der Kaufleute drei verschiedene Funktionen: Es war eine Anzahlung, durch die ein Kaufabschluß bestätigt wurde, weiterhin enthielt es eine Verpflichtung zum Kauf, und schließlich galt es als Probestück für die Ware, die demnächst eintreffen sollte.

Nehmen Sie einmal an, Sie wollten ein Auto kaufen. Das Pfand wäre zunächst einmal eine Anzahlung, die den Kauf bestätigt. Zugleich würde es eine Verpflichtung darstellen, das Auto auch tatsächlich zu kaufen. Und es wäre eine Probe dessen, was noch zu kommen hätte, nämlich der restliche Kaufpreis.

In der gleichen Weise versiegelt Gott seinen Kauf an uns. Und dieses Siegel zeigt, daß Gott sich dazu verpflichtet weiß, uns vollkommen zu erlösen. Und schließlich – was vielleicht das beste von allem ist – vermittelt uns die Gegenwart des Heiligen Geistes, der mit uns in Gemeinschaft lebt, einen Vorgeschmack, eine Probe unseres zukünftigen Lebens in Gottes Gegenwart.

In 4.Mose 13 lesen wir, daß die Kundschafter der Israeliten in das Land Kanaan gerade zu der Zeit kamen, als die Weintrauben reif geworden waren. Sie kamen »bis an den Bach Eskol und schnitten daselbst eine Rebe ab mit einer Weintraube« (4.Mose 13,23). Diese nahmen sie mit sich, damit sie sie dem Volk Israel zeigen konnten. Diese Weintraube war das Pfand dafür, daß sie das Land ererben sollten. Sie war nur ein kleiner Vorgeschmack dessen, was sie im verheißenen Land erwartete. Sie war Gottes Pfand dafür, daß sie, wenn sie nur im Glauben vorangingen, in vollem Umfang das erhalten würden, was sie jetzt erst zum Teil bekommen hatten.

Vor kurzem stellte eines der führenden Lebensmittelgeschäfte in New York einen Korb mit herrlich aussehenden Weintrauben in ein Schaufenster. Daneben war ein Schild mit dem Hinweis angebracht: »Ein ganzer Lastzug dieser Trauben wird in den nächsten Tagen erwartet.« Diese Trauben dort im Schaufenster waren also nur ein Pfand, eine Probe für das, was noch kommen sollte. Die ersten Früchte sind immer nur eine Handvoll, im Vergleich zu der ganzen dann folgenden Ernte betrachtet, und so gehen wir, wie der Dichter sagt, vom Bekannten aus in das Unbekannte:

> Wie wird es in Deiner Gegenwart sein,
> wenn ein solches Leben voller Freude
> unseren Wandel auf Erden mit Dir krönen kann?

Im Neuen Testament wird das Pfand des Heiligen Geistes dreimal erwähnt:

1. »Gott hat uns versiegelt und in unsere Herzen das Pfand, den Geist, gegeben« (2.Kor 1,22). Hier ist die Gegenwart des Geistes in unserem Leben Gottes Pfand dafür, daß er seine Verheißungen wahrmachen wird.
2. «Der uns aber dazu bereitet hat, das ist Gott, der uns als Pfand den Geist gegeben hat« (2.Kor 5,5). Aus dem Zusammenhang ergibt sich hier, daß der Heilige Geist in unserem Leben Pfand dafür ist, daß wir bei der Wiederkehr Jesu geistliche Körper bekommen werden.
3. Der Heilige Geist »ist das Pfand unseres Erbes zu unserer Erlösung, daß wir sein Eigentum würden zum Lob seiner Herrlichkeit« (Eph. 1,14). Hier sehen wir den Heiligen Geist als Gottes Pfand, das unser Erbe sicherstellt, bis die Zukunft denen die völlige Erlösung bringt, die Gott zugehören.

Zusammenfassend können wir also sagen, daß der Heilige Geist, wenn wir in den Leib Jesus Christi hineingetauft sind, in unser Leben eintritt, und uns durch seine Gegenwart versiegelt. Er ist Gottes Pfand, das uns des Erbes versichert, das wir erhalten werden.

Matthew Henry hat dies in einer sehr bildhaften Weise beschrieben: »Die Anzahlung ist ein Bestandteil der Kaufsumme und sichert somit die Zahlung des Kaufpreises. Ebenso ist es mit dem Geschenk des Heiligen Geistes.

- Die Heiligung, die wir in unserem Leben durch IHN erfahren, ist ein Pfand auf die vollkommene Heiligkeit, die uns beim Vater erwartet.
- Die Tröstungen, die wir durch IHN im Alltag erleben, sind Garant für den kommenden ewigen Frieden.
- Die Erleuchtungen, die ER uns heute schenkt, sind ein Pfand auf das immerwährende Licht Gottes.

Alles, was der Heilige Geist in unserem Leben tut, ob ER uns heiligt, ob ER uns tröstet oder erleuchtet, ist ein Pfand auf den Himmel göttlicher Herrlichkeit.«

Das Zeugnis des Geistes.

Der Heilige Geist ist nicht nur unser Siegel und unser Pfand, sondern er ist auch unser Zeuge, der uns der Wirklichkeit unserer Errettung in Jesus Christus versichert.

Jesus sprach selbst zu seinen Jüngern und gab ihnen dadurch die Versicherung, daß er mit ihnen war. In der gleichen Weise legt der Heilige Geist Zeugnis ab gegenüber den Herzen aller wahren Gläubigen. Eine ganze Reihe von Bibelstellen befassen sich mit diesem Thema.

Zunächst einmal lehrt uns die Bibel, daß der Heilige Geist uns gegenüber ein Zeuge dafür ist, daß die Versöhnungstat Jesu für uns endgültig und ausreichend ist. Wir lesen das in Hebräer 10,15-17, wo der Verfasser die Untauglichkeit der oft wiederholten Opfer der Leviten dem Opfer Jesu gegenüberstellt, das er als Einer für alle und einmal für alle erbrachte. Das Gewissen konnte durch die ständigen Tieropfer nie endgültig entlastet werden. Andererseits aber: »Denn mit *einem* Opfer hat er für immer die vollendet, die geheiligt werden. Das bezeugt uns aber auch der heilige Geist« (Hebr 10,14-15). Da dieses Zeugnis uns gegenüber in das geschriebene Wort Gottes hineingraviert ist, das sich nie verändert, befreit uns dessen Trost von aller Furcht, die wir im Wandel der Zeit haben mögen.

Dann lehrt uns die Bibel auch, daß der Heilige Geist der Zeuge dafür ist, daß wir durch den Glauben an Jesus Christus und an seine Erlösungstat am Kreuz Kinder Gottes geworden sind. »Der Heilige Geist gibt Zeugnis unserem Geist, daß wir Gottes Kinder sind« (Röm 8,16). Wir sind nicht nur errettet und in den Leib Christi hineingetauft, sondern wir sind auch in die Familie Gottes aufgenommen worden. »Weil ihr nun Kinder seid, hat Gott den Geist seines Sohnes gesandt in unsre Herzen, der da ruft: Abba, lieber Vater! So bist du nun nicht mehr Knecht, sondern Kind, wenn aber Kind, dann auch Erbe durch Gott« (Gal 4,6-7). Eben weil wir durch das Zeugnis des Heiligen Geistes zu Kindern erklärt werden, können wir von Herzen rufen: »Abba, Vater!« Das ist die Magna Charta der Befreiung der Christen von der Macht der Sünde und hin zu den Vorrechten und dem Reichtum Christi. Die Tatsache, daß wir Kinder sind, wird wiederholt betont. Sie und ich sollten jeden Tag singen: »Ich bin ein Kind des Königs!«

C.S. Lewis hat das Folgende über das persönliche Verhältnis eines Christen zu seinem Gott geschrieben: »Wenn man sich in solch einer Weise auf ein persönliches Verhältnis zu Gott einläßt, dann könnte das an sich leicht als Anmaßung und als Illusion anzusehen sein. Aber uns wird gesagt, daß dies nicht der Fall ist, daß es vielmehr Gott selbst ist, der dieses Verhältnis mit uns will. Denn es geschieht durch den Heiligen Geist, daß wir ›Vater‹ rufen, wenn wir uns vor Gott bloßlegen, indem wir unsere Sünden bekennen und unsere Bitten kundtun, dann dürfen wir vor ihm den hohen Rang von Personen einnehmen. Und er, indem er herabsteigt, wird Person für uns« (Letters to Malcolm: Chiefly on Prayer, 1966, S. 22 ff.).

Auf diese Weise hat jeder Christ durch den Heiligen Geist einen Zeugen bei sich. »Wer an den Sohn Gottes glaubt, der hat dieses Zeugnis in sich. Wer Gott nicht glaubt, der macht ihn zum Lügner; denn er glaubt nicht dem Zeugnis, das Gott gegeben hat von seinem Sohn« (1.Joh 5,10). Unserer Sünden und unserer Fehltritte wird nicht mehr gedacht. Wir sind in die himmlische Familie aufgenommen worden. Der Heilige Geist bezeugt, daß wir als Gläubige an den Herrn Jesus Christus ewiges Leben haben.

Schließlich lehrt uns die Schrift, daß der Heilige Geist Zeuge dafür ist, daß jede Verheißung, die Gott uns in seinem Wort gegeben hat, wahr ist. Der Geist, der das geschriebene Wort Gottes inspiriert hat, wirkt auch in unseren Herzen, um uns zu versichern, daß die Verheißungen wahr sind und daß sie für uns gelten. Wir wissen, daß Jesus unser Heiland ist, weil die Bibel es uns sagt und weil der Geist uns versichert, daß es wahr ist. Wir wissen, daß wir Kinder Gottes geworden sind, weil die Bibel es uns sagt, und weil der Geist uns auch hier versichert, daß es wahr ist. »Wenn aber jener, der Geist der Wahrheit, kommen wird, wird er euch in alle Wahrheit leiten. Denn er wird nicht aus sich selber reden; sondern was er hören wird, das wird er reden, und was zukünftig ist, wird er euch verkünden« (Joh 16,13). »Dein Wort ist die Wahrheit« (Joh 17,17).

Manchmal spreche ich mit Menschen, die mir sagen, daß sie sich ihrer Erlösung nicht sicher sind. Wenn ich dann nachfrage, stelle ich oft fest, daß sie das Wort Gottes vernachlässigt haben. »Und das ist das Zeugnis, daß uns Gott das ewige Leben gegeben hat, und dieses Leben ist in seinem Sohn. Wer den Sohn hat, der hat das Leben; wer den Sohn Gottes nicht hat, der hat das Leben nicht. Das habe ich euch geschrieben, damit ihr wißt, daß ihr das ewige Leben habt, die ihr glaubt an den Namen des Sohnes Gottes« (1.Joh 5,11-13).

Der Geist legt also unseren Herzen gegenüber Zeugnis ab, und er bestätigt uns, daß Gott in Wahrheit gegenwärtig ist und uns seine Sicherheit schenkt. Es ist oft schwer, das jemandem zu erklären, der nicht gläubig ist, aber unzählige Glaubende kennen die Sicherheit, die der Heilige Geist ihren Herzen vermittelt.

John Wesley, der Begründer der Methodistenkirche, hat einmal geäußert: »Ich finde es schwer, in der Sprache der Menschen die tiefen Dinge Gottes zu erklären. Bei Licht betrachtet, gibt es keine Worte, die angemessen beschreiben können, was der Geist Gottes in seinen Kindern wirkt. Aber durch das Zeugnis des Heiligen Geistes, durch ein innerliches Sprechen zu meiner Seele, wobei der Heilige Geist unmittelbar und direkt zu meinem Geist redet, weiß ich, daß ich ein Kind Gottes bin; daß Jesus mich liebt, daß er sich selbst für mich hingegeben hat; daß alle meine Sünden weggewischt sind und daß ich, sogar ich, mit Gott versöhnt bin« (A Compend of Wesleys Theology, 1954, S. 95).

Wir können also sehen, daß Gott uns sein Siegel aufdrückt, wenn wir Jesus annehmen. Und dieses Siegel ist eine Person – der Heilige Geist. Durch diese Gegenwart des Heiligen Geistes gibt Gott uns Sicherheit, und dadurch bestätigt er zugleich sein Eigentumsrecht an uns.

Weiterhin ist der Heilige Geist Gottes Unterpfand. Er versiegelt nicht nur den Vertrag, sondern er verdeutlicht auch Gottes Willen und Absicht, uns ständig und überall hindurchzuhelfen. Die Gemeinschaft mit dem Geist ist ein Vorgeschmack auf das, was wir erwarten können, wenn wir unser Erbe im Himmel einnehmen.

Schließlich legt uns der Geist davon Zeugnis ab durch sein Wort und in unseren Herzen, daß Jesus für uns gestorben ist und daß wir durch den Glauben an ihn Gottes Kinder geworden sind. Wie herrlich ist es, zu wissen, daß der Heilige Geist uns gegeben ist als Siegel, als Unterpfand und als Zeuge! Möge jede dieser Eigenschaften uns erneut die Liebe Gottes zu uns versichern, und uns Zutrauen geben, wenn wir uns bemühen, für Jesus zu leben. Und mit dem Apostel Paulus wollen wir sagen: »Gott aber sei Dank für seine unaussprechliche Gabe!« (2. Kor 9,15).

7. KAPITEL

Der innere Kampf des Christen

Ein Eskimo, der Fischer war, kam jeden Sonnabend nachmittag in die Stadt. Er brachte dann immer seine beiden Hunde mit. Der eine war weiß, der andere schwarz. Er hatte sie so dressiert, daß sie auf seinen Befehl hin miteinander kämpften. An jedem Sonnabend sammelten sich die Menschen auf dem Marktplatz, und der Fischer nahm ihre Wetten entgegen. An dem einen Sonnabend gewann der schwarze Hund, am nächsten Sonnabend der weiße – aber der Fischer gewann seine Wetten immer. Allmählich begannen seine Freunde, ihn zu fragen, wie er das nur anstelle. Seine Antwort war: »Ich lasse den einen hungern, und den anderen füttere ich. Der, den ich gefüttert habe, gewinnt dann jedesmal – weil er stärker ist.«

Eine oder zwei Naturen.

Diese Geschichte mit den beiden Hunden ist sehr hilfreich, weil sie uns etwas über den inneren Kampf sagt, der im Leben eines Menschen losbricht, wenn er neues Leben empfangen hat.

Wir haben zwei Naturen in uns, von denen jede um die Oberhand kämpft. Welche von den beiden wird über uns herrschen? Es hängt davon ab, welche wir mit Nahrung versehen. Wenn wir unser geistliches Leben ernähren und es dem Heiligen Geist ermöglichen, uns mit seiner Kraft zu stärken, dann wird er die Herrschaft über uns haben. Wenn wir unser geistliches Leben hungern lassen und statt dessen unsere alte, sündige Natur ernähren, dann wird das Fleisch den Sieg davontragen.

Jeder Christ kann dem Apostel Paulus nur beipflichten, wenn er sagt:

»Denn ich weiß nicht, was ich tue. Denn ich tue nicht, was ich will; sondern was ich hasse, das tue ich. So finde ich nun das Gesetz, daß mir, der ich das Gute tun will, das Böse anhängt. Ich sehe aber ein anderes Gesetz in meinen Gliedern, das widerstreitet dem Gesetz in meinem Gemüt und hält mich gefangen im Gesetz der Sünde, das in meinen Gliedern ist« (Röm 7,15.21.23).

Viele jung im Glauben stehende Christen haben mir immer wieder das Folgende gesagt: »Seit ich Christ geworden bin, haben sich in mir Kämpfe abgespielt, wie ich sie zuvor noch nie erlebt hatte. Ich habe nicht gewußt, daß ich ein solcher Sünder bin! Noch nie zuvor habe ich ein solches Verlangen danach gehabt, zu sündigen. Und ich hatte gedacht, Gott hätte mich von meinen Sünden errettet!«

Es klingt zwar seltsam, aber für einen solchen inneren Zustand sollte man wirklich dankbar sein. Er ist nämlich der Beweis dafür, daß der Heilige Geist in Ihr Leben hineingetreten ist, die Dunkelheit der Sünde durch sein Licht vertreibt, Ihr Bewußtsein für Sünde schärft und in Ihnen ein neues Verlangen weckt, vor Gott sauber und ohne Sünde dazustehen. Die alten Sünden steckten schon vorher in Ihnen. Die alten Versuchungen waren früher genauso stark, aber da erschienen sie Ihnen noch nicht als böse. Nun aber ist der Heilige Geist in Ihr Leben getreten, Sie sind ein neuer Mensch, durch seinen Heiligen Geist von neuem geboren. Und jetzt sieht alles anders aus.

Der innere Kampf.

Nun ist Ihnen das Hauptproblem im Leben eines Christen deutlich bewußt geworden, und das ist der Kampf gegen die Sünde. Im Neuen Testament spricht der Apostel Paulus davon, daß jeder Christ sich in einem intensiven geistlichen Kampf befindet. »Denn wir haben nicht mit Fleisch und Blut zu kämpfen, sondern mit Mächtigen und Gewaltigen, nämlich mit den Herren der Welt, die in dieser Finsternis herrschen, mit den bösen Geistern unter dem Himmel« (Eph 6,12). Es gibt also von außen wirkende geistliche Mächte, die in dieser Welt am Werk sind und deren Anliegen es ist, uns von Gott und von seinem Willen fernzuhalten. Aber wir dürfen den Satan auch nicht für alles verantwortlich machen, das schiefgeht, und auch nicht für jede Sünde, die wir begehen. Oft ist es unsere eigene sündige Natur, die in uns am Werk ist. »Denn das Fleisch begehrt auf gegen den Geist und der Geist gegen das Fleisch; die sind gegeneinander, so daß ihr nicht tut, was ihr wollt« (Gal 5,17).

Und das ist nicht etwa ein äußerlicher Kampf. Dieser Kampf findet in uns selber statt. Und das ist das Thema von Römer 7, besonders in den Versen 7 -25. Lesen Sie z.B. Römer 7, 7-8, und zwar am besten in einer guten, modernen Bibelübersetzung. Ich gebe die Stelle hier einmal mit meinen eigenen Worten wieder:

»Bevor ich das Gesetz Gottes und die gute Botschaft von der Errettung hörte, wußte ich nicht, daß die Begehrlichkeit eine Sünde ist, aber dann hörte ich das Zehnte Gebot: ›Du sollst nicht begehren!‹ Gottes Gesetz zeigte mir diese Sünde in meinem Herzen, und mir wurde plötzlich bewußt, welches Maß an Begehrlichkeit sich als ein lebendiges Übel in mir befand. Und mir wurde bewußt, welch ein großer Sünder ich war, dem Tod geweiht, wäre Jesus nicht gewesen! Als Christ fing ich an, gegen dieses Böse in mir anzukämpfen. Und welch ein Kampf das war! Ich versuchte, mit der Begehrlichkeit und mit dem Neid Schluß zu machen , aber ich schaffte es nicht.«

Das wird hier gesagt, und ich bin sicher, daß Sie sich oft wie Paulus gefühlt haben. Vielleicht ist Ihre Sünde ein irregeleitetes sexuelles Verlangen oder Stolz oder Schlemmerei oder Faulheit oder Zorn oder irgendeine andere Sünde, die uns anhaftet (vgl. Hebr 12,1). Aber in allen Fällen verspüren Sie denselben inneren Kampf. Manchmal kommen Sie zum gleichen Ergebnis wie Paulus, dessen Ausspruch ich gerade zitiert habe.

Aber bleiben Sie dort nicht stehen! Lesen Sie die herrliche Aussage des Paulus am Ende seiner Rede in Römer 7,25 – 8,2 (im ursprünglichen Brief des Paulus gab es keine Unterteilungen in Kapitel!).

Ein großer Mann im Reiche Gottes hat einmal gesagt: »Die Sünde regiert nicht mehr, auch wenn sie noch kämpft.«

Horatius Bonar war ein großartiger Theologe, ein tiefgläubiger Christ und ein Pfarrer aus Leidenschaft. Er starb schon mit 33 Jahren, aber vorher hatte in seiner Gemeinde in Schottland eine große Erwekkung stattgefunden. Seine Predigten und seine Bücher sind für die Menschen in den letzten 150 Jahren ein großer Segen geworden. Er sprach wirklich für uns alle, als er sagte: »Die Bekehrung stillt zwar einen Sturm, aber sie erzeugt zugleich einen anderen, der ein Leben lang anhält« (Gods Way of Holiness, 1970, S.93). Seit Jahrhunderten bemühen sich Theologen, für diesen Kampf eine Erklärung zu finden. Manche haben die Worte des Paulus aufgenommen und von den beiden Naturen im Christen gesprochen, dem »alten Menschen« und dem »neuen Menschen«. Diese Ausdrucksweise wird z.B. in Epheser 4,22-24 verwendet, wo Paulus sagt: »Legt von euch ab den alten Menschen mit seinem früheren Wandel, der sich durch trügerische Begierden zugrunde richtet. Erneuert euch aber in eurem Geist und Sinn und zieht den neuen Menschen an, der nach Gott geschaffen ist in wahrer Gerechtigkeit und Heiligkeit.«

Die neue Scofield-Bibel enthält hierzu eine Anmerkung, in der es heißt: »Der neue Mensch ist der wiedergeborene Mensch, zum Unterschied von dem alten Menschen, und als neuer Mensch ist er teilhaftig der göttlichen Natur und des göttlichen Lebens. Es handelt sich also nicht etwa um den alten Menschen, den man nur aufpoliert oder verbessert hat.«

Wie können wir uns vor Augen führen und verstehen, was in uns vorgeht? Ich glaube, es wird in Römer 8,1-13 am besten beschrieben. Ich möchte auch hier mit eigenen Worten ausdrücken, was Paulus an dieser Stelle sagt, und ich will es in der ersten Person sagen, denn es bezieht sich ja auf mich:

»Ich bin unter der Sünde geboren worden. Viele Jahre lang herrschte die Sünde über mich, aber ich war mir dessen nicht bewußt. Ich war buchstäblich ›tot durch Übertretungen und Sünden‹ (Eph 2,1). Dann aber hörte ich das Wort Gottes, das Gesetz und das Evangelium. Ich wurde davon überzeugt. Zum ersten Mal sah ich meine Sünden. Ich nahm Jesus an. Und nun spricht das Gesetz Gottes durch das Wort Gottes jeden Tag zu mir.

Nun habe ich Sünden in meinem Leben bemerkt, von denen ich zuvor nicht wußte, daß es sie gab. Manchmal gerate ich darüber in Verzweiflung – wie Paulus in Römer 7,24: »Ich elender Mensch!« Aber, der Herr sei gepriesen! Ich weiß, daß es jetzt keine Beschuldigung mehr gibt, die irgend jemand gegen mich erheben kann, weil ich in Christo Jesu bin (Röm 8,1). Jesus hat mich freigemacht von dem Gesetz des Todes und der Sünde (Röm 8,2). Ich bin immer noch derselbe, mit meiner alten, sündigen Persönlichkeit und Natur, mit den sündigen Gewohnheiten, denen ich mich hingegeben habe in den vielen Jahren, bevor ich Christ wurde. Aber nun ist der Heilige Geist in mein Leben getreten. Er zeigt mir meine Sünde. Es ist tatsächlich so, daß er die Sünde in mir verdammt (Röm 8,3). Er hilft mir aber auch, die von Gottes Gesetz geforderte Gerechtigkeit zu erfüllen (Röm 8,4).«

Wenn ich ständig über mein altes Leben und über meine Sünden nachdenke, dann werde ich früher oder später zu diesem Leben zurückkehren. Das alte Ich wird weiterhin sündigen. Wenn ich aber meinen Sinn auf Jesus ausrichte und mich bemühe, auf den Heiligen Geist zu hören und ihm zu gehorchen (Röm 8,5), dann wird er mir Leben und Frieden schenken (Röm 8,6). Wenn jemand ein Christ ist, dann hat er den Heiligen Geist (Röm 8,9). Sein Geist ist lebendig gemacht worden (Röm 8,10). Der Heilige Geist gibt seinem Körper Leben und führt ihn weg von den tödlichen Wegen der Sünde (Röm 8,11), dadurch erhält er in Christus überschäumendes neues Leben.

Die beiden Naturen.

Gott gebraucht eine deutliche Sprache, um hinreichend klar zum Ausdruck zu bringen, was der Heilige Geist die ganze Bibel hindurch für uns tut. Wir haben dies in Johannes 3 bereits bemerkt. Es ist ganz klar, daß damit in Ausdrücken, die sich auf den menschlichen Körper beziehen, eine große geistliche Wahrheit ausgesagt wird, und hier verwendet Gott mit Bezug auf unser christliches Leben in Römer 7 und 8 ebenso wie in Epheser 4 Ausdrücke der Psychologie: »Neue Natur – alte Natur« bzw. »neuer Mensch – alter Mensch«, um uns den radikalen Wandel verständlich zu machen, der sich in unserem christlichen Leben ereignet, wenn der Heilige Geist uns regiert.

Uns ist ganz bewußt, daß wir nur Menschen sind. Wenn ich gesündigt habe, dann weiß ich in meinem Innersten, daß ich es getan habe. Ich habe die Verlockung der Versuchung gespürt. Ich habe mich ihr hingegeben, und es kam der Augenblick, in dem ich auch sündigen wollte. In einem bestimmten Moment habe ich zum Teufel »ja« gesagt, als er mich versuchte auf der Grundlage meiner alten Gewohnheiten, meiner alten Wünsche, meiner alten Motive oder wo er die Ziele meines alten Lebens ansprach. Das meint Paulus, wenn er von der »alten Natur« oder von dem sündigen Prinzip spricht. Aber in Wirklichkeit bin ich es selbst. Vor Gott bin ich ein einheitlicher Mensch. Ich bin für meine Sünden verantwortlich. Ich kann nicht dem sündigen Prinzip die Schuld geben, das immer noch in mir lebt. Ich habe die Wahl, entweder dem Heiligen Geist zu folgen – dem neuen Antrieb in meinem Leben – oder der alten Macht der Sünde.

Aber jetzt ist der Heilige Geist in mein Herz gekommen. Er hat mir neues Leben gegeben – ewiges Leben von der Art, wie Gott es gibt. Und er selbst lebt in mir, um mit den alten Gewohnheiten Schluß zu machen, um meine Motive zu reinigen, meine Augen auf neue Ziele zu richten, und besonders auf das Ziel, dem Herrn Jesus Christus gleich zu werden (Röm 8,29).

Auf diese Weise bin ich für den Rest meines irdischen Lebens geheiligt, bis Jesus kommt und mich nach Hause ruft, und durch den Heiligen Geist und durch das Wort Gottes nehme ich an geistlicher Reife mehr und mehr zu. Und dabei ist es noch das Beste, daß der Heilige Geist mich Tag für Tag auf eine ganz subtile Weise dem Herrn Jesus Christus immer ähnlicher macht, wenn ich mich ihm ausliefere: »Nun aber schauen wir alle mit aufgedecktem Angesicht die Herrlichkeit des Herrn wie in einem Spiegel, und wir werden verklärt in sein Bild von einer Herrlichkeit zur anderen von dem Herrn, der der Geist ist« (2.Kor 3,18).

Aber vergessen Sie nie, daß der Kampf immer weitergehen wird, und zwar äußerlich und innerlich. Der Teufel ist ein unerbittlicher Feind. Er gibt nie auf. Mit Hilfe der »Welt« und des Fleisches appelliert er an die alte Macht in mir, um sich immer wieder zur Geltung zu bringen. Er appelliert an meine Gelüste, meine Begehrlichkeit und an meinen Stolz, ebenso wie er es bei Adam und Eva tat (1.Mose 3). Ich werde immer die Verlockung der Versuchung fühlen. Meine alten Neigungen werden wieder wach, und sie wollen wieder sündigen. Aber ich habe den Heiligen Geist in mir, der eine größere Macht besitzt: »Der in euch ist, ist größer als der, der in der Welt ist« (1. Joh 4,4). Wenn ich mich ihm anvertraue und meine Hoffnung auf ihn setze, dann wird er mir die Kraft geben, der Versuchung zu widerstehen. Nach jeder Versuchung wird er mich nur noch stärker machen.

Vielleicht wird es der Teufel beim nächstenmal mit einer anderen geistlichen Schwachstelle probieren. Aber der Heilige Geist lebt immer in meinem Herzen, um mir auch in diesem meinem Kampf den Sieg zu schenken, und wenn ich immer wieder den Sieg davontrage, werde ich immer stärker. Dr. Bonar hat seinerzeit geschrieben, daß Gott diesen inneren Konflikt des Gläubigen »als einen unverzichtbaren Prozeß der Disziplin betrachtet, als eine Fortentwicklung des Gegensatzes zwischen Licht und Dunkelheit, als Darstellung der Art und Weise, wie Gott durch die Schwächen seiner Gläubigen und durch ihren Kampf mit den Mächten des Bösen verherrlicht wird« (Gods Way of Holiness, 1970, S.91).

In Römer 7 sagt Paulus nicht etwa, daß er nicht anders könne als sündigen, weil er seine alte Natur nicht im Zaum halten kann. Vielmehr beschreibt er den Kampf, mit dem wir alle es zu tun haben, und er sagt uns, daß wir in Christus Sieg haben können durch die Macht seines Heiligen Geistes, der in uns lebt (Röm 8,4).

Heiligung.

Das Wort Heiligung stammt von einem griechischen Wort, das bedeutet »separat sein« oder auch »für einen bestimmten Zweck abgesondert«. Paulus sagt, daß ein Gläubiger »geheiligt ist durch den Heiligen Geist« (Röm 15,16). Er schrieb an die Korinther, daß sie »geheiligt seien in Christo« und daß sie nun als Heilige zu bezeichnen seien (1.Kor 1,2). Wir Christen müssen in einem Prozeß fortwährender Heiligung stehen und durch diese Heiligung rechtschaffen gemacht werden, wenn wir uns Tag für Tag an Jesus halten und seinem Wort gehorchen. Bei ihm zu bleiben und ihm gehorsam zu sein, das sind die Schlüssel für ein erfolgreiches, vom Heiligen Geist beherrschtes Leben. Wir werden in dem Maße geheiligt, in dem der Heilige Geist von uns Besitz ergriffen hat. Es geht nie um die Frage, wieviel Sie und ich vom Heiligen Geist haben, sondern immer nur darum, wieviel er von uns hat.

Die Bibel lehrt uns, daß es bei der Heiligung drei Aspekte gibt. Zunächst einmal gibt es eine unmittelbare Heiligung in dem Augenblick, in dem wir Jesus annehmen. Zweitens ist da eine fortschreitende Heiligung, wenn wir in unserem christlichen Leben Fortschritte machen. Drittens kommen wir zur völligen und vollständigen Heiligung, wenn wir zum Himmel fahren; sie wird Verherrlichung genannt.

Wir haben einen Freund, der auf einer Insel in der Karibik lebt und der ein in Trümmern liegendes altes Landhaus gekauft hat. Vor seinem inneren Auge sieht er es so, wie es eines Tages sein wird, restauriert, schön und vollkommen. Es ist »geheiligt«. Bis dahin arbeitet er daran mit seinen beschränkten Hilfsmitteln, seinem Einfallsreichtum und seiner Liebe. Menschen, die daran vorbeigehen, mögen denken, es sehe aus wie die Kulisse zu einem Horrorfilm, weil da Holzhaufen herumliegen, das Dach geflickt ist und der Fußboden verrottet. Aber für unseren Freund ist es etwas ganz Besonderes, etwas, das er liebt. Er sieht sein Haus so, wie es eines Tages aussehen wird. Vielleicht sieht die Welt den Leib Christi (die wahre Kirche) so, wie die Vorübergehenden dieses alte Landhaus sehen. Aber Gott sieht die Kirche so, wie sie eines Tages sein wird. Perfekt und vollendet. Sie wird geheiligt. In den Augen unseres Freundes ist das Haus schon heute schön, denn vor seinem inneren Auge sieht er es schon im fertigen Zustand. Sobald er mit seiner Arbeit daran beginnt, befindet es sich im Wiederaufbau. Und eines Tages wird unser Freund sein Werk vollendet haben, und dann wird das Haus tatsächlich so aussehen, wie es ihm immer vorgeschwebt war.

In einer sehr viel größeren Weise schaut Gott durch Jesus Christus auf uns. In seinen Augen sind wir schon heute vollständig geheiligt, weil er weiß, daß wir es eines Tages sein werden. Auch er ist bei uns an der Arbeit – wir werden fortwährend weiter geheiligt. Und eines Tages wird dieser Prozeß zu einem Ende kommen, wenn wir nämlich zu ihm kommen, um für alle Ewigkeit bei ihm zu sein. Wir werden dann vollkommen geheiligt sein.

J.B. Philipps hat geschrieben, daß uns Gott dazu bestimmt hat, daß wir »eine Familienähnlichkeit mit seinem Sohn haben sollen« (Röm 8,29). Das geschieht mit uns Gläubigen schon jetzt. Wir werden ständig weiter geheiligt – zu geistlicher Reife –, um seinem Sohn ähnlich zu sehen wie ein Familienmitglied. Denken Sie daran, daß Jesus Christus vollkommen war – und wir sollen nach Vollendung streben. Das wird zwar erst im Himmel endgültig zu erreichen sein, aber wir müssen es schon hier als Ziel anstreben. Das will die Bibel sagen, wenn sie uns befiehlt: »... sondern wie der, der euch berufen hat, heilig ist, sollt auch ihr heilig sein in eurem ganzen Wandel. Denn es steht geschrieben (3. Mose 19,2): ›Ihr sollt heilig sein, denn ich bin heilig‹« (1. Petr 1,15-16). Ob es uns nun bewußt ist oder nicht, wir nehmen im geistlichen Wachstum zu, durch die Konflikte, Unruhen, Kümmernisse, Versuchungen, Prüfungen und all das andere, das Christen manchmal schnell und manchmal langsam überfällt. Aber der Tag wird kommen, an dem all dies Vergangenheit sein wird und an dem wir vollkommen geheiligt sein werden. »Wir sind schon Gottes Kinder, es ist aber noch nicht offenbar geworden, was wir sein werden. Wir wissen aber: wenn es offenbar wird, werden wir ihm gleich sein; denn wir werden ihn sehen, wie er ist« (1. Joh 3,2).

Bis dahin wird uns Christen gesagt, daß wir Tag für Tag, Woche für Woche und Monat für Monat im Geiste wandeln sollen. Im Geist zu wandeln bedeutet, von ihm geleitet und geführt zu werden. Und das ist dann der Fall, wenn wir immer mehr Bereiche unseres Lebens seiner Kontrolle unterwerfen. Paulus hat gesagt: »Lebt im Geist, so werdet ihr die Begierden des Fleisches nicht vollbringen« (Gal 5,16). Wünsche sind an sich nichts Schlechtes, aber das, was wir wünschen, oder wonach wir begehren, das ist falsch, und genauso falsch ist es, wenn wir nachgeben.

Das sich-selbst-leben.

Als Eva den Wunsch hatte, zu »wissen« (wobei sie aber nur an sich selbst dachte), da verkehrte der Satan einen normalen Wunsch in einen bösen. Und Eva war Gott ungehorsam. »Fleisch« ist das Wort, das die Bibel für die unvollständige menschliche Natur gebraucht, in der noch das eigene Ich regiert; es ist der Zustand, in dem wir uns befinden, wenn unsere eigenen Neigungen über uns bestimmen. In manchen Zeiten benimmt sich unser Ich sehr gut. Es kann gute Dinge tun, und es kann sich moralisch verhalten, und es kann sehr hohe ethische Maßstäbe haben. Aber früher oder später wird Ihr und mein Ich sich als eigensüchtig erweisen.

Wir bemühen uns, unser Ich zu erziehen und zu entwickeln. Wir verabschieden Gesetze, um es zum Wohlverhalten zu zwingen. Aber Paulus hat gesagt, daß das Fleisch seine eigenen Ziele hat und daß der »natürliche Geist« dem Gesetz Gottes nicht untersteht. Gott sagt ganz klar, daß er zu unserem Fleisch kein Zutrauen hat. Paulus hat deutlich gesagt: »Denn ich weiß, daß in mir, das heißt in meinem Fleisch, nichts Gutes wohnt. Wollen habe ich wohl, aber das Gute vollbringen kann ich nicht« (Röm 7,18). In dem Augenblick, in dem wir das erkennen und dem Heiligen Geist das Regiment über unser Leben übergeben, werden sich größere Siege, eine größere geistliche Reife, größere Liebe, Freude, Frieden und andere Früchte zeigen.

Vor kurzem kam ein Freund von uns zum Glauben. Zuvor hatte er ein ziemlich wildes Leben geführt. Einer von seinen alten Freunden sagte zu ihm: »Du tust mir leid. Du gehst zur Kirche, betest und liest dauernd in der Bibel. Du gehst nicht mehr in Nachtklubs, betrinkst dich nicht und amüsierst dich nicht mehr mit schönen Frauen.« Unser Freund gab ihm eine seltsame Antwort. Er sagte: »Ich betrinke mich, wann immer ich will. Ich gehe in Nachtklubs, so oft ich Lust dazu habe, ich gehe mit Mädchen aus, wann immer es mir Spaß macht.« Seine weltlichen Freunde schauten ihn verblüfft an. Unser Freund lachte und sagte: »Jim, weißt du, Gott hat mir das Verlangen weggenommen, als ich zum Glauben kam, und er hat mich durch Jesus Christus zu einem neuen Menschen gemacht.«

Der heilige Augustin hat einmal gesagt: »Liebe Gott, und dann lebe so, wie es dir wohlgefällt.« Wenn wir Gott wirklich lieben, werden wir den Wunsch haben, das zu tun, was ihm wohlgefällt. Es ist so, wie der Psalmist in Psalm 37,4 sagt: »Habe deine Lust am Herrn; der wird dir geben, was dein Herz wünscht« (V.4). Wenn man seine Lust am Herrn hat, dann ändern sich die Wünsche.

Der Kampf mit dem Fleisch.

Wenn wir Christen den Versuch unternehmen, uns besser oder sogar gut und angenehm vor Gott zu machen, indem wir uns in menschlicher Weise darum bemühen, dann wird uns das nicht gelingen. Alles, was wir haben, sind und tun, kommt durch den Heiligen Geist. Der Heilige Geist ist gekommen, um in uns Wohnung zu nehmen, und Gott wirkt in uns durch den Heiligen Geist. Unsere Aufgabe ist es nur, uns dem Geist Gottes hinzugeben, damit er uns in die Lage versetzt, das Alte abzulegen und das Neue anzuziehen.

Paulus beschreibt all dies sehr deutlich in Galater 5,17: »Denn das Fleisch begehrt auf gegen den Geist und der Geist gegen das Fleisch; die sind gegeneinander, so daß ihr nicht tut, was ihr wollt.«

Darin erkennen wir den eigentlichen Konflikt im Herzen eines jeden wahren Gläubigen. Das Fleisch will das eine und der Geist will das andere. Der schwarze Hund und der weiße Hund kämpfen oft miteinander. Wenn nicht Verstand und Körper jeden Augenblick des Tages Gott übergeben sind, wird sich die alte Natur immer wieder melden.

Da ich meine eigene Schwäche kenne, habe ich manchmal morgens beim Aufstehen gesagt: »Herr, ich werde es nicht zulassen, daß diese oder jene Sache heute von mir Besitz ergreift.« Dann schickt der Teufel irgend etwas Unerwartetes, um mich zu versuchen, oder Gott gestattet es, daß ich einer bestimmten Prüfung ausgesetzt werde. Viele Male in meinem Leben habe ich das, was mein Verstand mir nicht erlaubte zu tun, nach meinem Fleisch doch getan. Ich habe manche bittere Träne geweint und Gott den Heiligen Geist gebeten, mir seine Kraft zu schenken. Aber das zeigt mir, daß ich mich jeden Tag in einem geistlichen Kampf befinde. Ich darf in meiner Aufmerksamkeit nie nachlassen – ich muß die Waffen stets bei mir tragen.

Viele junge Leute, die ich treffe, sind ohne Hoffnung und Illusionen und sind enttäuscht, obwohl sie gläubig geworden sind. Sie wandeln nach dem Fleisch, weil man sie in diesem Punkt nicht richtig unterwiesen hat. Der alte Mensch, das alte Ich, das alte Prinzip, die alte Macht, sie sind noch nicht tot bzw. noch nicht gänzlich erneuert. Sie sind immer noch da. Sie kämpfen um jeden Fußbreit Boden gegen den neuen Menschen, die neue Natur, wozu der Herr uns machte, als wir Jesus annahmen. Nur dann, wenn wir dem neuen Prinzip gehorchen und uns ihm hingeben, gewinnen wir den Sieg.

»Hingeben«, das ist das Geheimnis! Paulus hat gesagt: »Seid nicht träge in dem, was ihr tun sollt. Seid brennend im Geist. Dient dem Herrn« (Röm 12,11). Wo immer völlige Hingabe geschieht, da gibt es eine neue Erfahrung. Für die meisten Christen ist es nicht nur eine zweite Erfahrung, sondern sie wiederholt sich noch viele Male im Laufe unseres Lebens.

Die Werke des Fleisches.

Wir erkennen also, daß in jedem von uns ein ständiger Konflikt besteht zwischen dem Fleisch auf der einen und dem Geist auf der anderen Seite. Wenn Paulus das Wort »Fleisch« gebraucht, dann meint er damit die menschliche Natur mit all ihren Schwächen, ihrer Ohnmacht und ihrer Hilflosigkeit. Fleisch ist all das, was der Mensch ohne Gott und ohne Jesus ist. Paulus zählt die Werke des Fleisches auf in Galater 5,19-24. Wenn wir diese schreckliche Liste lesen, dann sollten wir aber auch Römer 1,17-32 lesen. In diesem Abschnitt wird uns die Verderbtheit der menschlichen Natur genau geschildert. Wir erkennen sie genau so, wie sie ist.

Von dieser Schlechtigkeit und Verderbtheit lesen wir jeden Tag in unseren Nachrichten. Die Nachrichtensendungen im Fernsehen zeigen es uns täglich. Überall ist die nicht wiedergeborene menschliche Natur am Werk und verrichtet Werke des Fleisches. Die Sünden des Fleisches werden schamlos zur Schau gestellt. Sie werden von nicht wiedergeborenen Menschen vor aller Öffentlichkeit und ohne jede Scheu begangen. Auch ein Christ kann sich manchmal eine Zeitlang einer oder mehreren von diesen schrecklichen Dingen hingeben. Aber dann zeigt ihm der Heilige Geist sofort, was er getan hat. Dann bereut er und erhält Vergebung zugesprochen.

Galater 5 enthält einen Katalog von zwölf Werken des Fleisches, die von sexuellen Sünden bis zur Trunkenheit reichen, und die auch Götzendienst und Zauberei einschließen. Und jeder Christ muß bei der Erkenntnis erschrecken, daß alle diese Sünden sich auch leicht in unser Leben hineinschleichen können, wenn wir nicht geistlich wachsam und stark sind. »Darum, wer meint, er stehe, mag zusehen, daß er nicht falle« (1.Kor 10,12). Lassen Sie uns nun in diesem Wissen die Liste der Sünden betrachten, die Paulus in Galater 5 aufgeführt hat, damit wir noch besser gerüstet sind, gegen das Fleisch anzukämpfen.

Man hat den Vorschlag gemacht, daß man sie in drei Kategorien aufteilt. Zur ersten gehören sexuelle Unmoral, Unreinigkeit und Sinnlichkeit.

1. *Unmoral.* Das griechische Wort, daß hier verwendet worden ist, hat eine so weite Bedeutung, daß es alle möglichen sexuellen Sünden umfaßt. Und tatsächlich ist dieses Wort – »porneia« – das Wort, von dem unser Wort »Pornographie« herstammt. Sex vor der Ehe oder außerhalb der Ehe, unnatürlicher Geschlechtsverkehr, Blutschande, Prostitution und sicher auch sexuelle Sünden im Herzen, das alles gehört zu dem, woran der Apostel hier gedacht hat.

2. *Unreinigkeit.* Hier ist nach dem griechischen Wort an alle Arten der Unreinigkeit gedacht, ob in Gedanken oder in Worten. Auch die unreinen Gelüste sind gemeint, von denen Römer 1,2 spricht. Ganz sicher ist hier an manchen modernen Film, an pornographische Literatur und an schlechte Gedanken gedacht. William Barclay vergleicht das

alles mit dem Eiter, der sich in einer unsauberen Wunde bildet, mit einem Baum, der nie beschnitten worden ist, oder mit einem Material, das nie gesiebt worden ist.

3. *Sinnlichkeit.* Dieses griechische Wort kann auch Wollust oder Schwelgerei bedeuten, aber auch noch mehr. Es bedeutet auch Rücksichtslosigkeit und Schamlosigkeit oder auch eine offen zur Schau getragene Freude an etwas Unreinem. Dasselbe Wort wird in 2. Petrus 2,7 gebraucht, wo der Apostel von der Zügellosigkeit der Menschen in Sodom und Gomorra spricht. Es umschließt auch Unzucht und jede Ausgeburt unreiner Sinne.

Die zweite Gruppe von Werken des Fleisches, die Paulus aufzählt, sind die folgenden:

1. *Götzendienst.* Das griechische Wort für Abgötterei bedeutet das Anbeten falscher Götter, von denen es heute viele gibt. Im übertragenen Sinne kann man aber überhaupt an alles denken, das zwischen uns und Gott kommt. Geld kann zu einem Götzen werden, wenn es uns wichtiger wird als Gott. Auch das Vergnügen an etwas kann zu einem Götzen werden, selbst das Verhältnis zu einem anderen Menschen kann sich dazu entwickeln, wenn es die Stelle Gottes einnimmt.

2. *Zauberei.* Das Wort, das hier steht, kann mit »Zauberei« übersetzt werden. Gedacht ist an das Umgehen mit magischen Gifttränken und Rauschmitteln. Es betrifft also auch den Genuß von Drogen. Unser Wort »Pharmazie« stammt von diesem griechischen Wort »pharmakia«. Überall in der Bibel werden Hexerei und Zauberei verdammt. Dieses Übel verbreitet sich aber in der Gesellschaft der westlichen Welt mit alarmierender Schnelligkeit.

3. *Feindschaft.* Das griechische Wort für Feindschaft schließt den Haß mit ein. Haß hat etwas Latentes an sich, so wie ein Tier, das abwartet, um dann auf die Beute zu springen. Feindseligkeit, Antipathie, Feindschaft, Animosität, Groll und intensive Abneigung, all dies sind Begriffe, die mit dem zusammengehören, was hier als »Haß« übersetzt worden ist.

4. *Hader.* Das hier gebrauchte Wort schließt ein: Uneinigkeit, Streit, Hader, Auseinandersetzungen, Zank und Händelsucht. Viele Gemeinden leiden sehr unter Streitigkeiten zwischen Laien und Pfarrern, oder auch zwischen den Laien untereinander. Wenn Mitglieder einer Gemeinde miteinander nicht mehr sprechen und wenn sie miteinander im Streit liegen, dann ist Sünde am Werk, und der Geist Gottes wird unterdrückt. Viele Familien sind von diesem Geist infiziert, und viele Ehen, auch christliche, werden von dieser Sünde zerstört.

5. *Eifersucht* – eine sehr häufig auftretende Sünde. Man kann eifersüchtig sein, weil einem anderen eine Ehre zugefügt wird, die man selbst glaubte, beanspruchen zu können, aber Eifersucht kann auch eine Ehe zerbrechen, weil ein Ehemann oder eine Ehefrau auf den Partner / die Partnerin eifersüchtig ist. Wir lesen von Morden, die aus Eifersucht begangen werden, von Freunden, die seit Jahren nicht mehr miteinander gesprochen haben. Andererseits gibt es das schöne Beispiel von Jonathan, der auf David nicht eifersüchtig war (1.Sam 20).

6. *Zorn.* Das griechische Wort für Zorn umschließt unberechtigte Wutausbrüche, plötzlich ausbrechenden Zorn und feindselige Gefühle. Johannes gebraucht einen Ausdruck aus dem gleichen Wortstamm in der Offenbarung, wo er von dem rechtschaffenen Zorn Gottes spricht. Der Zorn der Menschen mag berechtigt oder unberechtigt sein, aber Gottes Zorn ist immer berechtigt, denn er kann nicht sündigen. Es gibt einen berechtigten Zorn, aber dabei handelt es sich nicht um einen Wutausbruch. Hier ist Zorn oder Wut eine Sünde, die wir aus unserem Leben hinauswerfen müssen. Jemand hat einmal sehr gut gesagt: »Bei einer ›gerechten Entrüstung‹ ist meist nur ein Zehntel gerecht, neun Zehntel sind Entrüstung.«

7. *Zank.* Das griechische Wort für Zank oder Hader bedeutet selbstsüchtige Begierden, Selbstsucht und die Betonung des eigenen Ichs. Das verstößt gegen beide Teile der Zehn Gebote (2. Mose 20). Einmal ist es eine Sünde gegen Gott, wenn eigensüchtige Begierden die Stelle des Willens Gottes für unser Leben einnehmen. Außerdem verletzt es das Gebot, wonach wir unsere Nächsten lieben sollen, denn eigensüchtig können wir uns immer nur auf Kosten eines anderen verhalten.

8. *Zwietracht.* Das griechische Wort bedeutet Aufruhr, Zwist und Trennungen. Gläubige sollen *eines* Geistes sein. »Er ist der Gott, der die Menschen in einem Hause eines Sinnes sein läßt«, heißt es im Allgemeinen Gebetsbuch in Anlehnung an einen Bibelvers. Wenn es nicht um grundsätzliche Dinge geht oder das Wort Gottes in Gefahr ist, kann Zwietracht zur Sünde werden. Wir sollen für unseren Glauben streiten, aber auch wenn wir das tun, wollen wir nicht streitsüchtig sein. Die Wahrheit führt häufig zu Trennungen, aber wenn es nicht um die Wahrheit geht, dann sollten die Menschen Gottes dazu in der Lage sein, durch die Gnade des Heiligen Geistes in Liebe miteinander zu leben.

9. *Spaltungen.* Das griechische Wort für Parteiungen oder Irrlehren hat mit Sekten und sektiererischem Verhalten zu tun. Es bedeutet, daß man sich für etwas Schlechtes entscheidet oder daß man sich über etwas eine Meinung bildet, die sich mit der Offenbarung Gottes in der Schrift nicht verträgt. So lesen wir auch in 2.Petrus 2,1: »Es waren

aber auch falsche Propheten unter dem Volk, wie auch unter euch sein werden falsche Lehrer, die verderbliche Irrlehren einführen und verleugnen den Herrn, der sie erkauft hat; die werden über sich selbst herbeiführen ein schnelles Verderben.«

Es handelt sich also um eine schwerwiegende Sünde. »Der Irrtum kommt oft im äußerlichen Gewande der Wahrheit einher.«

10. *Neid.* Dieses griechische Wort bedeutet, daß jemand darüber grollt, daß ein anderer etwas Hervorragendes geleistet hat oder daß es ihm gut gegangen ist. Es ist der Geist des Neides. Wir können jemand gegenüber mißgünstig gesonnen sein wegen seiner schönen Stimme, seines großen Reichtums, seiner gehobenen Position oder seiner sportlichen Leistungen. Oder wir mögen ein Mädchen wegen ihrer Schönheit oder einen Mann wegen seiner Stellung im öffentlichen Leben beneiden. Mißgunst hat schon so manchen Christen zu Fall gebracht. Und eigentlich gibt es auch keine Mißgunst, die nicht mit Begehrlichkeit gepaart wäre.

11. *Saufen.* Dieses griechische Wort bedeutet übermäßigen Genuß von Alkohol. Alkohol wird für medizinische Zwecke verwendet, aber er kann auch zu einer schrecklichen Droge werden. Die Art und Weise, wie man heute in der Welt von ihm Gebrauch macht, muß als eines der großen Übel unserer Zeit angesehen werden. Es ist eines der Laster, die wir uns selbst aufgebürdet haben nach dem Motto: »Ein Mann nimmt einen Schluck, der Schluck nimmt einen weiteren Schluck, und zuletzt nimmt der Schluck den Mann.« Hochprozentige Alkoholika, wie wir sie heute haben, waren in biblischen Zeiten unbekannt. Der Genuß dieser Getränke ist viel gefährlicher, als wenn man nur Wein trinkt, und schon das war – im Übermaß – verboten. Die Bibel äußert sich nicht zu der Frage, ob wir abstinent werden sollen oder nicht. Wie immer wir es damit halten und was immer wir tun, wir sollten es tun zur Ehre Gottes (1. Kor 10,31).

Vor vielen Jahren hatte ich in England einen ganz lieben Freund. Er war ein gotterfüllter Mann, der in der Bibel sehr bewandert war und der aufrichtig mit seinem Herrn wandelte. Als wir einmal zusammen beim Essen saßen, sagte er: »Wenn wir essen, dann trinke ich etwas Wein, und das zur Ehre Gottes. Ich weiß, daß Sie zur Ehre Gottes keinen Wein trinken, deshalb habe ich für Sie Saft bereitgestellt.« Und er fuhr fort: »Man hat uns gelehrt, die Freiheit des anderen und seine Auffassung zu respektieren.«

12. *Fressen.* Das hier verwendete griechische Wort heißt Orgien. In Römer 13,13 und 1.Petrus 4,3 wird es in Zusammenhang gebracht mit Unzucht, Trunkenheit und anderen bösen Dingen, mit denen ein Christ nichts zu tun haben sollte.

Vielleicht liest nun jemand diesen Absatz, der sich einer oder sogar aller Sünden schuldig gemacht hat, die hier aufgezeichnet sind. Bedeutet das nun etwa, daß Sie nie mehr in den Himmel kommen können, daß die Tür für Sie ewig verschlossen ist? Sicherlich nicht. Die Bibel sagt, daß jeder Mensch, der bereut und glaubt, Vergebung der Sünden erhalten kann (1.Joh 1,9).

Galater 5,21 enthält aber die nachdrücklichste Warnung für die, die vielleicht glauben, daß sie sündigen können, damit die Gnade überhand nehme. Der Apostel sagt in tiefem Ernst, daß »die solches tun, werden das Reich Gottes nicht erben«. Die ganze schreckliche Liste, die Paulus aufzeichnet, verletzt, wenn Menschen solche Dinge tun, den Willen Gottes für ihr Leben. Gott haßt diese Dinge so sehr, daß er die verurteilen wird, die sie tun. Menschen, deren Leben von solchen Abweichungen von dem Willen Gottes gekennzeichnet sind, werden von ihm getrennt werden und in der Dunkelheit draußen verlorengehen. Der Grund dafür, daß ich alle diese Laster im einzelnen aufgeführt habe, ist der, daß Millionen von Bekenntnischristen eben nur das sind – sie »bekennen« Christus. Sie haben nie Jesus in Anspruch genommen. Ihr Leben ist durch das Fleisch gekennzeichnet. Zehntausende sind nicht wiedergeboren. Sie werden in Ewigkeit verlorengehen, obwohl sie glauben, sie seien gerettet, weil sie einer Gemeinde angehören, getauft worden sind oder sich auf Ähnliches berufen können.

Und dabei dürfen wir etwas nicht übersehen. Heute tun die Menschen viele solche verbotenen Dinge im Namen der Freiheit. Sie erkennen dabei aber nicht, daß sie dadurch zum Sklaven der Dinge werden, die sie tun. Und wenn die Freiheit zur Zügellosigkeit wird, dann ist an dieser Freiheit etwas falsch, und die, die Freiheit so verstehen, haben sich eigentlich selbst gefesselt und verlieren damit die Freiheit, von der die Bibel spricht. Die wahre Freiheit besteht nicht darin, daß wir frei sind zu sündigen, sondern daß wir frei sind, nicht zu sündigen.

Und es ist wahr, daß die, die im Fleisch leben, nur durch den Geist Gottes verändert werden können. Deshalb ist ein echtes geistliches Erwachen heute so sehr dringend notwendig. Es verspricht keinen Erfolg, wenn man durch Gesetze den Menschen verändern will. Man kann noch so viele Gesetze erlassen und man mag dabei die besten Absichten haben, bei Menschen ohne Jesus regiert noch die alte Natur. Sie mag manchmal unterdrückt sein, manchmal mag man sie auch durch Disziplin zurückdrängen, aber es werden doch immer wieder Zeiten kommen, wo die Werke des Fleisches sich dadurch zeigen, daß sie in Hader und schließlich in Krieg ausarten.

Ein Christ ist aber eine neue Schöpfung geworden. Er kann unter die Herrschaft des Heiligen Geistes kommen und die Frucht des Heiligen Geistes hervorbringen. Dabei bilden sich neue Lebensgrundsätze aus, die zu einem neuen Menschen führen und die schließlich auch eine neue Gesellschaft hervorbringen könnten.

Paulus schreibt: »Welche aber Christus angehören, die kreuzigen ihr Fleisch mitsamt den Lüsten und Begierden« (Gal 5,24). In der Zeit, in der unser Herr Jesus auf Erden wandelte, lebte er wie ein Mensch und wurde versucht wie ein Mensch, und doch hielt er das ganze Gesetz Gottes und errang den Sieg über das Fleisch. Diejenigen unter uns, die zum Glauben an ihn gekommen sind, haben, jedenfalls grundsätzlich, mit allem Schluß gemacht, was zum Fleisch gehört. Aber Paulus weiß, daß diese alten Neigungen immer noch in uns lauern und daß wir uns beinahe stündlich wieder zum Heiligen Geist ausstrecken müssen, um einen völligen und vollständigen Sieg davonzutragen.

In der Bibel heißt es nicht: »Die, die Christus angehören, sollten ihr Fleisch kreuzigen.« Das ist bereits als Tatsache geschehen, als Jesus am Kreuz hing. In Galater 2,19 steht: »Ich bin gekreuzigt mit Christus.« In Römer 6,6 heißt es: »Wir wissen ja, daß unser alter Mensch mit ihm gekreuzigt ist, damit der Leib der Sünde vernichtet werde, so daß wir hinfort der Sünde nicht dienen.« Es handelt sich um ein Geschehen, das zum Abschluß gebracht, das vollendet ist. Da wir Gläubigen bereits gekreuzigt und daher auch errettet sind, gilt es nun so zu leben wie Menschen, deren Fleisch gekreuzigt worden ist, und dem Fleisch nicht von neuem Raum zu geben. Wir sind mit Christus begraben gewesen und sind nun von dem Tod zu neuem Leben mit IHM auferstanden.

Viele Menschen sagen: »So ein Leben kann ich nicht führen. Das halte ich nicht durch.« Wenn es nur an uns läge, dann könnten wir es auch nicht schaffen. Der Apostel Paulus schreibt: »So auch ihr, haltet dafür, daß ihr der Sünde gestorben seid und lebt Gott in Christus Jesus« (Röm 6,11). Und er schreibt weiter, daß die Sünde über unserem sterblichen Leibe nicht länger herrschen soll. Das bedeutet, daß wir »im Glauben« das annehmen, was Jesus am Kreuz für uns getan hat. Im Glauben übergeben wir unser Leben völlig und gänzlich und ohne Rückhalt dem Heiligen Geist. Christus sitzt auf dem Thron unserer Herzen. Niemand und nichts wird ihn von dort herunterstoßen. Der Heilige Geist bringt in uns die »Frucht des Geistes« hervor. Die Werke des Fleisches würden zwar nur zu gern herrschen – und manchmal tun sie es auch –, aber sie haben nicht mehr die Oberhand. Wir praktizieren sie nicht mehr, sie sind nicht länger eine Gewohnheit. Wir sind durch seine Gnade verändert und leben das neue Leben in Christus. Aber das ist nur dann möglich, wenn wir erfüllt sind vom Heiligen Geist. Diesem wichtigen Thema wenden wir uns jetzt zu.

8. KAPITEL

Die Fülle des Heiligen Geistes

Das Wasser für unser Haus kommt aus einem Reservoir, das von zwei Quellen in den Bergen gespeist wird. Die Leute, die vor uns in dem Haus gewohnt haben, haben uns erzählt, daß diese beiden Quellen, die auf dem dahinterliegenden Berg entspringen, immer die gleiche Menge Wasser geben, nie mehr und nie weniger. Die Wassermenge ist die gleiche, unabhängig davon, ob gerade Regen- oder Trockenzeit ist. Wir verbrauchen soviel Wasser, wie es nötig ist, und die Quellen, die in das Reservoir fließen, halten es stets bis zum Rande gefüllt. Das ist ein sehr treffendes Beispiel dafür, was es heißt, »vom Heiligen Geist erfüllt zu sein«.

Alle Christen stehen unter der Verpflichtung, vom Heiligen Geist erfüllt zu werden. Ein Leben, das nicht voll des Heiligen Geistes ist, ist weniger, als es nach Gottes Willen bei jedem Gläubigen sein sollte.

Was meint die Bibel, wenn sie von der Fülle des Heiligen Geistes spricht? Lassen Sie mich »die Fülle des Heiligen Geistes« definieren. Vom Geist erfüllt zu sein bedeutet, von der Gegenwart und der Kraft des Heiligen Geistes kontrolliert und beherrscht zu sein. In Epheser 5,18 schreibt Paulus: »Und sauft euch nicht voll Wein, woraus ein unordentliches Wesen folgt, sondern laßt euch vom Geist erfüllen.«

Hier vergleicht der Apostel also zwei Dinge. Ein Mensch, der voll Alkohol ist, wird von ihm kontrolliert und beherrscht. Dessen Gegenwart und Macht haben die Oberhand gewonnen über seine eigentlichen Fähigkeiten und Aktivitäten.

Es ist interessant, daß wir oft sagen, jemand »stehe unter dem Einfluß« von Alkohol. Das ist nämlich ungefähr auch die Bedeutung, wenn man sagt, jemand sei erfüllt mit dem Heiligen Geist. Wir stehen dann »unter dem Einfluß« des Geistes. Statt irgendwelche Dinge nur mit unseren eigenen Fähigkeiten und Kräften zu tun, gibt er uns seine Kraft. Statt nur das zu tun, was wir tun wollen, werden wir nun von ihm geleitet. Unglücklicherweise erleben Millionen von Menschen Gottes nicht die Freude eines unbegrenzten geistlichen Reichtums, der ihnen nicht zur Verfügung steht, weil sie nicht vom Heiligen Geist erfüllt sind.

Ich erinnere mich an eine Frau, die eine großartige Lehrerin der Bibel war. Sie hieß Ruth Paxson, und ich habe sie oft über dieses Thema sprechen hören. Sie war auch in unserem Hause zu Besuch, und ich habe mir bei ihren Vorträgen Notizen gemacht.

Sie wies uns darauf hin, daß sich im Leben vieler Christen die Handlungsweisen und die Prinzipien dieser Welt widerspiegeln. Jawohl, sie sind mit dem Heiligen Geist in den Leib Christi hineingetauft worden, und sie werden auch in den Himmel kommen. Aber sie haben so viel von dem nicht, was sie nach Gottes Willen haben sollten. Bewußt oder unbewußt sind sie mehr daran interessiert, diese Welt nachzuahmen, in der der Satan regiert, als daran, Jesus nachzuahmen. Sie haben gar nicht den Wunsch, die Schmach Christi draußen vor dem Lager zu tragen (Hebr 13,13). Ihre Gaben werden häufig nicht gebraucht, und geistliche Frucht gibt es in ihrem Leben auch nicht. Ihnen liegt es eigentlich auch gar nicht am Herzen, denen, die um sie herum wohnen und geistlicher Nahrung bedürfen, das Evangelium zu bringen. Ihr Eifer, im Gehorsam gegenüber den Geboten Jesu zu wandeln, läßt nach. Ihre stillen Zeiten werden unregelmäßig, oder sie finden überhaupt nicht mehr statt, und sie freuen sich auf die Lektüre der Zeitung mehr als auf das Lesen in der Schrift. Wenn sie überhaupt beten, dann empfinden sie es als eine Pflicht, die keine Freude bereitet, und als eine langweilige Arbeit, nicht als etwas Erfreuliches. Ebenso wie bei Lot damals in Sodom hat für sie die Sünde etwas von ihrer Sündhaftigkeit verloren, ihre Wachheit gegenüber der Sünde ist stumpf geworden, und ihr Gewissen ist nicht mehr wach.

Die Christen haben heute eine bessere Ausrüstung und mehr Technologie als jemals zuvor, um die Welt zu evangelisieren, es gibt auch besser ausgebildete Mitarbeiter. Aber eine der großen Tragödien der heutigen Zeit ist es, daß es Christen so oft an der Fülle des Geistes fehlt, die sie in völliger Abhängigkeit von Gottes Kraft für ihren Dienst brauchen. Im ersten Jahrhundert gab es sehr viele Beispiele für die Art geistlicher Kraft, die sie brauchen würden, aber nicht haben. In einer Stadt sagte man damals von den Christen: »Diese, die den ganzen Weltkreis erregen, sind jetzt auch hierhergekommen« (Apg 17,6). Und auch in den folgenden Jahrhunderten wurde diese selbe Kraft des Heiligen Geistes über der Welt freigesetzt. Einzelne Beispiele dafür gibt es auch heute noch. Aber was wäre, wenn die volle Kraft des Heiligen Geistes heute durch die wahren Gläubigen wirken könnte! Die Welt könnte noch einmal aus den Angeln gehoben werden!

Die biblische Grundlage dafür, daß wir mit dem Geist erfüllt sein sollen.

Ich halte es für eine richtige Feststellung, zu sagen, daß alle Christen, die nicht vom Heiligen Geist erfüllt sind, unvollständig sind. Der Befehl des Paulus an die Epheser: »Seid erfüllt mit dem Heiligen Geist« gilt für uns alle, die wir Christen sind, überall und zu allen Zeiten. Davon gibt es keine Ausnahme. Vielleicht müssen wir zu dem Ergebnis kommen, daß wir, wenn wir unter dem Befehl stehen, vom Heiligen Geist erfüllt zu sein, sündigen, wenn wir nicht von ihm erfüllt sind. Und das Versäumnis, nicht mit dem Geist erfüllt zu sein, ist eine der größten Sünden gegen den Heiligen Geist.

Es ist interessant zu bedenken, daß der Befehl »Seid erfüllt mit dem Heiligen Geist« in der griechischen Sprache, in der Paulus seinen Brief schrieb, in dem Sinne abgefaßt ist, daß es sich dabei um einen kontinuierlichen Vorgang handelt. Wir sind nicht wie ein Eimer einmal für alle Zeiten gefüllt. Vielmehr sollen wir uns beständig nachfüllen lassen. Man könnte also auch übersetzen: »Laßt euch füllen, und laßt euch dann immer weiter füllen«, oder: »Laßt euch beständig weiter und neu füllen«.

In Epheser 5,18 heißt es somit wörtlich: »Laßt euch beständig weiter mit dem Geist erfüllen.« Dr. Merrill C. Tenney hat den Vergleich mit einer der alten Küchen auf amerikanischen Bauernhöfen gebraucht. In einer Ecke war ein Abflußbecken, darüber befand sich ein Rohr, aus dem beständig Wasser aus der Quelle außerhalb des Hauses floß. Weil das Wasser in einem fort floß, hielt es das Becken stets bis zum Rande gefüllt. In der gleichen Weise soll der Christ nicht warten, bis er leer vom Heiligen Geist ist, um sich dann wieder füllen zu lassen, vielmehr soll er ständig die Anweisungen und die Kraft vom Heiligen Geist bekommen, damit er ständig überfließt.

Die überströmenden Flüsse und das überschäumende Leben sind Segnungen, die allen Christen zur Verfügung stehen. Wenn die Ströme des lebendigen Wassers in unserem Leben nicht fließen, dann nicht deshalb, weil Gott sie uns verweigert, sondern weil wir sie nicht haben wollen oder weil wir uns weigern, die Vorbedingungen dafür zu erfüllen, ihrer teilhaftig zu werden.

Das beständige Erfülltsein mit dem Heiligen Geist ist auch das, was Jesus lehrte, als er mit der Samariterin am Jakobsbrunnen sprach (vgl. Joh 4,13-14). In der gleichen Weise sprach Jesus vom Heiligen Geist in Johannes 7,38: »Wer an mich glaubt, wie die Schrift sagt, von dessen Leib werden Ströme lebendigen Wassers fließen.«

Die überfließende Quelle und der beständig dahinfließende Strom, beide Bilder beschreiben den stetigen Strom des Segens des Heiligen Geistes, der allen Christen zur Verfügung steht.

Als ich einmal Johannes 7,38 las, hielt ich inne, weil ich voll Ehrfurcht über die Größe der Worte Jesu war. Er hat nicht von einzelnen Tropfen des Segens gesprochen, zwischen denen jeweils ein großer Abstand besteht, so wie es bei leichtem Regen im Frühjahr der Fall ist. Nein, er hat von Strömen des lebendigen Wassers gesprochen. Denken Sie an den Mississippi, den Amazonas, die Donau oder den Jangtse: Wieviel auch immer man ihnen entnimmt, sie trocknen nicht aus, sondern fließen weiter majestätisch dahin. Die Quellen, aus denen sie entspringen, schütten ihr Wasser beständig weiter in ihren Lauf. Diese Flüsse sind Bilder für das Leben eines Geist-erfüllten Christen. Der Nachschub geht nie zu Ende, weil seine Quelle der Heilige Geist ist, der unerschöpflich ist.

Der Bischof Moule hat einmal gesagt: »Ich werde nie vergessen, wie Glauben und Friede in meiner Seele wuchsen und zunahmen, nachdem ich kurz zuvor mir zum ersten Mal den gekreuzigten Herrn als das Opfer des Friedens für die Sünder bewußt gemacht hatte.« Und wie kam dies zustande? Er sagte: »Es war ein bewußtes Anhalten am lebendigen und gnädigen Heiligen Geist, durch den meiner Seele diese gesegnete Schau gewährt wurde. Es war ein neuer Kontakt mit der sichtbaren und unsichtbaren Güte Gottes und mit seiner Macht.«

Eines der Gebete, das während der großen Erweckung in Wales häufig gebetet wurde, lautete wie folgt:

»Fülle mich, Heiliger Geist, fülle mich
mehr als alle Fülle, die ich mir vorstellen kann.
Ich bin das kleinste Deiner Gefäße,
und wie gern will ich überfließen.«

Wir müßten dem Heiligen Geist zur Verfügung stehen, damit wir, wenn er uns füllt, Gefäße des Segens für die Welt werden, seien sie nun groß und prächtig in einem mächtigen Dienst oder klein und von den Menschen unbemerkt. Meiner Meinung nach war die Gemeinde in Korinth eine der traurigsten und tragischsten im ganzen Neuen Testament. Ihre Mitglieder waren getauft und hatten den Heiligen Geist empfangen und mit ihm viele von seinen Gaben, deswegen hätte man von dieser Gemeinde viel erwarten können. Und doch sagte Paulus, sie seien fleischlich und ungeistlich. Das will sagen, daß Sie und ich eine oder mehrere Gaben des Heiligen Geistes empfangen haben und doch immer noch ungeistlich sein können, weil es an der »Fülle des Heiligen Geistes« fehlt. Zu behaupten, man habe die Gabe des Evangelisierens oder die Gabe in Zungen zu sprechen, oder die Gabe des Heilens (oder irgendeine andere Gabe) und das sei der Beweis dafür, daß man die Fülle des Heiligen Geistes habe, das ist irreführend. Es ist so, daß jede Gabe, die wir haben, nur dann für Gott in der denkbar besten Weise eingesetzt werden kann, wenn sie unter der Kontrolle des Heiligen Geistes bleibt und wenn sie ihren Auftrag von ihm bezieht. Es gibt nichts Tragischeres als eine Gabe Gottes, die für selbstsüchtige oder ungeistliche Zwecke mißbraucht wird.

Es ist also von entscheidender Wichtigkeit, daß wir mit dem Geist erfüllt werden. Dabei dürfen wir uns aber durch den Gebrauch bestimmter Redewendungen nicht irritieren lassen. Manche Christen haben Ausdrücke verwendet wie z.B. »die zweite Taufe« oder »der zweite Segen« oder »ein zweites Werk der Gnade«. Keine von diesen Bezeichnungen kommt in der Bibel vor, aber ich denke, daß sie für viele Menschen Ausdrücke sind, die sie mit der Fülle des Heiligen Geistes gleichsetzen. Der Ausdruck, den wir hier verwenden, ist aber weniger wichtig, als daß wir tatsächlich vom Heiligen Geist erfüllt werden.

Ich verwende derartige Bezeichnungen jedoch lieber nicht, denn bei manchen Menschen könnten sie zur Verwirrung führen. Ich bin der Auffassung, daß es nach der Lehre der Bibel nur eine einzige Taufe im Heiligen Geist gibt, nämlich die, die wir empfangen, wenn wir zum Glauben an Jesus kommen. Die Bibel lehrt uns, daß wir häufig gefüllt werden müssen, daß wir vom Heiligen Geist sogar ständig gefüllt werden müssen. Eine Taufe – aber viele Füllungen. Ich finde in der Bibel keinen Hinweis darauf, daß nach unserer Bekehrung noch eine spätere »Taufe im Heiligen Geist« notwendig ist. Er ist bereits da, und wir sind dazu aufgerufen, uns beständig nach ihm auszustrecken, aber ich würde die nicht verdammen, die hier eine andere Auffassung vertreten. Viele von denen, die eine solche andere Auffassung haben, gehören zu meinen engsten Freunden. Unterschiedliche Meinungen in diesem Punkt bilden keinen gerechtfertigten Anlaß für Trennungen in einer Gemeinschaft von Christen.

Vielleicht sollten wir das Bild, das wir bisher benützt haben, umkehren. Wenn wir vom Heiligen Geist erfüllt werden, dann geht es nicht darum, daß wir mehr von ihm hätten, als ob sein Werk in uns etwas mit Quantität zu tun hätte. Es geht nicht darum, wieviel vom Geist wir haben, sondern darum, wieviel der Geist von uns hat. Er ist in uns in all seiner Fülle, und zwar unabhängig davon, ob wir das unserem Leben äußerlich ansehen oder nicht. Wenn wir Jesus als Herrn und

Heiland annehmen, dann empfangen Sie und ich ihn in seiner Fülle, und nicht nur teilweise. Wenn wir dann die Herrschaft Jesu immer besser verstehen lernen, dann geben wir uns ihm immer mehr hin. Wenn wir also immer mehr danach trachten, vom Heiligen Geist erfüllt zu werden, werden wir auch tatsächlich von ihm erfüllt und empfangen seine Fülle mehr und mehr, und wir freuen uns darüber.

Wenn wir Jesus als Heiland annehmen, sind unsere geistlichen Fähigkeiten noch denkbar gering. Es mag auch richtig sein, zu sagen, daß wir in dem Augenblick unserer Bekehrung mit dem Geist erfüllt werden, nämlich in dem Sinn, daß wir unter seinen Einfluß und unter seine Herrschaft kommen. Aber es gibt noch weitere Bereiche in unserem Leben, die seiner Herrschaft übergeben werden müssen, und das mag uns zu diesem Zeitpunkt gar nicht bewußt sein. Wenn wir dann in der Gnade und dem Wissen um Jesus zunehmen, dann wachsen unsere geistlichen Fähigkeiten. Wir entdecken bald, daß wir in unserem christlichen Leben noch nicht »perfekt« sind. Wir stolpern oft und begehen Sünden, darunter solche, von denen wir zu der Zeit noch nicht einmal wissen, daß es Sünden sind. Es gibt nämlich auch viele Unterlassungssünden, wo wir eigentlich etwas hätten tun oder eine bestimmte Auffassung vertreten sollen, aber es ist uns noch nicht selbstverständlich geworden. Es gehört zu den Aufgaben des Heiligen Geistes, uns diese Sünden bewußt zu machen und uns zur wahren Buße zu führen. In solchen Zeiten brauchen wir eine neue Erfüllung durch den Heiligen Geist, damit er uns beherrscht und lenkt. Außerdem können aber von Gott her neue Aufgaben und Anforderungen auf uns zukommen, und auch das muß uns immer Veranlassung dazu geben, neu die Kraft und die Gegenwart – das Erfülltwerden – des Heiligen Geistes zu suchen.

Junge Christen denken auch häufig, daß sie sich auf ihr eigenes Wissen und auf ihre eigene Kraft verlassen müssen, um gegen die Sünde in ihrem Leben anzukämpfen oder um eine Aufgabe zu meistern, vor die der Herr sie gestellt hat. Solche Menschen mögen wohl wissen, daß ihre Errettung nur auf dem beruht, was Gott in Christus getan hat, aber ihnen ist nicht bewußt, daß sie in der gleichen Weise von Gott dem Heiligen Geist abhängig sind, was ihr geistliches Wachstum angeht. Oft kämpfen sie tapfer gegen Versuchungen an, oder sie bezeugen Jesus eifrig, aber sie sehen nur wenig oder gar keinen Fortschritt. Warum? Es liegt daran, daß sie alles nur mit der Kraft des Fleisches und nicht durch die Macht des Heiligen Geistes tun. Solche Menschen müssen verstehen lernen, welche Aufgaben Gott dem Heiligen Geist gegeben hat, und sie müssen sich seiner Herrschaft unterwerfen. Sie müssen von ihm erfüllt werden.

Manchmal erfüllt der Heilige Geist einen solchen Menschen in sehr bewegender Weise, die lange in seiner Erinnerung bleibt. Andere Christen, die schon reifer sind, können aber auch derartige überwältigende geistliche Erfahrungen machen, wo der Heilige Geist sie auf neue und wundervolle Art erfüllt. Manche nennen das eine »Taufe durch den Heiligen Geist«, aber ich glaube, es ist eher schriftgemäß, es als ein »neues Erfülltwerden mit dem Heiligen Geist« zu bezeichnen. Jemand mag diese Erfahrung in einer sehr kritischen Lebenslage machen, in der er eine wichtige Entscheidung zu treffen hat, oder angesichts einer besonders schwierigen Situation. Oder ein anderer macht dieselbe Erfahrung in einer ganz ruhigen und stillen Weise. Es gibt sogar Zeiten, während derer das Erfülltwerden mit dem Heiligen Geist sehr stark ist, und doch werden wir uns dessen kaum bewußt.

Beide Erfahrungen habe ich in meinem Leben auch gemacht. Zu manchen Zeiten bin ich mir der Gegenwart des Heiligen Geistes sehr stark bewußt gewesen. Zu anderen Zeiten habe ich mich schwach und unzulänglich gefühlt, und doch, wenn ich zurückschaue, weiß ich, daß der Heilige Geist mich gerade auch dann gestärkt hat.

Und es hat in meinem Leben Zeiten gegeben, wo ich ganz stark gespürt habe, wie ich vom Heiligen Geist erfüllt wurde. Dann wußte ich, daß mir eine ganz besondere Stärke für eine Aufgabe geschenkt wurde, die ich zu bewältigen hatte.

Im Jahre 1954 fuhren wir mit dem Schiff nach England, um dort eine Evangelisation durchzuführen, die drei Monate dauern sollte. An Bord fühlte ich mich außerordentlich bedrückt. Der Satan schien eine furchterregende Artillerie rund um mich herum aufgebaut zu haben. Ich fühlte mich nicht nur niedergeschlagen, ich hatte richtige Depressionen, und dazu kam das niederdrückende Gefühl, der Aufgabe, die vor mir lag, nicht gewachsen zu sein. Ich betete nahezu ständig, am Tage und in der Nacht. Ich verstand in einer ganz neuen Weise, was Paulus damit meinte, wenn er sagte: »Betet ohne Unterlaß.« Und dann kam eines Tages der Durchbruch, als ich mit meiner Frau und mit meinen Kollegen betete. Während ich vor dem Herrn weinte, erfüllte mich ein ganz sicheres Wissen, daß Gott allein allmächtig ist und daß er getreu ist. Ich war vom Geist in den Leib Christi hineingetauft worden, als ich zum Glauben kam, aber ich glaube, daß Gott mich damals auf dem Wege nach England in ganz besonderer Weise gesalbt hat. Von dem Augenblick an hatte ich das Vertrauen, daß Gott der Heilige Geist die Aufgabe, die Evangelisation 1954 in England durchzuführen, in seiner Hand hielt.

Und so war es dann auch.

Ähnliches hatte ich zuvor auch schon erlebt und habe es seither auch oft noch erfahren. Nicht immer habe ich Tränen vergossen. Manchmal habe ich nachts wachgelegen und habe die ruhige Gewißheit gehabt, daß ich für die Aufgabe, die vor mir lag, vom Heiligen Geist erfüllt sein würde.

Aber noch bei viel mehr Gelegenheiten hätte ich mit dem Apostel Paulus sagen können: »Und ich war bei euch in Schwachheit und in Furcht und mit großem Zittern« (1.Kor 2,3). Häufig haben mir Mitglieder meines Teams versichert, daß dann, wenn ich die geringste Freiheit zum Reden oder den stärksten Eindruck eines Fehlschlags hatte, Gottes Kraft auf das allerdeutlichste sichtbar war.

Mit anderen Worten: Es trifft immer noch zu, wie Paulus in seinem Brief an die Korinther fortfährt: »... und mein Wort und meine Predigt geschahen nicht mit überredenden Worten menschlicher Weisheit, sondern in Erweisung des Geistes und der Kraft, damit euer Glaube nicht stehe auf Menschenweisheit, sondern auf Gottes Kraft« (1.Kor 2,4-5).

Aber achten Sie darauf, daß die, die das Wort hörten, die Macht verspürten, und nicht unbedingt derjenige, der es predigte! Erfüllt zu werden bedeutet nicht unbedingt auch, daß man etwas fühlt!

Voll und erfüllt.

Zwei Wörter, die im Neuen Testament vorkommen, verwirren Christen mitunter. Es sind die Worte »voll« und »erfüllt«. Manche Menschen machen einen Unterschied zwischen ihnen. Ich gebe zu, daß es einen gewissen Unterschied geben mag, aber er ist nur von untergeordneter Bedeutung. Wenn z.B. jemand voll des Heiligen Geistes ist, dann scheint sich mir das auf den Zustand des Gläubigen zu beziehen. Ich glaube, daß Johannes der Täufer und der Apostel Paulus ständig voll des Heiligen Geistes waren. Für sie war es ein beständiger Zustand. Wenn sie aber vom Heiligen Geist erfüllt wurden, dann handelte es sich um eine besondere Stärkung für eine bestimmte Gelegenheit oder um ein »Salben« für besondere Zwecke und besondere Aufgaben. Von heiligen Männern des Neuen Testaments heißt es immer wieder einmal, wenn sie für bestimmte Aufgaben ausgewählt worden waren, daß sie mit »dem Heiligen Geist erfüllt worden« seien. Sie hätten es vielleicht nicht ertragen, ständig mit dieser besonderen, zusätzlichen Kraft ausgestattet zu sein, aber in Zeiten großer Not konnten sie die Kraft für eine bestimmte Zeit aushalten.

Ich glaube, daß Gott uns die Stärke des Heiligen Geistes so gibt, wie sie für die Aufgabe erforderlich ist, die er uns stellt.

Wir haben einen Freund, einen pensionierten Pfarrer. Sein Vater war ein Brückenbau-Ingenieur. Er erzählte mir einmal, wie er als Bub dabei zugeschaut habe, als eine große Ramme die Pfeiler in das Flußbett des Mississippi trieb, auf denen dann die Brücke gebaut werden sollte. Jeder Pfeiler wurde an seinen Ort gebracht, und dann trieb die Ramme ihn mit mächtigen Schlägen tief und sicher hinein in das Flußbett.

Am Abend dieses Tages spielte der kleine Junge in seinem Sandkasten und bemühte sich, nachzumachen, was er auf der Baustelle gesehen hatte. Aber was immer er auch versuchte, er schaffte es nicht, seine Stöckchen so in den Sand hineinzutreiben, wie es die Rammen im Mississippi getan hatten. Da hatte er plötzlich eine glänzende Idee. Er lief zu seinem Vater und fragte, ob er sich eine der großen Rammen ausborgen könne. Der lachte und erklärte ihm dann, daß die Ramme viel zu groß sei für die kleine Aufgabe, die er ihr zugedacht hatte, und daß dafür ein Hammer viel besser geeignet wäre.

So ist es auch mit der Kraft des Heiligen Geistes. Wenn Gott uns in eine Aufgabe ruft, dann schenkt er auch die Kraft für diese Aufgabe.

Der Normalzustand eines Christen wäre somit, voll des Heiligen Geist zu sein. Aber was fangen wir dann mit den besonderen Zeiten und Gelegenheiten an, die in der Apostelgeschichte immer wieder erwähnt werden, wo der Heilige Geist Menschen erfüllte? Dr. Merril C. Tenney gebraucht als Beispiel ein Haus in der Stadt:

»Die meisten dieser Häuser sind an die Wasserversorgung angeschlossen, die den normalen Wasserbedarf gewährleistet. Aber nehmen Sie einmal an, daß ein Brand ausbricht. Dann eilen die Feuerwehrleute zum nächsten Hydranten, um an noch viel mehr Wasser heranzukommen.«

Voll des Heiligen Geistes zu sein, das ist wie ein Haus, das ständig ausreichend mit Wasser versorgt wird. Aber bei bestimmten Anlässen »erfüllt« zu werden, wie es die Apostelgeschichte in 4,31 beschreibt, das bedeutet für einen besonderen Dienst besondere Energie und Kraft zu bekommen. »Und als sie gebetet hatten, erbebte die Stätte, wo sie versammelt waren; und sie wurden alle vom Heiligen Geist erfüllt und redeten das Wort Gottes mit Freimut.«

Für die besondere Aufgabe, weiterhin auf der Verbreitung des Evangeliums zu beharren, selbst wenn ihnen die religiösen Anführer heftig widerstanden, bedurften die Apostel eines besonderen Erfülltwerdens mit dem Heiligen Geist. »Voll des Geistes« waren sie schon während der ganzen Zeit gewesen. Nun aber brauchten sie ein zusätzliches Erfülltwerden, um die vor ihnen liegenden Aufgaben anzupacken.

Erfüllt für einen ganz bestimmten Zweck.

Natürlich hat der Herr eine bestimmte Absicht damit, wenn er uns mit dem Heiligen Geist erfüllt. Wir sehen das in Apostelgeschichte 4,31: »Und als sie gebetet hatten, erbebte die Stätte, wo sie versammelt waren, und sie wurden alle vom heiligen Geist erfüllt und redeten das Wort Gottes mit Freimut.« Mit anderen Worten gesagt, die Jünger wurden für einen bestimmten Zweck erfüllt – um das Wort Gottes zu verkünden. Die große Frage, die sich jeder Gläubige stellen muß, lautet: »Was ist mein Motiv dafür, daß ich den Wunsch habe, vom Heiligen Geist erfüllt zu werden? Verlange ich nach der Fülle nur deshalb, um mich selbst zu erfreuen und zu rühmen, oder deshalb, damit Christus verherrlicht werde?«

Oft sucht ein Christ aufrichtig die Kraft des Heiligen Geistes, aber – sei es es aus Unkenntnis oder mit Absicht – in der falschen Zielrichtung. Manche halten Ausschau nach einer gefühlsmäßigen Erfahrung, und sie wollen die Fülle des Heiligen Geistes nur deshalb haben, damit sie eine neue (und vielleicht sogar spektakuläre) Erfahrung machen können. Andere verlangen nach bestimmten Empfindungen, weil sie bei anderen Christen Ähnliches beobachtet haben und meinen, das habe der Heilige Geist bewirkt. Oder ein Mensch sucht nach der Fülle des Geistes auf Grund eines fehlgeleiteten Wunsches, so geistlich zu sein wie andere oder sogar in geistlicher Hinsicht ihnen überlegen zu sein. Wieder ein anderer sucht nach der Fülle des Heiligen Geistes nur deswegen, weil er es mit einem bestimmten Problem zu tun hat und weil er nun hofft, aus seiner Lage dadurch herauszukommen, daß er die Kraft des Heiligen Geistes erfährt. Kurz gesagt, die Menschen strecken sich nach der Kraft des Heiligen Geistes aus allen möglichen Gründen aus.

Es ist richtig, daß der Heilige Geist so etwas in unserem Leben geschehen lassen kann. Bei bestimmten Anlässen vermittelt er uns ein tiefes Gefühl seiner Gegenwart oder er macht uns ganz besonders fröhlich, oder er hilft uns dabei, mit einer besonders schwierigen Situation fertigzuwerden. Aber wir müssen sehr darauf achten, daß wir nicht aus eigensüchtigen Gründen nach seiner Fülle verlangen. Er ist zu dem Zweck gekommen, daß wir Christus verherrlichen.

Der Zweck des Füllens ist der, daß diejenigen, die erfüllt worden sind, Jesus verherrlichen. Dazu ist der Heilige Geist gekommen. Jesus hat gesagt: »Er wird mich verherrlichen; denn von dem Meinen wird er's nehmen und euch verkündigen« (Joh 16,14). Das will sagen, daß der Heilige Geist die Aufmerksamkeit nicht auf sich selbst zieht, sondern auf Jesus. Jesus hat gesagt: »Wenn aber der Tröster kommen wird, den ich euch senden werde vom Vater, der Geist der Wahrheit, der vom Vater ausgeht, der wird Zeugnis geben von mir« (Joh 15,26). Ich glaube, daß ein vom Geist erfülltes Leben daran geprüft werden kann. Wird Jesus an mir mehr und mehr offenkundig? Sehen die Menschen immer mehr von ihm und immer weniger von mir?

Aus diesem Grunde habe ich gezögert, ein solches Buch zu schreiben. Ich bin immer etwas vorsichtig, wenn Menschen ständig vom Heiligen Geist sprechen: »Der Heilige Geist tut dies« und »der Heilige Geist tut das«. Der Heilige Geist ist nicht dazu gekommen, um sich selbst zu verherrlichen, er ist gekommen, um Jesus zu verherrlichen.

Noch ein Punkt: Ein Mensch, der vom Heiligen Geist erfüllt ist, ist sich vielleicht noch nicht einmal dessen bewußt. Nicht ein einziger Mensch, von dem die Bibel berichtet, hat von sich gesagt: »Ich bin vom Heiligen Geist erfüllt.« Andere haben es über sie gesagt, aber sie selbst haben eine solche Behauptung nicht aufgestellt. Ich habe Menschen gekannt, die von ganzem Herzen fromm waren, denen aber nicht bewußt war, daß sie vom Heiligen Geist erfüllt waren. Jemand hat einmal gesagt, daß wir uns der Hölle immer bewußter werden, je näher wir zum Himmel kommen.

Bisher haben wir über die Macht des Heiligen Geistes zum rechten Gebrauch nachgedacht, aber wie steht es mit dessen Mißbrauch? Was ist mit denen, die nach der Kraft des Heiligen Geistes aus falschen Motiven begehren? Im Neuen Testament finden wir das Beispiel eines Mannes, der die Kraft des Heiligen Geistes aus selbstsüchtigen Motiven begehrte. In Apostelgeschichte 8 lesen wir von Simon dem Zauberer, der »glaubte«, getauft wurde, und dann erstaunt war, als er die Zeichen und großen Wunder sah, die die Apostel vollbrachten. Besonderes Interesse zeigte er, als er sah, wie die jungen Gläubigen den Heiligen Geist empfingen. Er bot Petrus und seinen Mitarbeitern Geld an und sagte: »Gebt auch mir die Macht, damit jeder, dem ich die Hände auflege, den heiligen Geist empfange« (Apg 8,19). Petrus schalt ihn sofort und sagte: »Dein Herz ist nicht rechtschaffen vor Gott« (V.21). Die Kraft des Heiligen Geistes hat immer ein bestimmtes Ziel – aber dieses Ziel ist die Verherrlichung Gottes, nicht der Vorteil oder der Nutzen eines einzelnen.

Kraft für ein heiliges Leben.

Letztlich brauchen wir das Erfülltwerden mit dem Heiligen Geist dazu, um Christus zu verherrlichen. Aber wie verherrlichen wir Christus? Wir verherrlichen Christus, wenn wir für Gott leben – ihm vertrauen, ihn lieben und ihm gehorchen. Jesus hat gesagt: »So laßt euer Licht leuchten vor den Leuten, damit sie eure guten Werke sehen und euren Vater im Himmel preisen« (Mt 5,16). Und Paulus hat geschrieben: »Ob ihr nun eßt oder trinkt oder was ihr auch tut, das tut alles zu Gottes Ehre« (1.Kor 10,31). Welch eine Einstellung – alles, was wir tun, sollte Gott verherrlichen!

Und doch führt uns das mitten in ein Problem. Warum brauchen wir die Fülle des Heiligen Geistes? Weil wir nur in der Kraft des Heiligen Geistes ein Leben führen können, das Gott verherrlicht. Wir können Gott nicht durch die Kraft des Fleisches verherrlichen. Deshalb hat Paulus in Römer 7 ausgerufen: »Denn ich weiß nicht, was ich tue. Denn ich tue nicht, was ich will; sondern was ich hasse, das tue ich. Denn ich weiß, daß in mir, das heißt in meinem Fleisch, nichts Gutes wohnt. Wollen habe ich wohl, aber das Gute vollbringen kann ich nicht. Denn das Gute, das ich will, das tue ich nicht; sondern das Böse, das ich nicht will, das tue ich« (Röm 7, 15.18.19). Aber durch die Kraft des Heiligen Geistes können wir ein Leben führen, das in zunehmendem Maße Gott verherrlicht. Gott der Heilige Geist gibt uns Kraft für einen bestimmten Zweck – Kraft, um uns dazu zu verhelfen, Gott mit jedem Atemzug unseres Lebens zu verherrlichen.

Im Leben eines Christen ist die Kraft dynamisch mit einer Person verbunden. Diese Person ist der Heilige Geist selbst, der in dem Christen wohnt und der ihn mit der Fülle seiner Kraft ausstattet. Wie wir bereits gesagt haben, gibt er seine Kraft für einen bestimmten Zweck, und sie muß auch gebraucht werden. Seine unerschöpflichen Kräfte stehen uns zwar zur Verfügung, aber er gibt uns immer nur so viel davon, wie wir nach seiner Weisheit gebrauchen oder benötigen. Leider sind viele Christen ungehorsam. Sie haben zwar um diese Kraft gebetet, haben aber nicht die Absicht, sie auch zu gebrauchen, oder sie vernachlässigen in anderer Weise ihre Gehorsamspflicht. Ich halte es für eine Zeitverschwendung, wenn Christen Ausschau halten nach einer Kraft, von der sie dann gar keinen Gebrauch machen wollen – Kraft zum Gebet, wenn sie nicht auch beten, Kraft zum Zeugnis, wenn sie dann nicht auch bezeugen, Kraft für ein heiliges Leben, ohne daß sie den Versuch machen, ein solches Leben auch tatsächlich zu führen, Kraft zum Leiden, wenn sie nicht auch das Kreuz auf sich nehmen, Kraft zum Dienst, wenn sie nicht auch dienen. Jemand hat einmal gesagt: »Gott gibt die Kraft zum Sterben nur denen, die auch wirklich sterben.«

Kraft zum Dienst.

Wir verherrlichen Gott, indem wir ein Leben führen, das ihn ehrt, und das können wir nur tun durch die Kraft des Heiligen Geistes. Wir verherrlichen Gott aber auch, wenn wir ihm dienen, und auch das können wir nur durch die Kraft des Heiligen Geistes tun. Wir werden vom Heiligen Geist erfüllt, um zu dienen.

Petrus war so vom Heiligen Geist erfüllt, als er predigte, daß am Tage der Pfingsten 3000 Menschen zum Glauben kamen. Es ist interessant, daß die Bibel viele Statistiken enthält, auch hier ist eine. Jemand muß die Menschen gezählt haben, die an jenem Tag zum Glauben kamen, und Lukas schrieb die Zahl unter dem Einfluß des Heiligen Geistes nieder. In Apostelgeschichte 4,4 schrieb er, daß »die Zahl der Männer ward bei fünftausend«. Und der gleiche Heilige Geist, der die Aufzeichnung dieser Statistik anregte, arbeitete auch darauf hin, daß sie genau niedergeschrieben wurde.

In Apostelgeschichte 4,8 lesen wir, daß Petrus und Johannes, die wegen ihres Predigens verhaftet worden waren, vor die religiösen Anführer gebracht wurden. Dann lesen wir in der Bibel, daß Petrus, »voll des Heiligen Geistes«, ohne alle Furcht den Tod und die Auferstehung Jesu verkündigte. Petrus, der jetzt vom Heiligen Geist erfüllt war, war so kühn, daß er bereit war, für Jesus auch dem Tod ins Auge zu sehen. Und doch hatte er wenige Wochen zuvor unter Flüchen abgestritten, Jesus zu kennen! Die Fülle des Heiligen Geistes machte den Unterschied aus.

Kurze Zeit darauf gingen Petrus und seine Begleiter zu einer Gebetsversammlung. Wir haben schon gesehen, daß, als sie beteten, »da erbebte die Stätte, wo sie versammelt waren, und sie wurden alle vom heiligen Geist erfüllt und redeten das Wort Gottes mit Freimut« (Apg 4,31). Die Fülle des Heiligen Geistes wurde ihnen geschenkt, um Jesus dadurch zu dienen, daß sie das Evangelium furchtlos verkündigten. Es erscheint uns bedeutsam, daß Petrus hier zweimal mit dem Heiligen Geist erfüllt wurde. Er wurde erfüllt, bevor er predigte (V.8), und er wurde noch einmal erfüllt, nachdem er und seine Begleiter gebetet hatten.

Aber das Erfüllen mit der Kraft des Heiligen Geistes war nicht auf das Beten beschränkt. Die Apostel waren allmählich so beschäftigt mit den vielfältigen Diensten an den zahlreichen neuen Gläubigen, daß sie nicht mehr dazu kamen, sich dem Dienst am Wort richtig zu widmen. Sie baten daher darum, daß sieben Männer für diese praktische Tätigkeit bestellt würden – an sich eine rein verwaltungsmäßige Arbeit.

Sie legten für diese Männer drei Vorbedingungen fest: »die einen guten Ruf haben und voll heiligen Geistes und Weisheit sind« (Apg 6,3).

Daß hierauf Wert gelegt wurde, ist für uns wichtig. Wenn alle Gläubigen »einen guten Ruf« gehabt hätten und »voll heiligen Geistes und Weisheit« gewesen wären, dann hätte diese Anweisung doch keinen Sinn gehabt. Zumindest einigen muß also die eine oder andere dieser wesentlichen Voraussetzungen gefehlt haben. Erforderlich aber waren alle drei: der gute Ruf, die Fülle des Heiligen Geistes und die Weisheit.

Niemand sollte heute in der Gemeinde ein Amt haben, der diese Voraussetzungen nicht erfüllt. Von wie vielen Gemeindemitgliedern läßt sich heute sagen, daß sie einen guten Ruf haben und voll Heiligen Geistes und Weisheit sind? Und doch waren dies die Voraussetzungen für einen praktischen – nicht einmal für einen geistlichen! – Dienst.

Zeigt uns das nicht ganz deutlich, daß wir sogar für die praktische Arbeit – sei es als Handwerker, Verwalter, Hausfrau oder Sekretärin – vom Heiligen Geist erfüllt sein müssen und einen guten Ruf und Weisheit haben müssen, um sie zur Ehre Gottes tun zu können?

Wir könnten immer weiter fortfahren, weil die erste Gemeinde für jede Art des Dienstes Kraft empfing, indem sie vom Heiligen Geist erfüllt wurde.

Ich bin davon überzeugt, daß es nicht unserer Entscheidung unterliegt, ob wir den Heiligen Geist haben wollen, sondern daß dies eine Notwendigkeit darstellt. Es ist die unerläßliche Voraussetzung für ein überschäumendes Leben und für einen fruchtbaren Dienst. Das vom Geist erfüllte Leben ist nicht unnormal, vielmehr ist es das normale christliche Leben. Alles, was weniger ist, ist weniger als normal, und es ist weniger als das, was Gott für seine Kinder will und für sie vorgesehen hat. Deswegen darf man das Erfülltwerden mit dem Geist nie als etwas betrachten, das ungewöhnlich ist oder das die ausschließliche Erfahrung einiger weniger Auserwählter wäre. Alle sollen vom Geist erfüllt werden, alle brauchen ihn, und allen steht er zur Verfügung. Deswegen befiehlt die Bibel uns allen: »Laßt euch vom Heiligen Geist erfüllen.«

9. KAPITEL

Wie man vom Heiligen Geist erfüllt wird

In meinem Dienst werde ich oft gefragt: »Wie kann ich vom Heiligen Geist erfüllt werden?« Uns ist es befohlen, uns erfüllen zu lassen, aber auf welche Weise können wir gehorchen? Wie kann die Gegenwart und die Kraft des Heiligen Geistes in unserem Leben eine Realität werden? Das ist die zentrale Frage. Alles, was ich bisher über das Erfülltwerden mit dem Heiligen Geist gesagt habe, wäre nur eine intellektuelle Spielerei, die mit unserem wirklichen Leben nichts zu tun hätte, es sei denn, daß wir auf Grund unserer eigenen Erfahrung lernen, was es bedeutet, vom Heiligen Geist erfüllt zu sein.

Es erscheint interessant, daß uns die Bibel nirgends eine genaue und knappe Formel dafür gibt, was es heißt, vom Heiligen Geist erfüllt zu sein. Ich glaube, daß das möglicherweise daran liegt, daß den meisten Gläubigen im 1.Jahrhundert nicht gesagt zu werden brauchte, wie man vom Heiligen Geist erfüllt werden kann. Sie wußten, daß das vom Geist erfüllte Leben das normale christliche Leben ist. Es ist ein trauriger Beweis dafür, auf welch ein niedriges Niveau unser geistliches Leben heute abgesunken ist, daß wir so wenig wissen, was es heißt, vom Heiligen Geist erfüllt zu sein.

Aber die Bibel sagt doch sehr viel darüber, und wenn wir das Neue Testament als Ganzes betrachten, dann können wir eigentlich kaum im Zweifel darüber bleiben, was es bedeutet, ein vom Heiligen Geist erfülltes Leben zu leben, oder wie seine Fülle in uns zur Realität werden kann. Ich glaube, daß die Aussagen des Neuen Testaments darüber, wie man vom Heiligen Geist erfüllt wird, in drei Begriffen zusammengefaßt werden können: Verstehen, unterwerfen und im Glauben wandeln.

Verstehen.

Der erste Schritt zum Erfülltwerden mit dem Geist ist das Verstehen. Das will sagen, daß es bestimmte Dinge gibt, die man wissen und verstehen muß – nämlich bestimmte Wahrheiten, die Gott uns in seinem Wort, in der Bibel, offenbart hat. Über einige von diesen Dingen haben wir schon gesprochen, aber lassen Sie uns sichergehen, daß wir sie uns alle richtig gemerkt haben. Um welche Wahrheiten handelt es sich?

Die erste Wahrheit, die wir verstehen müssen, ist die, daß Gott uns seinen Heiligen Geist gegeben hat und daß er in uns wohnt. Wenn ich Jesus als meinen Heiland angenommen habe, dann wohnt der Heilige Geist in mir. Bitte erinnern Sie sich – ich muß seine Gegenwart nicht unbedingt fühlen, aber das bedeutet nicht, daß er nicht gegenwärtig wäre. Was wir verstehen müssen, ist die Tatsache, daß er gegenwärtig ist. Gott hat verheißen, daß der Heilige Geist in Ihnen wohnt, wenn Sie zu Jesus gehören, und Gott kann nicht lügen. Wir nehmen diese Tatsache im Glauben an.

Wir müssen weiter verstehen, daß Gott uns befiehlt, uns vom Heilige Geist erfüllen zu lassen. Das bedeutet, daß es sein Wille für Sie ist, daß Sie vom Heiligen Geist erfüllt sind. Wenn Sie sich also dagegen wehren, handeln Sie dem Willen Gottes zuwider. Es ist sein Befehl, und deswegen ist es auch sein Wille. Um es noch klarer zu sagen: Gott *will* uns mit seinem Heiligen Geist erfüllen. Das ist für mich eine wundervolle Wahrheit. Gott gibt uns das volle Maß des Heiligen Geistes nicht ungern oder widerwillig! Nein, es ist sein Wille, daß wir unser Leben unter der Herrschaft und Leitung des Heiligen Geistes leben. »Wenn nun ihr, die ihr böse seid, euren Kindern gute Gaben geben könnt, wieviel mehr wird der Vater im Himmel den heiligen Geist geben denen, die ihn bitten!« (Lk 11,13). Wenn ich es also versäume, vom Heiligen Geist erfüllt zu werden, liegt es nicht daran, daß Gott zögert, sondern der Fehler liegt nur bei mir.

Das führt zu einem anderen Punkt, den wir verstehen müssen, und das ist die Gegenwart der Sünde in unserem Leben. Was blockiert das Wirken des Heiligen Geistes in unserem Leben? Es ist die Sünde. Bevor wir vom Heiligen Geist erfüllt werden können, müssen wir uns ehrlich und ohne Rückhalt mit jeder Sünde in unserem Leben beschäftigen, die uns bewußt ist. Das kann sehr schmerzvoll sein, denn wir müssen Dingen ins Auge sehen, die wir verborgen hatten oder von denen wir uns noch nicht klargemacht hatten, daß es sie in unserem Leben gab. Aber es gibt kein Erfülltwerden mit dem Heiligen Geist ohne vorhergehende Reinigung von der Sünde, und der erste Schritt zu dieser Reinigung ist, daß man sich der Existenz der Sünde bewußt wird.

Wohl jeder von uns hat es einmal erlebt, daß Rohre in der Wohnung oder im Hause verstopft waren, so daß das Wasser nur noch tröpfelte oder gar nicht mehr durchkam. Ich lebe in North Carolina, und dort wird es kaum jemals richtig kalt, aber hin und wieder habe ich 20 Grad Kälte erlebt. Die Rohre, die von den beiden Quellen zu unserem Haus führen, sind zwar tief im Boden vergraben, aber wenn es so kalt wurde, froren sie zu. Einmal mußten wir den gefrorenen Boden aufgraben und das Wasser in einem Kniestück am Rohr mit einem Schweißbrenner schmelzen. So ist es auch mit der Sünde in unserem Leben. Die Sünde ist wie das Eis in den Rohren. Unser geistliches Leben ist von einer feindlichen Welt zum Einfrieren gebracht worden. Es gibt nur eine Lösung, und das ist die Buße, um die Blockierung beiseite zu räumen und dem Heiligen Geist die Möglichkeit zu geben, wieder frei zu strömen.

Wir wissen alle Bescheid über die Arterienverkalkung – daß sie eine sehr gefährliche Krankheit ist, an der ein großer Teil der Bevölkerung leidet. Die Arterien werden von Substanzen blockiert, die die medizinischen Experten noch immer in Erstaunen versetzen. Sie wissen noch immer nicht, wie man diese Arterien wieder freimachen kann, so daß das Blut wieder frei fließen kann. Häufig wird dann ein sogenannter Bypass gelegt, aber bei den Medizinern gehen die Meinungen dazu noch auseinander. In vielen Ländern der Welt werden große Geldsummen für die medizinische Forschung ausgegeben, um ein Mittel zu entdecken, das die Arterien wieder freimacht und Millionen von Menschen, die bisher in jedem Jahr sterben, das Leben rettet.

In der gleichen Weise braucht auch unser Leben dieses Arzneimittel, das wir im Blute Jesu Christi haben, um die Rohre oder Arterien unseres Lebens durchgängig zu machen, damit der Lebenssaft fließen kann. Die Sünde ist die große Blockade, und das Blut Jesu ist der Reiniger, der durch Reue und im Glauben wirksam wird.

Manchmal sind junge Gläubige erschrocken, wenn sie feststellen, daß sie immer noch Sünder sind und daß sie nicht nur immer noch versucht werden, sondern dieser Versuchung sogar auch noch nachgeben. Eigentlich sollte das keine Überraschung sein, denn die alte sündige Natur steckt ja noch in uns. Bevor ein Mensch zu Jesus kommt, ist nur eine einzige Kraft in ihm am Werk – die alte fleischliche Natur. Aber wenn wir Jesus in unser Leben aufnehmen, nimmt der Heilige Geist in uns Wohnung. Und nun gibt es zwei Naturen in unserem Leben – die alte sündige Natur, die nur sich selbst leben will, und die neue geistliche Natur, die will, daß wir für Gott leben. Damit erhebt sich die Frage, welche dieser beiden Naturen unser Handeln bestimmen wird. Deshalb ist es so wichtig, vom Heiligen Geist erfüllt zu sein. Wenn nicht der Geist unser Leben beherrscht, wird die alte sündige Natur das Regiment führen. Aber das Werk des Heiligen Geistes wird blockiert sein, solange wir der Sünde in uns Raum geben.

Deshalb müssen wir mit der Sünde in unserem Leben völlig Schluß machen, wenn wir erleben wollen, daß der Heilige Geist uns erfüllt. Das ist aus verschiedenen Gründen nicht einfach. Einmal mag es für uns schon sehr schmerzhaft sein, überhaupt erkennen zu müssen, daß es in unserem Leben Sünde gibt. Stolz ist oft die Wurzel unserer Sünde, und dieser unser Stolz wird oft tief verwundet, wenn wir vor Gott und den Menschen ehrlich zugeben, daß wir nicht so gut sind, wie wir gedacht hatten.

Die Sünden in unserem Leben anzupacken ist auch deswegen schwer – wie wir noch sehen werden –, weil wir sie nicht nur erkennen, sondern auch über ihnen Buße tun müssen. Und manche von uns mögen auch noch die eine oder andere Sünde an sich haben und sie tolerieren, weil sie nicht willens sind, sie aufzugeben. Ebenso wie der reiche Jüngling wollen wir alles, was Jesus für uns hat, aber andererseits wollen wir auch der Sünde noch anhängen.

Es gibt noch einen weiteren Grund, weshalb es für uns schwer ist, mit der Sünde in unserem Leben fertigzuwerden, und das ist ganz einfach dieser: Die Sünde macht uns geistlich blind, und etwas, was wir deshalb oft nicht sehen können, ist das schreckliche Ausmaß der Sünde. Wir sehen nicht, wie sie in jeden Bereich unseres Lebens eingedrungen ist und wie sehr sie alles infiziert hat, was wir sagen und denken und tun. Es ist nur zu einfach, die Sünde zu bekennen, die wir in unserem Leben wahrnehmen, und dabei die vielen anderen Sünden zu übersehen, die unseren Wandel mit dem Herrn möglicherweise viel stärker behindern.

Deswegen ist hier die Bibel von so entscheidender Wichtigkeit. Wir dürfen nicht zufrieden sein mit einer oberflächlichen Betrachtung unseres Lebens, indem wir etwa denken, daß nur die Sünden, die uns am meisten beschweren, es wert sind, bekannt zu werden. Wenn wir statt dessen im Gebet das Wort Gottes studieren, dann wird der Heilige Geist – und, erinnern Sie sich, er ist der Urheber der Bibel! – uns auch all die Sünden zeigen, die vor Gott bekannt werden müssen. Wir müssen nicht nur das bekennen, was wir für Sünden halten, sondern auch das, was der Heilige Geist als Sünde bezeichnet, wenn wir wirklich auf seine Stimme aus dem Wort Gottes hören. »Denn alle Schrift, von Gott eingegeben, ist nütze zur Lehre, zur Zurechtweisung, zur Besserung, zur Erziehung in der Gerechtigkeit« (2. Tim 3,16).

Unser Bekenntnis muß alle Sünden umfassen. Das Hohelied Salomos warnt uns vor den »kleinen Füchsen, die die Weinberge verderben« (2,15). Das ist eine gute Beschreibung dafür, wie »kleine« Sünden uns daran hindern können, fruchtbar für den Herrn zu sein. Das kann Stolz oder Neid oder Bitterkeit in unserem Leben sein, oder es ist Verleumdung oder Ungeduld, Unfreundlichkeit oder Gereiztheit, und all das macht den Menschen um uns das Leben schwer. Vielleicht sind es auch unreine Gedanken, die man zu Gott bringen muß, damit man von ihnen gereinigt wird. Oder wir müssen Schwelgerei oder Faulheit ins Auge blicken. Oder der Heilige Geist hat den Wunsch, mit uns über den Gebrauch unserer Zeit, unseres Geldes oder über unseren Lebensstil, oder über den Gebrauch (oder Mißbrauch) einer Gabe zu sprechen, die er uns gegeben hat. Vielleicht behandeln wir jemanden, der uns nahesteht, nur noch uninteressiert und gleichgültig. Mit anderen Worten gesagt sollten wir also jede Sünde, die wir an uns bemerken, vor Gott bekennen. Die Sünde nimmt alle möglichen Formen an, und der Heilige Geist muß uns leiten, wenn wir im Gebet unser Leben überprüfen.

Neulich kam ein junger Mann zu mir und sagte, er habe den Heiligen Geist verloren. Ich erwiderte ihm, daß er sicherlich den Heiligen Geist nicht verloren habe, aber vielleicht habe er ihn durch eine bestimmte Sünde betrübt? Er meinte, er könne sich in seinem ganzen Leben nichts vorstellen, das möglicherweise zwischen ihm und Gott stünde. Da fragte ich ihn: »Wie ist Ihr Verhältnis zu Ihren Eltern?« Er mußte zugeben: »Nun, es ist nicht das beste.« Ich forschte weiter und fragte ihn: »Ehren Sie Ihren Vater?« Er gab zu, daß er dort gesündigt hatte. Darauf sagte ich: »Dann gehen Sie doch zu Ihrem Vater und sprechen ganz offen mit ihm, und bekennen Sie Ihre Sünden, wenn da etwas nicht richtig gewesen ist.« Er tat es, und ein paar Tage darauf kam er mit einem glücklichen Lächeln zu mir und sagte: »Gemeinschaft wieder hergestellt!«

Es gibt noch etwas, worauf wir beim Bekennen unserer Sünden hinweisen müssen. Wir müssen nicht nur ehrlich sein hinsichtlich der verschiedenen Sünden in unserem Leben, sondern wir müssen auch der tiefsten Sünde von allen auf den Grund gehen – dem Versäumnis, Jesus in unserem Leben herrschen zu lassen. Die wichtigste Frage, die sich jeder Christ stellen muß, lautet: Wer herrscht über mein Leben, ich selbst oder Christus?

Die Sünde wird immer ein Problem bleiben, und unser Leben wird immer durch Niederlagen und durch Entmutigungen gekennzeichnet sein, solange wir versuchen, selbst im Zentrum unseres Lebens zu bleiben. Es ist erstaunlich, wie viele Christen nie begreifen, daß Jesus Christus Herr sein will, und doch ist das ganze Neue Testament voll Aussagen darüber, daß Jesus die volle und uneingeschränkte Herrschaft begehrt. »Wer mir folgen will, der verleugne sich selbst und nehme sein Kreuz auf sich täglich und folge mir nach« (Lk 9,23).

Wie einfach ist es für uns, uns eigene Ziele zu suchen und uns von unseren eigenen Motiven leiten zu lassen und unseren eigenen Wünschen nachzuleben, ohne jemals Gott danach zu fragen, was vor allen Dingen sein Plan dabei ist. Er fordert uns dazu auf, unsere Pläne und Wünsche aufzugeben und nach seinen Wegen zu suchen. Er bittet uns, vom Thron unseres Lebens herunterzusteigen und ihn in jedem Bereich herrschen zu lassen, in dem wir uns aufhalten und uns betätigen. »Und er ist darum für alle gestorben, damit, die da leben, hinfort nicht sich selbst leben, sondern dem, der für sie gestorben und auferstanden ist« (2.Kor 5,15). Haben Sie gesehen, wie völlig – und wie tragisch – die Sünde über Ihr Leben geherrscht hat, und sind Sie willens, sich in allem der Herrschaft und der Regentschaft Jesu zu übergeben?

Wir müssen zwar auch verstehen, daß der Heilige Geist in uns wohnt und daß er nach Gottes Willen über unser Leben herrschen soll, aber zunächst einmal müssen wir unsere Sünde in all ihren Dimensionen verstehen. Die wichtigste Frage für uns ist dann die, wer herrscht über unser Leben – wir oder Jesus? Nur wenn wir dies alles verstanden haben, können wir den zweiten Schritt tun.

Unterwerfung.

Der zweite Schritt auf dem Wege, um mit dem Heiligen Geist erfüllt zu werden, könnte als Unterwerfung bezeichnet werden. Was meine ich damit? Ich meine damit, daß wir unsere eigenen Wege aufgeben und uns vor allem anderen darum bemühen, uns Jesus als unserem Herrn zu unterwerfen und ihn über alle Bereiche unseres Lebens herrschen zu lassen.

Wie wichtig das ist, können wir an dem erkennen, was wir oben über die Eigenschaften der Sünde gesagt haben, die die Herrschaft des Geistes in unserem Leben blockiert. Das Wesen der Sünde ist der eigene Wille, daß wir uns selbst in das Zentrum unseres Wesens setzen, statt es Jesus zu übergeben. Der Weg dahin, um vom Heiligen Geist erfüllt, also kontrolliert und beherrscht zu werden, ist es, Jesus an das Ruder unseres Lebens zu lassen und selbst zurückzutreten. Das geschieht aber nur, wenn wir uns ihm übergeben – wenn wir es ihm ermöglichen, Herr unseres Lebens zu werden.

Wie wird die Unterwerfung zu einer Realität in unserem Leben? Ich glaube, dazu sind zwei Schritte nötig:

Der erste Schritt ist der des Bekenntnisses und der Buße. Wir haben gerade gesehen, daß das Ausmaß unserer Sünde etwas ist, das wir verstehen müssen. Aber wir müssen noch über das hinausgehen, was wir verstehen. Die Sünde muß vor Gott bekannt werden, und wir müssen über ihr Buße tun. Es gibt viele Menschen, die wissen, daß sie Sünder sind, und die Ihnen auch sagen können, mit welchen Sünden sie zu kämpfen haben. Die Sünden tun ihnen vielleicht auch leid, und sie wünschten, die Dinge wären anders. Aber eine Veränderung tritt nie ein. Warum? Weil sie ihre Sünden nie vor Gott bekannt haben und weil sie nie über ihnen Buße getan haben.

Es gibt einen Unterschied zwischen bekennen und Buße tun, obwohl ich glaube, daß die beiden Begriffe aus der Sicht der Bibel eng miteinander verbunden sind, so wie die beiden Seiten einer Münze. Das Bekenntnis ist das Zugeben der Sünde. Es bedeutet, vor Gott zuzugeben, daß ich weiß, daß ich ein Sünder bin, weil ich bestimmte Sünden begangen habe, die mir bekannt sind. Dabei ist es das Wunderbare, daß Gott versprochen hat, uns zu vergeben, wenn wir vor ihn treten und ihm demütig bekennen. Wir finden eine der großen Verheißungen der Bibel in 1.Johannes 1,9: »Wenn wir aber unsere Sünden bekennen, so ist er treu und gerecht, daß er uns die Sünden vergibt und reinigt uns von aller Ungerechtigkeit.«

Zu bereuen, Buße zu tun bedeutet, der Sünde zu entsagen. Es bedeutet nicht nur, daß einem eine Sünde leidtut, oder nur, daß man sie eben gerade vor Gott bekennt. Wenn ich meine Sünde bekenne, dann muß ich mich von ihr abwenden, und mich statt dessen Jesus und seinem Willen zuwenden.

Wenn ich mich böser Gedanken schuldig gemacht habe, dann weise ich sie zurück, wenn ich über ihnen Buße tue, und ich beschließe durch die Gnade Gottes, meinen Sinn mit Dingen zu füllen, die ihn ehren. Wenn ich jemanden falsch und lieblos behandelt habe, dann beschließe ich, alles Notwendige zu tun, um mein falsches Handeln durch Taten der Liebe diesem Menschen gegenüber zu ersetzen. Wenn mein Lebensstil Gott nicht wohlgefällig ist, dann werde ich ihn so verändern, daß er hinfort in Übereinstimmung mit Gottes Willen ist. Buße zu tun bedeutet, daß ich mich bewußt von meinen Sünden abwende. »So denke nun daran, wovon du abgefallen bist, und tue Buße und tue die ersten Werke! Wenn aber nicht, werde ich über dich kommen und deinen Leuchter wegstoßen von seiner Stätte – wenn du nicht Buße tust« (Offb 2,5).

Wenn es bei Ihrer Unterwerfung der erste Schritt ist, jede Ihnen bekannte Sünde in Ihrem Leben zu bekennen und Buße über ihr zu tun, dann ist es der zweite Schritt, sich selbst Gott und seinem Willen hinzugeben. Man kann Bekenntnis und Buße tun als die negative Seite der Unterwerfung bezeichnen, damit ist gesagt, daß wir uns freimachen von allem, was die Herrschaft Gottes über unser Leben behindert. Sich Gott hinzugeben wäre dann als die positive Seite zu bezeichnen. Es bedeutet, daß wir uns völlig und vollkommen, so gut wir es irgend können, den Händen Gottes anvertrauen, und zwar in völliger Unterwerfung unter seinen Willen für unser Leben.

Dieser Schritt, daß wir uns Gott ausliefern, wird im 6. Kapitel des Römerbriefes ausführlich erörtert. In diesem Kapitel beschreibt Paulus sehr anschaulich, wie die Sünde in der Vergangenheit über unser Leben regiert hat. Nun aber gehören wir Jesus. Wir leben nicht mehr für den alten Herrn, die Sünde, wir leben jetzt für Jesus, unseren neuen Herrn. Deshalb dürfen wir uns nicht der Sünde hingeben, sondern Gott. »Auch gebt nicht der Sünde eure Glieder hin als Waffen der Ungerechtigkeit, sondern gebt euch selbst Gott hin, als solche, die tot waren und nun lebendig sind, und eure Glieder Gott als Waffen der Gerechtigkeit« (Röm 6,13).

Paulus fährt dann fort, indem er uns sagt, daß wir von der Sklaverei gegenüber der Sünde befreit sind, daß wir der Sünde nicht mehr gehören. Wir haben unsere Herren ausgewechselt. Ebenso wie ein Sklave im ersten Jahrhundert verkauft werden konnte und damit in das Eigentum eines neuen Herrn überging, so sind wir durch das Blut Jesu erkauft und gehören jetzt dem Herrn. »Denn indem ihr nun frei geworden seid von der Sünde, seid ihr Knechte geworden der Gerechtigkeit« (Röm 6,18).

Im Griechischen, der Ursprache, haben diese Worte eine sehr schöne Bedeutung. In neueren Übersetzungen ist diese Aufforderung so zum Ausdruck gekommen: »Vertraut euch den Händen Gottes an« (Philipps), »opfert euch Gott« (NTV), »gebet euch Gott hin« (New American Standard Version). Aber die vollständigste Übersetzung des Wortes »hingeben« ist »sich jemanden zur Verfügung stellen«. Mit anderen Worten gesagt, wenn wir uns Jesus hingeben, ist es nicht so, daß wir uns zurücklehnen und hoffen, daß Gott auf irgendeine Weise durch uns wirken wird. Nein, vielmehr stellen wir uns ihm zur Verfügung; *wir sagen: »Herr, ich bin Dein, und Du kannst mich gebrauchen, wie immer Du es willst. Ich stehe Dir zur Verfügung, und Du kannst mit mir tun, was Du für richtig hältst. Ich suche Deinen Willen für mein Leben und nicht den meinigen.«*

Derselbe Ausdruck wird in Römer 12,1 gebraucht: »Ich ermahne euch nun, liebe Brüder, durch die Barmherzigkeit Gottes, daß ihr eure

Leiber hingebt als ein Opfer, das lebendig, heilig und Gott wohlgefällig ist. Das sei euer vernünftiger Gottesdienst.« Das schließt jeden Bereich meines Lebens ein. Es betrifft unsere Gaben, unsere Fähigkeiten, unseren Besitz und unsere Familien, unseren Verstand, unseren Willen und unsere Gefühle. Nichts ist davon ausgenommen. Wir können nichts zurückhalten. Grundsätzlich muß er uns kontrollieren und beherrschen im Großen wie im Kleinen. Dieser Vers erinnert uns an die Opfer im Alten Testament, die der Opfernde zur Gänze darbrachte. Er konnte keinen einzigen Teil davon zurückhalten. Alles wurde auf dem Altar verbrannt. In der gleichen Weise muß auch unsere Übergabe – unsere Unterwerfung und unsere Hingabe – völlig und rückhaltlos sein. Es ist eine Übergabe, die nicht mit irgendwelchen Bedingungen verknüpft ist.

Dabei wird mir mehr und mehr klar, daß diese Hingabe ein bestimmter und bewußter Akt ist, den wir im Gehorsam gegenüber Gott vollziehen. Eigentlich sollte er schon zu dem Zeitpunkt vollzogen werden, wenn wir uns bekehren und Buße tun, und dabei Jesus nicht nur als Heiland, sondern auch als Herrn annehmen. Aber für viele Menschen kann es erst später, nach der Bekehrung, auf Grund einer Krise dazu kommen.

Vielleicht haben wir zuerst noch nicht völlig verstanden, was es bedeutet, Jesus als Herrn zu folgen, aber später wird uns allmählich bewußt, daß Jesus uns nicht dazu ruft, ihm zu glauben, sondern ihm ohne Rückhalt als seine Jünger zu folgen. Wenn der Gedanke, daß Jesus der Herr ist, uns verwirrt und konfus macht, dann müssen wir sofort etwas unternehmen. Dabei muß unser Bestreben dahin gehen, daß wir uns ihm vollständig und endgültig übergeben, selbst wenn der Heilige Geist uns in den dann folgenden Monaten sehr wohl noch Bereiche unseres Lebens zeigen kann, die auch noch der Übergabe bedürfen. Und das ist in der Tat auch eines der Anzeichen dafür, daß wir uns hingegeben haben. Denn wenn wir uns Gott zur Verfügung gestellt haben, zeigt er uns immer neue Gebiete, in denen eine Übergabe noch erforderlich ist.

Der Heilige Geist wird uns viele Male prüfen, um zu sehen, ob wir es auch wirklich ernst meinen. Er mag uns sogar dazu auffordern, etwas prinzipiell aufzugeben, für das gar kein Anlaß besteht, aber er will gleichwohl, daß wir uns davon trennen. Wir müssen allem gegenüber offen sein, was er in unserem Leben und durch unser Leben tun will.

Vielleicht helfen uns einige Beispiele, dieses Ausliefern an Gottes Willen besser zu verstehen. In Römer 6 verwendet Paulus, wie wir gesehen haben, das Beispiel eines Sklaven, der einen neuen Herrn hat.

Prof. William Barclay zeigt uns, was das Beispiel von Paulus wirklich bedeutet:

»Wenn wir uns einen Diener nach den Begriffen der heutigen Zeit vorstellen, dann denken wir an einen Mann, der seinem Arbeitgeber für eine bestimmte Zeit zur Verfügung steht und der dafür einen bestimmten vereinbarten Lohn erhält. In der vereinbarten Zeit steht er seinem Arbeitgeber zur Verfügung und tut, was er sagt. Wenn diese Zeit abgelaufen ist, ist er frei, zu tun, was immer er will. Zur Zeit des Paulus war es mit dem Stande eines Sklaven ganz anders. Es war buchstäblich so, daß er keine Zeit hatte, die ihm selbst gehörte. Es gab keinen Augenblick, in dem er frei war. Jeder Moment seiner Zeit gehörte seinem Herrn. Er stand im uneingeschränkten Eigentum seines Herrn, und es gab in seinem ganzen Leben keinen Zeitpunkt, zu dem er tun konnte, was er wollte. Zur Zeit des Paulus konnte er nie tun, wonach ihm der Sinn stand, es war ihm unmöglich, zwei Herren zu dienen, weil er ausschließlich einem Herrn gehörte. Und dieses Bild hatte Paulus vor Augen!« (The Daily Study Bible, The Letter to Romans, 1957, S.90).

Die Parallele zwischen einem Sklaven zur Zeit des Paulus und einem Christen ist aber nicht ganz zutreffend (wie auch Paulus selbst sagt), weil auf eine andere Weise ein Christ der freieste Mensch auf der Welt ist, da er sich ja der geistlichen Freiheit bewußt ist, die Jesus vermittelt. Aber Sie und ich sind dazu aufgerufen, zu Gott zu gehören und seine Menschen zu sein. Wir sind dazu aufgerufen, zu seiner Verfügung zu stehen, und bereit und willens zu sein, seinen Willen zu tun.

Paulus schrieb an Titus, daß Jesus »sich selbst für uns gegeben hat, damit er uns erlöste von aller Ungerechtigkeit und reinigte sich selbst ein Volk zum Eigentum, das eifrig wäre zu gutem Werk« (Tit 2,14).

Vielleicht hilft noch ein anderes Beispiel dazu, klarzumachen, was ich sagen will. Wenn man sich Jesus hingibt, dann entspricht das dem Versprechen, das sich Braut und Bräutigam geben, wenn sie heiraten. Es wird eine neue Situation herbeigeführt, die eine dauerhafte Wirklichkeit schafft. Es ist ein vollständiger und endgültiger Akt, sobald die beiden einander das Heiratsversprechen abgegeben und die Ehe vollzogen haben. Sie sind nun miteinander verheiratet, aber, und das ist entscheidend, im tatsächlichen Leben werden Ehemann und Ehefrau feststellen, daß sie ihr Leben einander beständig neu übergeben müssen, eben weil sie sich durch ihre Eheschließung gegenseitig verpflichtet haben.

Zwei Menschen sind nicht etwa deshalb weniger miteinander verheiratet, weil es Fehler oder Probleme in ihrem Alltag gibt. Vielmehr wachsen beide, und sie lernen immer besser, was es bedeutet, einander zu lieben und sich auf Grund dieser Liebe aufeinander einzustellen. Ebenso sehen wir auf unserer geistlichen Pilgerfahrt zwar Sünden, die unser Verhältnis zu Gott trüben, aber es besteht eine Verpflichtung, die um ein stets gotterfülltes Leben bemüht ist, die auf einer von ganzem Herzen ausgesprochenen Übergabe an den Herrn herrührt.

Haben Sie je Ihr Leben Gott ausgeliefert? Haben Sie ihm jemals Ihre Sünde bekannt und sie bereut, so gut Sie nur irgend konnten? Gibt es bestimmte Sünden, die Ihrer völligen Hingabe im Weg stehen? Gibt es andere Sünden, bei denen Sie noch nicht einmal daran gedacht haben, sie zu bekennen? Und am wichtigsten von allem: Haben Sie jemals Gott gesagt – so aufrichtig und so einfach Sie nur irgend können –, daß sein Wille Ihr Leben regieren soll, was immer das bedeuten mag?

Manche Menschen glauben, wir sollten zu Gott darum beten, daß er uns mit seinem Heiligen Geist erfüllt. Das mag zwar ein zulässiges Gebet sein, aber ich finde dafür eigentlich kein – oder kaum ein – Beispiel in der Bibel. Statt dessen sollten wir darum beten, daß Gott unser Leben gänzlich und vollständig in Besitz nimmt. Wir sollten darum beten, daß er uns ausleert von unserem Ich – der Selbstliebe, dem eigenen Willen, den eigenen Neigungen – und daß wir dadurch vollkommen ihm zur Verfügung stehen können.

Wenn Sie diesen Schritt der Unterwerfung vor Gott und seinem Willen noch nicht vollzogen haben, dann bitte ich Sie dringend darum, auf die Knie zu gehen, bevor Sie auch nur eine weitere Seite dieses Buches gelesen haben, und Ihr Leben ohne jeden Rückhalt Ihrem Herrn und Meister zu übergeben.

Glaube.

Wir kommen nun zum letzten Schritt beim Erfülltwerden mit dem Heiligen Geist, den ich gern »das Wandeln im Glauben« nenne. Wir müssen zuerst einmal bestimmte Dinge verstehen, dann müssen wir uns unterwerfen und Gott hingeben, und dann müssen wir schließlich das Geheimnis lernen, im Glauben zu wandeln.

Der wichtigste Punkt ist der Folgende: Wenn wir uns Gott und seinem Willen übergeben haben, dann sind wir vom Heiligen Geist erfüllt. Der Heilige Geist kontrolliert und beherrscht uns. Und nun sollen wir auf Grund dieser Wahrheit handeln und wandeln, oder mit anderen Worten, in der völligen Gewißheit, daß Gott uns bereits erfüllt hat, und daß wir unter seiner Herrschaft stehen.

Der Apostel Paulus hat es so ausgedrückt: »So auch ihr, haltet dafür, daß ihr der Sünde gestorben seid und lebt Gott in Christus Jesus« (Röm 6,11). Das griechische Wort, das hier mit »haltet euch« übersetzt ist, wurde damals für die Buchhaltung oder in der Mathematik verwendet. Nach einem Geschäftsabschluß wurde z.B. die dabei erzielte Geldsumme berechnet und in die Bücher eingetragen. Die Eintragung in diese Bücher bewies, daß das Geschäft abgeschlossen und die Zahlung geleistet worden war. Wenn wir uns nun Jesus übergeben und ihm als Herrn unseres Lebens folgen, dann wissen wir, daß etwas geschehen ist. Der Heilige Geist hat in unserem Leben das Steuer übernommen, um uns zu leiten, und auch, um uns zu stärken. Wir sollen nun im Glauben wandeln und uns dafür halten, daß wir für die Sünde tot sind und lebendig für Gott. Wir sind vom Heiligen Geist erfüllt, nun sollen wir auch im Lichte dieser Wahrheit leben. Das ist keine leere Behauptung, vielmehr ist es ein Handeln auf Grund der Verheißung Gottes. Dr. John Stott hat es so ausgedrückt: »Dafür zu halten bedeutet nicht ein So-tun-als-ob. Unser Glaube wird nicht dazu angetrieben, uns etwas vorzumachen, was wir in Wirklichkeit gar nicht glauben. Wir sollen nicht vorgeben, daß unsere alte Natur gestorben ist, wenn wir genau wissen, daß es nicht der Fall ist ... Wir sind ganz einfach dazu gerufen, es so zu halten, nicht nur so zu tun als ob, sondern es wirklich zu tun. Es ist eine Tatsache, und wir sollen uns darauf berufen. Wir sollen unsere Gedanken mit diesen Wahrheiten beschäftigen. Wir sollen über ihnen meditieren, bis wir sie fest im Griff haben.«

Und Dr. Stott fährt fort: »Kann eine verheiratete Frau so leben, als wäre sie noch immer ein lediges Mädchen? Nun ja, vielleicht. Es ist nicht unmöglich. Aber sie soll doch den Ring auf ihrem Ringfinger, das Symbol ihres neuen Lebens, das Symbol ihrer Identifizierung mit ihrem Ehemann, spüren, sich bewußt werden, wer sie ist, und dann soll sie entsprechend leben. Unser Verstand soll die Tatsache und die Bedeutung unseres Todes und unserer Auferstehung mit Jesus so in sich aufnehmen, daß eine Rückkehr zum alten Leben undenkbar ist. Ein wiedergeborener Christ sollte ebensowenig an eine Rückkehr zum alten Leben denken wie ein Erwachsener an seine Kindheit, ein verheirateter Mann an seine Junggesellenzeit oder ein entlassener Gefangener an seine Zelle.« (Men Made New, 1966, S. 49-51).

Wenn Sie die in der Bibel aufgeführten Voraussetzungen dafür erbracht haben, um mit dem Heiligen Geist erfüllt zu werden, besonders die Buße und die Unterwerfung, über die wir gesprochen haben, dann können Sie und ich zu uns selbst sagen: »Im Glauben weiß ich, daß ich vom Heiligen Geist erfüllt bin.« Ich habe nie einen Menschen getroffen, von dem ich den Eindruck hatte, daß er wirklich vom Heiligen Geist erfüllt war, der herumgelaufen wäre und damit geprahlt hätte, oder der versucht hätte, die Aufmerksamkeit auf sich zu ziehen. Wenn wir vom Heiligen Geist erfüllt sind, dann werden es andere rasch bemerken, denn solche Menschen bringen die Frucht des Geistes hervor. Dabei ist es noch nicht einmal nötig, daß wir selbst uns dessen bewußt sind. Es ist eine Tatsache, von der einige der heiligsten Männer Gottes gesagt haben, daß sie sich, je näher sie zu Christus kamen, nur um so sündiger fühlten. Mein Freund und Mitarbeiter Roy Gustafson hat einmal gesagt: »Der Heilige Geist ist nicht gekommen, um uns den Heiligen Geist bewußt zu machen, sondern um unsere Aufmerksamkeit auf Jesus zu lenken.« Wenn wir also zu uns selbst sagen, daß wir vom Heiligen Geist erfüllt sind, dann bedeutet das, daß jede uns bekannte Sünde und jedes uns bekannte Hindernis aus dem Weg geräumt ist und daß wir deshalb im Glauben behaupten können, wir seien vom Geist erfüllt.

Ich glaube, daß wir uns an dieser Stelle mehrere Dinge in Erinnerung rufen sollten:

Zuerst einmal müssen wir uns daran erinnern, daß das Erfülltwerden mit dem Heiligen Geist nicht eine Sache der Gefühle, sondern eine Sache des Glaubens ist. Es kann sein, daß wir die Nähe Gottes stark empfinden, wenn wir erfüllt werden, aber es muß nicht sein. Wir dürfen nicht auf unsere Gefühle vertrauen, sondern wir müssen uns auf Gottes Verheißungen verlassen. Wir müssen uns dafür halten, daß wir von seinem Geist erfüllt werden. James McConley hat es so ausgedrückt:

»Nichts ist schädlicher, als wenn man dauernd sein inneres Leben darauf überprüft, ob wir das Gefühl haben, daß Gott seine Verheißungen wahr macht. Das wäre wie das Kind, das ständig wieder den Samen ausgräbt, um zu sehen, ob er schon gekeimt hat. Ob man die Erfahrung macht, daß man die Fülle des Heiligen Geistes hat, das hängt vom Herrn ab.« (The Threefold Secret of the Holy Spirit, 1897, S.65).

Wir müssen uns weiter klarmachen, daß die Erfüllung mit dem Heiligen Geist nicht bedeutet, daß wir nun vollkommen und ohne Sünde sind. Es bedeutet zwar, daß wir jetzt vom Heiligen Geist beherrscht werden, aber die Sünde ist doch immer noch eine Realität, die hinter der Ecke lauert und die nur zu bereit ist, bei der ersten Gelegenheit loszuschlagen. Wir mögen den reinen und ernstlichen Wunsch haben, aber das macht uns nicht fehlerlos. Ein schottischer Prediger aus einer anderen Generation hat das so ausgedrückt:

»Neben mir auf dem Tisch liegt ein Brief, der das, was ich sagen will, sehr gut darstellt. Ich erhielt ihn während einer Missionsreise in Neuseeland im Jahre 1891. Er stammte von meiner ältesten Tochter, die damals fünf Jahre alt war. Darin stand: ›Lieber Papa, ich habe das hier alles allein geschrieben, ich sende Dir einen Kuß von Elsie.‹ Dabei ist es mir wichtig, daß der Brief eigentlich gar nicht etwas Geschriebenes darstellt, sondern nur der Versuch ist, in großen Druckbuchstaben zu schreiben. Es ist auch nicht ein einziger Buchstabe richtig ausgeformt, auf der ganzen Seite ist nicht ein einziger gerader Strich. Nun, dieser Brief, der mir so lieb und teuer ist, ist gewiß nicht etwas Fehlerloses, er hat ebensoviele Fehler, wie er Buchstaben hat, aber ganz sicherlich ist er ›rein‹. Ich habe es meinem Kind nicht zum Vorwurf gemacht, daß es so schräge Striche gemacht hat, und in meinem Antwortbrief habe ich nicht geschimpft, denn ich habe sie nach ihrer Absicht beurteilt. Ich wußte, daß es das Beste war, was sie leisten konnte, und daß sie alle Liebe ihres kleinen Herzens hineingelegt hatte. Sie wollte etwas tun, was mir wohlgefiel, und sie hat das auch erreicht. Durch die Gnade des in uns wohnenden Jesus sollte unser tägliches Leben und unsere tägliche Arbeit ebenso sein, nämlich ›rein‹« (The Spirit-filled Life, S. 58-59)

Das bringt mich zu der letzten Wahrheit über das Erfülltsein mit dem Heiligen Geist. Das Erfülltsein ist nicht etwas, was sich einmal für alle Zeiten ereignet, sondern es ist eine beständige Realität, die an jedem Tag unseres Lebens neu gilt. Es ist ein andauernder Prozeß. Wir müssen uns ihm täglich neu übergeben, und an jedem neuen Tag haben wir die Entscheidung zu treffen, ob wir ihm übergeben bleiben wollen. In jeder Situation, in der es zu einem Konflikt zwischen dem eigenen Willen und Gottes Willen kommt, müssen wir unsere Entscheidung so treffen, daß sie auf unserer beständigen Unterwerfung Jesus gegenüber beruht.

Wie wir gesehen haben, hat das griechische Wort, das Paulus in seinem Befehl an die Epheser: »Werdet voll des Geistes« (5,18) verwendet, eigentlich die Bedeutung, daß wir ständig danach streben sollen, weiter vom Heiligen Geist erfüllt zu werden. Wir sind schon der Tempel des Heiligen Geistes, und der Heilige Geist wohnt in uns, aber er will uns erfüllen. Er kann jedoch nur die erfüllen, die den Wunsch haben, vom eigenen Ich entleert zu werden und sich ihm hinzugeben. Deswegen muß dieses aktive Ausliefern täglich neu geschehen, und es muß kleine Dinge ebenso wie große betreffen. Wenn wir sündigen, müssen wir Buße tun, damit er uns erneut erfüllen kann. Und wenn wir einmal einem extremen Druck ausgeliefert sind, dann müssen wir ihn um zusätzliche Hilfe bitten.

Und daher ist es so, daß die vier Schritte, die wir oben beschrieben haben, nicht nur ein Anfang sind, sondern daß es sich um eine fortwährende Entwicklung handelt. An jedem Tag müssen wir uns bemühen, Gottes Wort besser zu verstehen. Wir müssen darum beten, daß Gott uns an jedem Tag dabei hilft, unsere Sünden zu erkennen. Jeden Tag neu müssen wir bekennen und Buße tun. Und an jedem Tag müssen wir unseren Willen von neuem seinem Willen unterstellen. Wir müssen so im Glauben wandeln, daß er uns beständig neu erfüllen kann, während wir uns ihm ausliefern. An jedem neuen Tag müssen wir im Gehorsam gegenüber seinem Wort wandeln.

Ich selbst finde es hilfreich, wenn man jeden Tag beginnt, indem man ihn in aller Stille dem Herrn in seine Hände anbefiehlt. Ich danke ihm dafür, daß ich ihm gehöre, und ich danke ihm dafür, daß er schon weiß, was der Tag mir bringen wird; ich bitte ihn darum, daß er auch an diesem Tag mein Leben nimmt und es zu seinem Ruhme gebraucht. Ich bitte ihn darum, daß er mich von allem reinigt, was sein Werk in meinem Leben hindern könnte. Und dann mache ich mich im Glauben auf den Weg, weil ich weiß, daß sein Heiliger Geist mich beständig erfüllt, wenn ich ihm vertraue und seinem Wort gehorche. Manchmal bin ich mir während des Tages seiner Gegenwart nicht bewußt, manchmal spüre ich sie sehr stark. Aber am Ende eines solchen Tages kann ich zurückschauen und ihm danken, weil ich seine Hand am Werk gesehen habe. Er hat es verheißen, daß er auch an diesem Tage bei mir sein würde – und er ist bei mir gewesen.

Das kann auch Ihre Erfahrung sein, wenn Sie sich täglich der Herrschaft Jesu Christi über Ihr Leben hingeben. Befehlen Sie ihm jeden Tag. Und mögen Sie dann jeden Tag zurückblicken können in dem Wissen, daß sein Heiliger Geist Ihr Führer und Ihre Stärke gewesen ist, weil Sie sich ihm anbefohlen haben.

10. KAPITEL

Sünden wider den Heiligen Geist

Eines der traurigsten Themen in der ganzen Heiligen Schrift ist die Sünde gegen die dritte Person der Dreieinigkeit, den Heiligen Geist. Gläubige und Nichtgläubige können sich in gleicher Weise gegen ihn versündigen, und sie tun es auch. Was ist die Natur dieser Sünden, und wie können wir uns davor hüten, sie zu begehen?

Den Heiligen Geist lästern.

Von all den Sünden, die Menschen gegen den Heiligen Geist begehen, ist keine schlimmer als die, ihn zu lästern. Der Grund dafür ist ganz offenkundig: Das ist die eine Sünde, für die keine Vergebung möglich ist. Alle anderen Sünden gegen den Heiligen Geist werden von Gläubigen begangen. Wir können sie bereuen, Vergebung erlangen und einen neuen Anfang machen.

Anders ist es mit dem Lästern des Heiligen Geistes. Diese Sünde wird von Ungläubigen begangen, und sie wird oft »die unverzeihliche Sünde« genannt. Sie wurde von den Feinden Jesu begangen, als diese ihn beschuldigten, daß er mit der Macht des Satans Teufel austreibe, nachdem er deutlich und klar gesagt hatte, daß sie durch den »Geist Gottes« ausgetrieben worden seien. Danach hatte er weiter gesagt: »Darum sage ich euch: Alle Sünde und Lästerung wird den Menschen vergeben; aber die Lästerung gegen den Geist wird nicht vergeben. Und wer etwas redet gegen den Menschensohn, dem wird es vergeben; aber wer etwas redet gegen den heiligen Geist, dem wird's nicht vergeben, weder in dieser noch in jener Welt« (Mt 12, 31-32).

Als mein Vater ein junger Mann war, besuchte er einmal eine Evangelisationsveranstaltung in North Carolina, und aufgrund einer Predigt über dieses Thema war er davon überzeugt, daß er diese unverzeihliche Sünde begangen habe. Er lebte mit diesem schrecklichen Gedanken viele Jahre lang. Er quälte und erschreckte ihn immer wieder aufs neue, und er betrachtete sich als einen verlorenen Menschen, der seine

Sünde nie mehr bereuen könnte. Allmählich wurde ihm aber bewußt, daß er durch diese Sünde nicht von der Gnade und Barmherzigkeit Gottes ausgeschlossen war. Ihm wurde bewußt, daß der Heilige Geist nicht zu ihm sprechen und mit ihm ringen würde, um ihn zu Christus zu ziehen, wenn er die unverzeihliche Sünde tatsächlich begangen hätte.

Vielleicht kann ich es einmal wagen, zu definieren, was ich unter der unverzeihlichen Sünde verstehe. Es scheint mir, negativ ausgedrückt, so zu sein, daß niemand diese Sünde begangen hat, der weiterhin unter der überzeugenden und zu Gott ziehenden Kraft des Heiligen Geistes steht. Solange der Heilige Geist mit einem Menschen ringt, hat er die unverzeihliche Sünde nicht begangen. Aber wenn jemand dem Heiligen Geist so sehr Widerstand geleistet hat, daß er mit ihm nicht mehr ringt, dann besteht Gefahr für die Ewigkeit. Anders ausgedrückt: Die unverzeihliche Sünde setzt auch voraus, daß man Jesus Christus endgültig und unwiderruflich verworfen hat.

Ich glaube, daß Stephanus in der Predigt, die er kurz vor seinem Märtyrertod hielt, hierüber gesprochen hat. Darin sagte er: »Ihr Halsstarrigen, mit verstockten Herzen und tauben Ohren, ihr widerstrebt allezeit dem Heiligen Geist, wie eure Väter, so auch ihr« (Apg 7,51).

Aus dem Zusammenhang wird ganz deutlich, daß Stephanus zunächst sagte, daß seine Zuhörer der gleichen Sünden schuldig seien wie ihre Väter, die sich geweigert hatten, die Verkündigungen der Propheten und der Boten Gottes ernst zu nehmen und ihnen zu glauben. Im Alten Testament lesen wir, daß einige von ihnen den Propheten widerstanden, sie verleugneten, verfolgten und verlachten. Da diese Propheten aber vom Heiligen Geist inspiriert waren, widerstanden diese Menschen in Wirklichkeit dem Geist selbst. Deshalb sagte Stephanus, daß auch diese Menschen, zu denen er sprach, dem Heiligen Geist Widerstand leisteten, als sie sich weigerten, die Apostel und die Erwählten Jesu anzuhören.

Nun ist es so, daß die tödliche Krankheit der Sünde im Herzen von nicht wiedergeborenen Menschen dem Heiligen Geist immer Widerstand leisten wird. Das Fleisch und der verworfene Sinn kämpfen stets gegen ihn. Wenn Menschen das tun, dann werden sie das Wort Gottes in seiner Macht nicht empfangen, es sei denn, daß der Heilige Geist den Sieg über sie davonträgt.

Aber Stephanus hat noch mehr gesagt. Er sagte seinen Zuhörern damals und er sagt uns heute, daß ebenso wie damals der Heilige Geist vergebens mit den Menschen im Alten Testament rang und ebenso wie diese dann ins Verderben gingen, seine Zuhörer verloren sein würden, wenn sie das Werk des Heiligen Geistes in ihrem Herzen nicht beachteten. Dem Heiligen Geist Widerstand zu leisten, ist eine Sünde, die nur von Nichtgläubigen begangen wird. Aber es ist eine Sünde, die ins ewige Verderben führt, wenn man sich ihr nur lange genug hingibt. Für die, die dem Heiligen Geist Widerstand leisten, gibt es nur die sichere Verdammnis.

Die einzige Möglichkeit, wie ein Sünder dafür Vergebung erlangen kann, daß er dem Heiligen Geist Widerstand geleistet hat, ist es, diesen Widerstand aufzugeben und Jesus Christus aufzunehmen, den der Heilige Geist bezeugt. Ein solcher Mensch hat nur dann Hoffnung, wenn er sofort Buße tut und es dem Heiligen Geist ermöglicht, in seinem Herzen zu wirken.

Ich glaube, daß Pfarrer, Bibellehrer, Evangelisten und alle anderen Redner dieses Thema sehr vorsichtig behandeln sollten. Das wichtigste ist es, daß sie außerordentlich zögernd damit sein sollten, selbst zu beurteilen, wann jemand die unverzeihliche Sünde begangen hat. Wir müssen den Heiligen Geist und Gott den Vater diese Entscheidung treffen lassen. Wir müssen nur immer und überall Menschen dazu drängen, daß sie Buße tun und sich Jesus zuwenden, denn wir wissen nicht, wann der Heilige Geist sich mit ihnen nicht mehr abgibt. Und lassen Sie uns für die beten, bei denen wir am meisten ungewiß sind, daß sie doch noch »ja« sagen zu der guten Botschaft, daß Jesus rettet.

Sind Sie vielleicht ein Mensch, der sich voll Kummer fragt, ob er die unverzeihliche Sünde begangen hat? Wenn das der Fall ist, dann sollten Sie sich gründlich ansehen, was die Bibel zu dem Thema sagt, und nicht auf das achten, was Sie von anderen gehört haben. Es ist die unverzeihliche Sünde, die Wahrheit über Jesus Christus zu verwerfen. Man begeht sie, wenn man völlig und endgültig das Zeugnis des Heiligen Geistes verwirft, der erklärt, daß Jesus Christus der Sohn Gottes ist, der allein uns von unseren Sünden erretten kann. Haben Sie Jesus in Ihrem eigenen Leben verworfen und haben Sie in Ihrem Herzen gesagt, daß das, was die Bibel über ihn lehrt, eine Lüge ist? Dann sage ich Ihnen so ernst und so ehrlich, wie ich nur kann, daß Sie sich in einer sehr gefährlichen Lage befinden. Ich bitte Sie dringlich, die Wahrheit über Jesus ohne Verzug zu akzeptieren, und in aufrichtigem Bekennen und in Reue und im Glauben zu ihm zu kommen. Es wäre tragisch für Sie, in Ihrem Unglauben zu verharren und schließlich einmal ohne Hoffnung und ohne Gott in die Ewigkeit zu gehen.

Es ist aber auch möglich, daß Sie ein gläubiger Mensch sind, aber Sie haben eine Sünde begangen, von der Sie denken, sie hindere Sie daran, errettet zu werden. Ganz egal, was es ist: Erinnern Sie sich daran, daß Gott Sie liebt und daß er Ihnen diese Sünde vergeben möchte. Gerade jetzt müssen Sie ihm diese Sünde bekennen und um seine Verzeihung nachsuchen. Sie müssen von der Last der Schuld und des Zweifels befreit werden, die Sie beschwert hat. Jesus ist gestorben, um Sie davon zu befreien. Wenn Sie zu Jesus gekommen sind, dann wissen Sie auf Grund des Wortes Gottes, daß diese Sünde – was immer es sei – nicht die unverzeihliche Sünde ist. Sie wird sie nicht in die Hölle führen, denn Sie sind durch den Glauben an das vergossene Blut Jesu gerettet, aber Sie müssen sie aus Ihrem Leben räumen, indem Sie sie auf Jesus werfen.

Das Betrüben des Heiligen Geistes.

Wir werden jetzt zwei Sünden gegen den Heiligen Geist behandeln, derer sich Christen schuldig machen können. Die eine ist die Sünde, den Heiligen Geist zu betrüben, die andere, ihn zu unterdrücken. Die Begriffe überlappen sich, denn fast alles Falsche, was wir tun können, fällt unter einen dieser beiden Begriffe. Wollen wir uns zunächst damit befassen, was mit »Betrüben des Heiligen Geistes« gemeint ist.

Paulus warnt seine Leser davor: »Und betrübt nicht den Heiligen Geist Gottes, mit dem ihr versiegelt seid auf den Tag der Erlösung« (Eph 4,30). Es ist wichtig und tröstlich zu hören, daß Paulus sagt, wir seien »versiegelt auf den Tag der Erlösung«. Das bedeutet, daß wir Christen sind und bleiben werden. Deshalb spricht er vom Urteil nicht in dem Sinne, daß das, was wir hier tun, uns von der Liebe Gottes trennen und uns in die Hölle stürzen könnte. Vielmehr spricht er von Dingen, die wir tun, die aber mit der Natur des Heiligen Geistes unvereinbar sind und die ihn daher schmerzen und ihn verwunden. Wir können dem Heiligen Geist tatsächlich durch das, was wir tun, Schmerzen bereiten.

»Betrüben« ist ein Wort der Liebe. Der Heilige Geist liebt uns ebenso, wie Jesus uns liebt. »Ich ermahne euch aber, liebe Brüder, durch unsern Herrn Jesus Christus und durch die Liebe des Geistes, daß ihr mir kämpfen helft durch eure Gebete für mich zu Gott« (Röm 15,30). Wir können jemanden verletzen oder ärgern, dem wir nichts bedeuten, aber wir können nur einen Menschen betrüben, der uns liebt.

Ich habe einmal gehört, wie ein Vater zu seinem Sohn sagte: »Wenn du dich jetzt nicht ordentlich benimmst, werde ich dich nicht mehr liebhaben.« Das war sehr unschön. Natürlich hatte er das Recht, seinem Sohn zu sagen, er möge sich anständig benehmen, aber er durfte ihm nicht sagen, daß er ihm seine Liebe entziehen würde. Ein Vater muß seinen Sohn immer lieben, und zwar unabhängig davon, ob er gut ist oder schlecht. Aber wenn er sich schlecht verhält, dann wird sich in die Liebe des Vaters Schmerz und sogar Sorge und Ärger mischen.

Auf welche Weise betrüben Christen den Heiligen Geist? Im Epheserbrief 4,20-32 schreibt Paulus, daß all das den Geist der Gnade betrübt, was in unserem Verhalten, in unserer Sprache oder in unserem Handeln nicht Jesus ähnlich ist. Ruth Paxton schreibt in einem ihrer Bücher, daß wir wissen können, was den Heiligen Geist betrübt, wenn wir unser Verhalten im Licht der Aussagen überprüfen, mit denen die Bibel den Heiligen Geist beschreibt. Der Heilige Geist ist der Geist

1. der Wahrheit (Joh 14,17). Daher betrübt ihn alles Falsche, Hinterlistige und Heuchlerische.
2. des Glaubens (2.Kor 4,13). Daher betrüben ihn Zweifel, Mißtrauen, Ängstlichkeit und grüblerische Sorgen.
3. der Gnade. Daher betrübt ihn alles, was in uns hart, bitter, boshaft, undankbar, unfähig zur Vergebung oder zur Liebe ist.
4. der Heiligkeit (Röm 1,4). Also betrübt ihn alles Unsaubere, Schmutzige und Erniedrigende.

Was geschieht, wenn wir den Heiligen Geist betrüben? Normalerweise erfreut er sich daran, sich der Dinge, die Jesus wichtig sind, anzunehmen und sie uns zu offenbaren. Und er schenkt uns Freude, Frieden und ein fröhliches Herz. Aber wenn wir ihn betrüben, dann ist dieser Dienst unterbrochen.

Ich komme aus einer Gegend der Vereinigten Staaten, in der sehr viel Textilindustrie angesiedelt ist. Vor einigen Jahren ging ich durch einen ziemlich großen Betrieb, wo auf hunderten von Webstühlen Stoffe aus sehr feinen Fäden hergestellt wurden. Der Manager des Betriebes erklärte mir: »Die Maschinen sind so genau eingestellt, daß alle Webstühle sofort anhalten, wenn auch nur ein einziger von den 30000 Fäden, die wir im Augenblick verweben, reißen würde.« Um es mir zu beweisen, ging er zu einem Webstuhl und zerriß einen einzelnen Faden. Sofort hielten alle Maschinen an, bis der Faden wieder neu befestigt war, dann arbeiteten sie automatisch weiter.

Dieses mechanische Wunder vermittelt uns eine grobe Analogie zu »dem, was geistlich ist«. Wenn ich nur eine einzige Sünde begehe, einen einzigen Akt des Ungehorsams, wenn ich nur einmal von dem Pfad abweiche, auf dem ich nach dem Willen und in der Furcht Gottes wandeln soll, dann wird der Geist in meinem Leben beeinträchtigt. Dadurch wird der Dienst des Heiligen Geistes in meinem Leben unterbrochen, aber er wird nicht beendet. Im Gegensatz zu den eben erwähnten

Webstühlen, die alle stehenblieben, wird hier der Dienst nur beeinträchtigt. Sobald der abgerissene Faden wieder in Ordnung gebracht ist, kann das volle Wirken des Heiligen Geistes von neuem beginnen, indem er meinen Sinn erleuchtet, die Bedürfnisse meines Herzens befriedigt und den Dienst Jesu an mir wirksam sein läßt.

Aber hierbei gibt es einen herrlichen und gnadevollen Aspekt. Wenn man den Heiligen Geist betrübt, dann bedeutet das nicht, daß man ihn endgültig und für sein ganzes Leben verliert. Er hört nicht auf, mich zu versiegeln, und er entfernt sich nicht von mir. In der Tat ist es so, daß ein Gläubiger ihn gar nicht so sehr betrüben könnte, daß er sich ihm völlig entzieht. Ich habe einen ganz besonderen Segen empfangen durch die Choräle von William Cowper, der ein Mitarbeiter von John Newton war. Aber dieser Vers hat mich immer verwirrt:

> »Kehre wieder, o heilige Taube, kehre wieder.
> Du süßer Bote der Ruhe!
> Ich hasse die Sünden, die Dich traurig gemacht haben
> und die dich von meiner Brust hinweggetrieben haben.«

Ich habe den unangenehmen Eindruck, daß diese Worte aussagen könnten, es geschehe mehr, als daß der Heilige Geist sein Wirken in mir unterbreche. Sie scheinen zu besagen, daß ich ihn verlöre. Wenn Cowper das gemeint haben sollte, dann hat er das gewiß falsch gesehen.

Es ist möglich, daß das *Gefühl* der Gegenwart des Heiligen Geistes Menschen weggenommen oder entzogen werden kann. Dies wird deutlich im 51. Psalm, wo David ausruft: »Nimm deinen heiligen Geist nicht von mir!« (V.13) Aber denken Sie daran, daß der Heilige Geist jeden Gläubigen für den Tag der Erlösung versiegelt hat, d.h. für die Erlösung unserer Leiber (Eph 1,13; 4,30; Röm 8,23). Sie und ich mögen abfallen, aber das ist etwas ganz anderes, als aus der Gnade zu fallen oder den Heiligen Geist vollkommen zu verlieren.

Würde der Heilige Geist sich von einem Gläubigen zurückziehen, den er versiegelt hat, dann würde er doch den ganzen Plan der Errettung verleugnen, nicht wahr? Aber wenn er betrübt worden ist, wird sich in unserem Leben das Fehlen von Freude und Kraft so spürbar machen, daß wir uns schließlich von der Sünde lossagen und sie bekennen. Wenn wir einmal keine Gemeinschaft mit dem Heiligen Geist haben, mögen wir zwar, äußerlich gesehen, fröhlich wirken, aber innerlich sind wir unglücklich und elend. Nicht deshalb, weil der Heilige Geist uns verlassen hätte, sondern weil er uns absichtlich unglücklich und elend sein läßt, bis wir reuig und zerknirscht zu Jesus zurückkehren und ihm unsere Schuld bekennen. Psalm 32, von dem viele glauben, daß David ihn nach seiner Sünde mit Bathseba geschrieben hat, ist ein ganz hervorragendes Beispiel dafür: »Denn als ich es wollte verschweigen, verschmachteten meine Gebeine durch mein tägliches Klagen. Denn deine Hand lag Tag und Nacht schwer auf mir, daß mein Saft vertrocknete, wie es im Sommer dürre wird. Darum bekannte ich dir meine Sünde, und meine Schuld verhehlte ich nicht. – Freuet euch des Herrn und seid fröhlich, ihr Gerechten, und jauchzet, alle ihr Frommen« (Ps 32, 3-5,11).

Ich glaube, daß uns der Heilige Geist nie mehr aufgeben wird, wenn wir einmal in den Leib Christi hineingetauft worden sind, und der Heilige Geist daraufhin Wohnung in uns genommen hat. Wir sind für alle Ewigkeit versiegelt. Und er ist das Siegel, das Unterpfand für alles, was kommen wird. Es ist mir bewußt, daß viele meiner Glaubensbrüder hier eine andere Auffassung haben, aber so weit meine Erkenntnis reicht, glaube ich, daß der Heilige Geist uns festhält.

Einerseits bewahrt uns der Heilige Geist, der in uns wohnt, sicher für Gott. Er tut das um des Blutes Jesu willen, auf das wir vertraut haben und durch das wir, wie wir wissen, erlöst worden sind. Zugleich vermittelt er uns beständige Freude durch das Wissen, daß wir zu Gott gehören, und diese Freude wird nur dann unterbrochen, wenn irgendein Werk des Fleisches den betrübt, der uns versiegelt hat. In Jakobus 4,5-6 heißt es: »Mit Eifer wacht Gott über den Geist, den er in uns hat wohnen lassen, und gibt um so reichlicher Gnade.« Ich habe ernstliche Zweifel, ob wir, solange wir noch hier auf Erden leben, jemals wissen werden, wie groß die Kraft ist, von der wir in diesem Leben hätten Gebrauch machen können, nämlich die Kraft des Heiligen Geistes, die wir durch unser Gebet anzapfen können.

Wenn wir uns völlig, in jedem Augenblick eines jeden Tages, Jesus Christus als unserem Herrn hingeben, dann wird die Wunder wirkende Kraft des Heiligen Geistes in unserem Leben und unser Zeugnis überwältigend sein, denn in dieser Art der Übergabe liegt das Geheimnis der Reinheit, des Friedens und der Kraft. Ich glaube, daß daraus auch alles das fließt, was George Cutting »Sicherheit, Gewißheit und Freude« zu nennen pflegte. Es vermittelt auch die Vorstellung davon, äußerlich sichtbar etwas zu erreichen, dabei aber immer innere Ruhe zu bewahren.

Ja, als der Geist der Liebe ist der Heilige Geist betrübt, wenn wir sündigen, weil er uns liebt!

Das Unterdrücken des Geistes.

Den Heiligen Geist zu lästern ist eine Sünde, die von Ungläubigen begangen wird. Den Heiligen Geist zu unterdrücken und zu betrüben, das sind dagegen Sünden, die Gläubige begehen. Nun müssen wir uns damit beschäftigen, was damit gemeint ist, wenn man »den Geist unterdrückt«.

Paulus' deutliche Ermahnung lautet: »Den Geist dämpft nicht« (1.Thess 5,19). Das Wort »betrüben« vermittelt das Gefühl, daß jemand verletzt oder traurig gemacht wird. Das hat mit der Art und Weise zu tun, in der wir den Heiligen Geist in unserem Leben verwunden. Das Wort »unterdrücken« bedeutet soviel wie »auslöschen, eine Klappe darauf legen, einen Dämpfer darauf setzen«. Es bezieht sich darauf, daß die Bibel den Heiligen Geist unter anderem als ein Feuer beschreibt. Wenn wir den Geist unterdrücken, dann löschen wir das Feuer aus. Das bedeutet nicht, daß wir ihn vertreiben, wohl aber, daß wir die Liebe und die Macht des Geistes auslöschen, der doch seine göttlichen Ziele durch uns erreichen möchte. Wir können ihn auf verschiedene Weise unterdrücken, aber das Bild des Feuers vermittelt uns zwei Aspekte, beide zur Warnung.

Ein Feuer geht aus, wenn der Brennstoff weggenommen wird. Wenn wir nicht unsere Seelen aufrühren, wenn wir nicht die Hilfe der Gnade in Anspruch nehmen, wenn wir es unterlassen zu beten, Zeugnis abzulegen oder das Wort Gottes zu lesen, dann wird das Feuer des Heiligen Geistes unterdrückt. Diese drei Dinge vor allem sind die Kanäle, durch die Gott uns den Brennstoff gibt, der das Feuer am Brennen hält. Und der Heilige Geist will, daß wir diese Gaben dazu benutzen, sein Feuer in unserem Leben am Brennen zu halten.

Der zweite Weg, um ein Feuer auszulöschen, ist der, daß man es erstickt, indem man entweder Wasser darauf gießt oder eine Decke oder eine Schaufel Erde darauf wirft. In der gleichen Weise unterdrückt eine vorsätzlich begangene Sünde den Geist. Wenn wir kritisieren, unfreundlich handeln oder die Arbeit anderer durch lieblose oder verächtliche Worte herabwürdigen, dann ersticken wir das Feuer und löschen es aus. Das geschieht sehr häufig, wenn es eine frische, neue und ungewöhnliche Bewegung des Geistes Gottes gibt, bei der die althergebrachten Formen der Verkündigung oder des Dienstes einmal nicht eingehalten werden. Es geschieht auch dann, wenn Christen zu verhindern versuchen, daß Gott auf eine neue Art und Weise wirkt.

Ich möchte etwas mit aller Deutlichkeit betonen: Kein Christ *muß* sündigen. Auf der anderen Seite ist er aber auch nicht unfähig geworden, noch weiter zu sündigen. Ich glaube, daß ein Christ zwar sündigen kann, daß er aber nicht sündigen muß. Es ist möglich, das Feuer am Brennen zu erhalten, es ist möglich, zu vermeiden, daß man den Geist betrübt. Gott hätte uns doch nie gesagt, daß wir uns von bösen Taten fernhalten sollten, wenn wir tatsächlich gar nicht anders könnten, als sie zu begehen! Gott sei Dank müssen wir nicht sündigen!

Ich weiß nicht, woher die folgenden Worte über den Heiligen Geist stammen, aber sie sind mir immer eine Hilfe gewesen:

> «Widerstehe ihm nicht, wenn er von dir Besitz ergreifen will, betrübe ihn nicht, wenn er in dir Wohnung genommen hat,unterdrücke ihn nicht, wenn er durch dich wirksam werden will. Öffne dich ihm, wenn er über dich kommt, sei ihm wohlgefällig, wenn er in Dir wohnt, gehorche ihm als dem, der hinausgeht, Zeugnis abzulegen von den Dingen Jesu, sei es durch Dich selbst oder durch andere.«

Haben Sie in irgendeiner Weise den Heiligen Geist in Ihrem Leben betrübt oder unterdrückt? Es handelt sich hier um eine sehr ernste Sache, und sie verlangt sorgfältige Aufmerksamkeit. Wenn es der Fall gewesen ist, dann machen Sie sich klar, daß jetzt die Zeit gekommen ist, um vor Gott zu bekennen und darüber Buße zu tun. Und dann wandeln Sie jeden Tag in der Fülle des Geistes, und achten Sie auf seine Führung und Kraft in Ihrem Leben.

11. KAPITEL

Die Gaben des Geistes

Als unsere Kinder heranwuchsen, häuften sich unter dem Weihnachtsbaum am Heiligen Abend die Geschenke. Wir hatten sie voll Liebe ausgesucht, weil wir wußten, was jedes Kind brauchte und worüber es sich freuen würde. Jedes Geschenk wurde dann erwartungsvoll und aufgeregt ausgepackt, mit Liebe und Dankbarkeit entgegengenommen und den ganzen Tag über voll Freude immer wieder angesehen und ausprobiert. Am Abend jedoch stellten sich jedesmal wieder Neid und Eifersucht ein; jedes wollte haben, was das andere hatte.

Gilt das nicht in ähnlicher Weise auch für die geistlichen Gaben (wobei jedoch der Unterschied besteht, daß geistliche Gaben zum Dienst und nicht zum persönlichen Vergnügen bestimmt sind)? Ist es nicht so, daß der geistlich Unreife mit ein wenig Eifersucht auf jene Gaben schaut, die er (noch) nicht erhalten hat? Und manchmal zeigt der Empfänger solcher Gaben Stolz und Hochmut. Aber der Geist, durch den die Gaben gegeben wurden, darf nicht nach dem Verhalten ihrer Empfänger beurteilt werden!

Das Neue Testament führt die »Gaben des Heiligen Geistes« an drei verschiedenen Stellen auf: Römer 12,6-8, 1.Korinther 12, 8-10 und Epheser 4,11. (Diese Gaben sind auch noch einmal 1.Petrus 4,10-11 aufgeführt.)

Die Gaben und der Leib.

Die Bibel sagt uns, daß jeder erlöste Mensch vom Heiligen Geist mindestens eine Gabe erhält: »Es sind verschiedene Gaben; aber es ist ein Geist.« »In einem jeden offenbart sich der Geist zum Nutzen aller« (1.Kor 12,4,7). Gott macht uns auch verantwortlich für die Art und Weise, wie wir unsere Gaben verwenden.

Der Apostel Paulus vergleicht die Gemeinde mit unseren Körpern, bei denen jedes Glied eine ganz bestimmte Funktion hat, aber alle Glieder untereinander zusammenarbeiten. Paulus schrieb: »Denn auch der Leib ist nicht ein Glied, sondern viele. Wenn aber der Fuß spräche: Ich bin keine Hand, darum bin ich nicht Glied des Leibes, sollte er deshalb nicht Glied des Leibes sein? Und wenn das Ohr spräche: Ich bin kein Auge, darum bin ich nicht Glied des Leibes, sollte es deshalb nicht Glied des Leibes sein? Wenn der ganze Leib Auge wären, wo bliebe das Gehör? Wenn er ganz Gehör wäre, wo bliebe der Geruch? Nun aber hat Gott die Glieder eingesetzt, ein jedes von ihnen im Leib, so wie er gewollt hat. Wenn aber alle Glieder ein Glied wären, wo bliebe der Leib? Nun aber sind es viele Glieder, aber der Leib ist einer. Das Auge kann nicht sagen zu der Hand: Ich brauche dich nicht; oder auch das Haupt zu den Füßen: Ich brauche euch nicht« (1.Kor 12,14-21). Er fügt hinzu, daß gerade diejenigen Glieder des Körpers, die uns am schwächsten und am unnötigsten erscheinen, doch notwendige Teile eines vollständigen Menschen sind. Sie sind alle notwendig, damit ein Körper richtig funktioniert.

Und ebenso wie der menschliche Körper ist auch der Leib Christi ein vollständiger Organismus, den Gott geschaffen hat. Zugleich jedoch ist jedes Glied am Leibe einzigartig. Es kann nie einen zweiten Menschen geben, der genau wie Sie oder ich ist. Man kann daher sagen, daß Ihre und meine Gaben einzigartig sind. Gott teilt zwar oft ähnliche Gaben an verschiedene Menschen aus, aber die Gaben, die jeder einzelne erhält, sind doch so einzigartig, daß uns schon das von jedem anderen Menschen unterscheidet, der jemals gelebt hat. Und wenn jemand seine Gaben nicht gebraucht, dann ist der Körper unvollständig, weil ihm ein Teil fehlt.

Die Bedeutung der Charismata.

Das Neue Testament verwendet das griechische Wort »charisma« (im Plural »charismata«), wenn es von den verschiedenen Gaben spricht, die Gott durch den Heiligen Geist den Christen gegeben hat. Das Wort »charisma« ist auch in unsere Muttersprache übernommen worden, um einen Menschen zu beschreiben, von dem etwas Undefinierbares ausgeht, das Menschen zu ihm hinzieht. Von solchen Menschen sagen wir, sie hätten Charisma. Ein biblisches Beispiel dafür ist vielleicht Apollos (Apg 18,24-28). Dieser Evangelist und Bibellehrer scheint Charisma im Sinne des heutigen Sprachgebrauchs gehabt zu haben. Paulus hatte es nicht. Beide Männer hatten jedoch bestimmte geistliche Gaben – Charismata –, die Gott ihnen in übernatürlicher Weise gegeben hatte.

Wenn die Bibel das Wort Charisma gebraucht, dann bedeutet es »ein Geschenk der heiligen Gnade«. Das Wort Charisma hat also in der Bibel eine Bedeutung, die sich von der unterscheidet, die die Welt damit verbindet, wenn sie sagt, ein Mensch habe Charisma.

Das Wort Charismata ist der Plural von Charisma, und es findet sich, abgesehen von einer Bibelstelle im ersten Petrusbrief, nur in den Briefen des Apostels Paulus. Wenn wir es ganz genau definieren, bedeutet es »Offenbarungen der Gnade«, man kann es auch mit »Gaben« übersetzen. Dieses Wort wurde gebraucht, um die verschiedenen geistlichen Gaben zu bezeichnen, die einzelne Menschen zum Wohle der Gemeinde erhielten, und über diese Gaben soll in diesem Kapitel gesprochen werden.

In Epheser 4 gebraucht Paulus zwei andere Formulierungen, die mit »Gaben« übersetzt werden, nämlich »dorea« und »doma«. Sie sind den Charismata ähnlich und im Grunde auch einem vierten Wort für Gaben ähnlich, nämlich dem Wort »pneumatika«, was, genau definiert, eigentlich heißt »Dinge, die dem Heiligen Geist gehören.« Diese verschiedenen griechischen Begriffe unterliegen unserem einheitlich gebrauchten Wort »Gaben«, und sie bedeuten alle ungefähr das gleiche.

Der Ursprung der geistlichen Gaben.

Bevor wir uns den Gaben des Heiligen Geistes im einzelnen zuwenden, muß ich noch einen wichtigen Punkt hervorheben. Diese Gaben werden uns vom Heiligen Geist gegeben. Er bestimmt, wer welche Gaben erhält, und er teilt sie nach seinem Wohlgefallen aus. Damit sind wir zwar verantwortlich für alle Gaben, die er uns schenkt, aber wir sind nicht zuständig für Gaben, die er uns nicht geschenkt hat. Wir sollen auch nicht nach einer Gabe verlangen, die jemand anders hat, oder ihn deshalb beneiden. Wir mögen den Wunsch nach bestimmten Gaben haben, und wir dürfen auch darum beten, aber wenn es nicht der Wille des Heiligen Geistes ist, dann werden wir die Gabe nicht bekommen, um die wir gebetet haben. Und wenn wir unzufrieden sind, weil uns der Heilige Geist die Gabe nicht schenkt, die wir haben möchten, dann sündigen wir. Was mich betrifft, so denke ich, daß Gott mir die Gabe des Evangelisten geschenkt hat, aber ich habe nicht darum gebetet.

Wenn ich die Gabe des Evangelisten hätte und machte keinen Gebrauch davon, so würde es mir als Sünde angerechnet. Und wenn jemand diese Gabe des Evangelisierens nicht hat und deshalb unzufrieden ist, dann sündigt er ebenfalls. Es gibt viele Dinge, die ich nicht allzu gut tun kann, aber das liegt daran, daß ich einige Gaben eben nicht besitze, und ich darf deshalb nicht unzufrieden sein. Die Gaben, die Sie und ich haben, sind diejenigen, die Gott für uns als geeignet angesehen hat, und wir sollten deshalb nach Kräften danach trachten, sie zu entdecken und sie zu seinem Ruhme zu gebrauchen.

Noch ein anderer Punkt muß betont werden. Wir haben über die Frucht des Geistes gesprochen (wir werden uns später noch in drei Kapiteln damit beschäftigen), und wir haben weiter gezeigt, daß die Frucht des Heiligen Geistes bei jedem Christen vorgefunden werden muß. Aber die Gaben des Geistes sind verschieden. Jeder Gläubige sollte Frucht bringen. Aber nicht jeder Gläubige hat dieselben Gaben! Nein, der Heilige Geist verteilt die Gaben so, daß jeder Gläubige mindestens eine Gabe erhält, die ausschließlich ihm gegeben wird. Sie mögen eine bestimmte Gabe von Gott erhalten haben, nun wäre es ein Fehler, zu behaupten, jeder andere müßte ganz dieselbe Gabe erhalten haben!

Geistliche Gaben und Talente.

Wenn wir uns mit den drei Textstellen beschäftigen, in denen die Gaben aufgeführt sind, dann stellen wir fest, daß es ungefähr zwanzig verschiedene Gaben sind. Zusätzlich sind im Alten Testament noch einige Gaben aufgeführt, die im Neuen Testament nicht erwähnt werden. Viele von ihnen ähneln natürlichen Fähigkeiten und Talenten, die auch andere Menschen haben können, andere haben deutlich erkennbar einen geistlichen Charakter.

Sicher kennen die meisten von uns Menschen, die eine besondere Gabe der Musik haben, die aber in der eben genannten Liste nicht vorkommt. Darüber hinaus fragen sich viele Menschen, worin der Unterschied zwischen einer geistlichen Gabe und einem natürlichen Talent besteht. Jemand mag ein Talent dazu haben, schöne Handarbeiten herzustellen, ein anderer ist musikalisch begabt. In der Tat ist es so, daß die meisten Menschen das eine oder andere Talent haben, und auch diese hat uns unser Schöpfer gegeben.

Es hat den Anschein, daß Gott auch ein natürliches Talent ergreifen, es durch die Macht des Heiligen Geistes transformieren und es dann als geistliche Gabe verwenden kann. Ich glaube auch gar nicht, daß wir immer eine deutliche Trennungslinie zwischen geistlichen Gaben und natürlichen Fähigkeiten ziehen können, denn schließlich – bitte vergessen Sie das nicht! – kommen beide letztendlich von Gott. Ich glaube auch nicht, daß es immer notwendig ist, eine so genaue Unterscheidung vorzunehmen. Im Zusammenhang unserer Betrachtung sind die Gaben, über die ich sprechen möchte, meist übernatürliche, die der Heilige Geist einem Menschen zum Wohle der ganzen Gemeinde gibt.

Eine Gabe kann auch als ein Werkzeug oder ein Instrument bezeichnet werden, das gebraucht werden muß, und eben nicht als ein Schmuckstück, das nur der Zierde dient, oder als eine Schachtel mit Bonbons, an der man sein Vergnügen hat. Wir können an die verschiedenartigen Werkzeuge denken, die ein Zimmermann verwendet, oder die verschiedenartigen Instrumente, die ein Chirurg braucht. Diese Werkzeuge der geistlichen Gaben sind den Menschen gegeben worden, damit sie sie zum Funktionieren des Leibes Christi verwenden.

Es gibt eine interessante Bibelstelle in 2. Mose 31 über einen Mann namens Bezaleel. Dort heißt es: »... und habe ihn erfüllt mit dem Geist Gottes, mit Weisheit und Verstand und Erkenntnis und mit aller Geschicklichkeit, kunstreich zu arbeiten in Gold, Silber, Kupfer; kunstreich Steine zu schneiden und einzusetzen und kunstreich zu schnitzen in Holz, um jede Arbeit zu vollbringen« (2. Mose 31,1-11). Das läßt erkennen, daß viele Fertigkeiten und Talente, die die Menschen besitzen, Gaben Gottes sind.

Diese einzigartige Fähigkeit des Bezaleel, die ihm vom Heiligen Geist gegeben wurde, schloß nicht nur handwerkliches Geschick ein, sondern das geistige Wissen und Verständnis, das für jede künstlerische Tätigkeit wesentlich ist. Ein künstlerisches Talent, gleich welcher Art, ist ein Geschenk Gottes. »Alle gute Gabe und alle vollkommene Gabe kommt von oben herab, von dem Vater des Lichts, bei dem keine Veränderung ist noch Wechsel des Lichts und der Finsternis« (Jak 1,17). Gott hat der Menschheit ästhetische Fähigkeiten gegeben, die, wie alle anderen menschlichen Fähigkeiten, durch die Rebellion des Menschen im Garten Eden verdorben wurden – aber sie sind immer noch brauchbar.

Sinn und Zweck dieser Gaben.

Paulus schreibt, daß es der Zweck der geistlichen Gaben sei, »damit die Heiligen zugerüstet werden zum Werk des Dienstes. Dadurch soll der Leib Christi erbaut werden« (Eph 4,12). Mit anderen Worten: Gott hat jedem von uns eine Aufgabe gegeben, und er hat uns übernatürliche Gaben geschenkt, um uns dafür auszurüsten. Wenn wir diesen

Aufgaben nicht nachkommen, dann werden wir vor dem Richterstuhl Christi getadelt werden.

Die Bibel sagt uns, daß jeder Gläubige einmal vor dem Richterstuhl Christi stehen wird und darlegen muß, wie getreulich er die Gaben genützt hat, die ihm gegeben wurden. Da muß er über sein Leben vor Gott und gegenüber den Menschen Rechenschaft ablegen. »Denn wir müssen alle offenbar werden vor dem Richterstuhl Christi, damit jeder seinen Lohn empfange für das, was er getan hat bei Lebzeiten, es sei gut oder böse« (2.Kor 5,10). Hierbei ist nicht die Rede vom Urteil über die ungläubige Welt, denn dabei handelt es sich um das Urteil vor dem großen weißen Thron. Vielmehr handelt es sich um ein besonderes Gericht für Christen. Jesus hat unsere Sünden am Kreuz versöhnt, aber nach unserer Errettung kommt jede unserer Taten ins Gericht. Das Ergebnis ist entweder Belohnung oder Verlust, »er selbst (der Gläubige) aber wird selig werden« (1.Kor 3,11-15).

Im 1. Korintherbrief, Kap. 12, V.7, schreibt Paulus, die Gaben seien »zum Nutzen aller« gegeben, deswegen dürfen wir sie auch nicht eigensüchtig verwenden. Vielmehr sollen wir sie dazu gebrauchen, um einander zu helfen. So schreibt Paulus auch in Philipper 2,3-4: »Tut nichts aus Eigennutz oder um eitler Ehre willen, sondern in Demut achte einer den anderen höher als sich selbst, und ein jeder sehe nicht auf das Seine, sondern auch auf das, was dem andern dient.«

Gott hat die Gaben auch so geschaffen, daß sie dazu beitragen, die Einheit des Leibes Jesu zu fördern. Bevor der Apostel die Gaben aufzählt, drängt er uns in Epheser 4,3-7 dazu: »...und seid darauf bedacht, zu wahren die Einigkeit im Geist durch das Band des Friedens; *ein* Leib und *ein* Geist, wie ihr auch berufen seid zu *einer* Hoffnung eurer Berufung; *ein* Herr, *ein* Glaube, *eine* Taufe; *ein* Gott und Vater aller, der da ist über allen und durch alle und in allen.«

Achten Sie darauf, wie Paulus die Einheit dadurch betont, daß er das Wort »ein« beständig wiederholt.

Wir sehen also, daß die Gaben des Geistes nie den Leib Christi zerteilen dürfen, sie müssen ihn einigen.

Wie können Sie Ihre Gabe erkennen?

Ich werde oft gefragt: »Wie kann ich feststellen, welche Gabe ich habe?« oder: »Wie kann ich meine Gabe in der besten Weise gebrauchen?« Ich möchte dazu die folgenden Ratschläge geben.

Erstens sollten Sie sich klarmachen, daß Gott Ihnen mindestens *eine* geistliche Gabe geschenkt hat und daß er möchte, daß Sie wissen, um welche Sache es sich handelt, und daß Sie sie zu seinem Ruhm gebrauchen. Paulus schrieb an den jungen Timotheus: »Aus diesem Grund erinnere ich dich daran, daß du erweckest die Gabe Gottes, die in dir ist durch die Auflegung meiner Hände« (2.Tim 1,6). Ebenso wie beim Erfülltwerden mit dem Heiligen Geist der erste Schritt darin besteht, zu verstehen, daß Gott uns den Geist gegeben hat, so ist es beim Herausfinden unserer geistlichen Gaben der erste Schritt, zu verstehen, wie Gott schon vorgesorgt hat.

Zweitens glaube ich, daß die Entdeckung unserer geistlichen Gaben Gegenstand sorgfältigen und nachdenklichen Gebets sein sollte. Wir müssen darum beten, daß Gott uns so leiten möge, daß wir unsere geistlichen Gaben erkennen. Auch sollten wir darin sichergehen, daß wir bereit sind, unsere geistlichen Gaben so zu gebrauchen, daß Gott geehrt wird. Wenn Gott Ihnen zum Beispiel zeigt, daß Sie die Gabe haben, andere zu unterrichten, wären Sie dann dazu bereit, diese Gabe, sagen wir einmal, in einem Kindergottesdienst einzusetzen oder in einem Bibelkreis? Wenn wir feststellen, daß wir damit zögern, Gottes Gaben für uns zu erkennen, weil wir uns vor dem fürchten, wozu er uns damit rufen könnte, dann müssen wir uns das ganz klarmachen, und wir müssen es vor Gott bekennen.

Hand in Hand damit geht ein dritter Schritt, bei dem es sich um ein intelligentes Verstehen dessen handelt, was die Bibel über die geistlichen Gaben sagt. Ich bete darum, daß dieses Buch ein verläßlicher Führer sein möge, aber es gibt keinen Ersatz für ein unmittelbares Studium der Bibel, um zu erfahren, was sie über die Gaben des Geistes sagt.

Ein vierter Schritt auf der Suche nach Ihren geistlichen Gaben bedingt, daß Sie sich selbst und Ihre Fähigkeiten erkennen. Sie werden gewisse Erfahrungen gemacht haben, die Sie in eine bestimmte Richtung weisen. Wir werden an uns feststellen, daß wir manche Dinge gern tun, und wir werden bemerken, daß wir sie auch mit Geschick tun. Es ist oft eine gute Methode, verschiedene Tätigkeiten auszuprobieren – z.B. verschiedene Dienste in einer Gemeinde. Andere Menschen können uns ebenfalls dabei helfen. Es mag uns vielleicht nicht bewußt sein, daß wir die Fähigkeit haben, ein guter Zuhörer und Seelsorger zu sein, aber im Laufe der Zeit stellen wir fest, daß mehr und mehr Menschen zu uns kommen, um mit uns über ihre Probleme zu sprechen; außerdem sagen uns dann vielleicht auch andere Christen, daß sie den Eindruck hätten, unsere Gabe gehe in diese Richtung.

Es kann auch einmal längere Zeit dauern, bis wir unsere geistlichen Fähigkeiten entdeckt haben, und vielleicht tauchen dabei auch neue Gaben auf, und wir bekommen es mit neuen Möglichkeiten und Situationen zu tun. Das darf uns jedoch nicht entmutigen. Gott will uns gebrauchen, und er wird uns nie vollständig gebrauchen können, bevor wir nicht unsere Gaben kennen und sie ihm übergeben haben. Eigentlich glaube ich, daß ein Mensch, der vom Geist erfüllt ist – der sich beständig der Herrschaft Jesu Christi ausliefert –, es relativ leicht haben wird, seine Gaben zu entdecken. Er hat den Wunsch, daß Gott ihn leitet, und Gott ist dann nur allzu gerne bereit, ihn dadurch zu segnen, daß er ihm die Gaben zeigt, die der Heilige Geist ihm verliehen hat.

Nehmen Sie demütig und dankbar die Gaben an, die der Herr Ihnen geschenkt hat, und gebrauchen Sie sie so vollkommen, wie es Ihnen nur möglich ist. Wir müssen uns selbst so annehmen, wie wir sind, und wir müssen die Gaben gebrauchen, die wir haben. Unsere Gabe kann uns zu einem Dienst in einer herausragenden Position führen, und das wird dann seine eigenen Schwierigkeiten und Gefahren mit sich bringen. Aber die Gabe kann auch bedeuten, daß wir einen niedrigen Dienst auszuüben haben. Mir gefällt hier der Kommentar von David Howard sehr gut: »Gott hat nicht eine geistliche Elite dazu berufen, den Dienst des Predigens zu versehen, und dabei den normalen Gläubigen in der Kirchenbank übersehen. Vielmehr ist es so: ›In einem jeden offenbart sich der Geist zum Nutzen aller‹« (1.Kor 12,7).

Damit soll nichts gegen das Amt eines Ältesten oder das eines Bischofs oder eines Diakons gesagt sein. Es bedeutet nur, daß die Laien ebenso wie die Ältesten und die Diakone eine Aufgabe haben, und daß auch sie ihre Verpflichtungen gegenüber der Gemeinde erkennen müssen.

Was wir bis jetzt gesagt haben, bildet die Grundlage dafür, uns einmal mit jeder einzelnen Gabe zu beschäftigen, die Paulus aufgezählt hat. Wenn wir das tun, dann sehen wir, daß er die Gaben nicht in bestimmten Gruppierungen zusammenfaßt, und auch mich befriedigt keine solche Aufteilung, wie sie zuweilen vorgenommen wird. Im folgenden Teil des Kapitels werden wir uns auf die fünf Gaben beschränken, die in Epheser 4,11 aufgezählt sind (Apostel, Propheten, Evangelisten, Hirten und Lehrer); einige von diesen werden auch in 1.Korinther 12,28 erwähnt. In einem besonderen Kapitel werden wir uns mit anderen Gaben beschäftigen, die in 1.Korinther 12 und in Römer 12 aufgeführt sind. Ein weiteres Kapitel betrifft die Gaben, die von äußerlich sichtbaren Zeichen begleitet sind.

Die Gabe der Apostel.

Das griechische Wort für diese Gabe bedeutet: »einer, der mit einem Auftrag ausgesandt wird«. John Stott hat sich dazu wie folgt geäußert: »Das Neue Testament verwendet das Wort ›Apostel‹ offenbar in drei verschiedenen Zusammenhängen. Zuerst einmal ist da die allgemeine Bedeutung, nach der wir alle von Jesus in die Welt gesandt sind und damit an der apostolischen Mission der Kirche teilhaben (Joh 17,18; 20,21). Damit sind wir im weitesten Sinne alle ›Apostel‹. Zweitens wird das Wort mindestens zweimal verwendet, um ›Boten der Gemeinden‹ zu bezeichnen (2.Kor 8,20; Phil 2,25), also Boten, die mit einem bestimmten Auftrag von einer Gemeinde zu einer anderen Gemeinde gesandt wurden. In diesem Sinn könnte das Wort auch für Missionare und für andere Christen verwendet werden, die mit bestimmten Aufträgen ausgesandt werden. Drittens bezieht sich die Gabe des Apostelamtes – und diese erscheint hier am wichtigsten – auf die kleine und besondere Gruppe von Männern, die die Apostel Jesu waren. Sie bestanden aus den Zwölfen (Lk 6,12-16) und Paulus (vgl. z.B. Gal 1,1). Sie waren deshalb als einzigartig zu bezeichnen, weil sie den historischen Jesus noch mit eigenen Augen gesehen hatten, und dabei insbesondere den auferstandenen Herrn. In diesem wichtigsten Sinne haben die Apostel, die namentlich benannt worden waren, natürlich keine Nachfolger, obwohl es andererseits auch heute Apostel im weiteren Sinne gibt.«

Dr. Merrill C. Tenney hat die Auffassung vertreten, daß ein Missionar heute diese Gabe in ihrer weiteren Bedeutung dann hat, wenn er Gemeinden gründet. Dafür wäre erforderlich, daß er

1. mit einer bestimmten Botschaft ausgesandt wird,
2. die Aufgabe hat, eine Gemeinde zu gründen, und
3. Autorität ausüben muß, um Richtlinien für eine solche Gemeinde aufzustellen und sie auch durchzusetzen.

Ich habe einen Freund in der Karibik, der sein ganzes Leben damit verbracht hat, von einem Ort zum anderen zu ziehen und immer wieder neue Gemeinden zu gründen. In seinem Leben hat er mindestens 50 Gemeinden gegründet. Es gibt heute Hunderte oder gar Tausende von Männern und Frauen Gottes überall in der Welt, die genau dasselbe tun, unabhängig davon, ob sich diese Gemeinde dann in einer Kirche, einem aufgelassenen Geschäftslokal oder einer Privatwohnung trifft.

Die Gabe des Propheten.

Das Wort »prophezeien« stammt von einem griechischen Wort, das »öffentlicher Erklärer« bedeutet. In den Zeiten der Apostel bestand die Gabe des Prophezeiens aus zwei Teilen. Der eine bestand in der Mitteilung einer Nachricht von Gott an die Menschen durch den Propheten. Dabei handelte es sich um eine übernatürliche Gabe. Und damit die Menschen zwischen wahren und falschen Propheten unterscheiden konnten, gab der Heilige Geist anderen Gläubigen die Gabe, die Geister zu unterscheiden. Die Tatsache allein, daß ein Prophet auf Grund einer Offenbarung sprach, führte auch zum Auftreten falscher Propheten, wie wir es sowohl im Alten Testament als auch im Neuen Testament sehen können. Die Christen im Neuen Testament sollten die Prophetie zwar nicht verachten, aber ihnen wurde bedeutet, daß sie alles prüfen müßten: »Prophetische Rede verachtet nicht. Prüft aber alles, und das Gute behaltet« (1.Thess 5,20-21).

Nach 1.Korinther 14,3 war der zweite Teil des prophetischen Amtes die Besserung, die Ermahnung und die Tröstung der Gläubigen in den Ortsgemeinden. Dabei hatte der Prophet, der üblicherweise viel unterwegs war, den Vorrang gegenüber dem Pastor der Ortsgemeinde. Aber im Laufe der Zeit wurde die Gabe der Prophetie auch von diesen Pastoren ausgeübt, die das Wort Gottes mit dem Ziel predigten, die Mitglieder ihrer Gemeinden innerlich aufzubauen.

Die Gabe der Prophezeiung in dem erstgenannten Sinn, dem des Voraussagens, besteht nicht mehr in dem Umfang, wie es im 1. Jahrhundert der Fall war.

Es ist mir zwar bekannt, daß es einige wenige Fälle gibt, wo Christen glauben, sie seien im Voraus über künftige Ereignisse informiert worden. Hans Egede (1686-1758), der Pionier und Missionar in Grönland, soll das Eintreffen eines Schiffes mit Nahrung zu einer Zeit prophezeit haben, als eine Hungersnot drohte, und das Schiff kam tatsächlich. Aber solche Fälle sind doch selten und nicht die Regel oder gar etwas Alltägliches. Natürlich kann ich nicht behaupten, daß so etwas dem souveränen Gott unmöglich wäre, aber Voraussagen sind für die Gläubigen nicht so verbindlich wie biblische Prophezeiungen. Außerdem glaube ich, daß es sich hierbei um etwas anderes als um die heute normale und gewöhnliche Aufgabe der Prophetie handelt, die in der Fähigkeit besteht, das Wort Gottes zu verstehen und richtig auszulegen.

Gott offenbart keine »neue Wahrheit« mehr; die Bibel hat auch hinten einen Deckel. Der sogenannte Kanon der Heiligen Schrift ist geschlossen. Ich verstehe die Gabe der Prophetie so, daß sie »im erweiterten Sinne den Menschen Gottes Wahrheiten kundtut, die nicht durch eine direkte Offenbarung, sondern durch ein sorgfältiges Studium des vollständigen und untrüglichen Wortes Gottes erlangt worden sind« (Tenney, The Zondervan Pictorial Encyclopedia of the Bible, 1977, Vol. 4, S.903).

Es ist das Werk des Heiligen Geistes, diejenigen zu erleuchten, die in das prophetische Amt gerufen sind, damit sie das Wort Gottes verstehen und es mit einer Tiefe der Einsicht verkünden, die denen nicht zugänglich ist, die diese Gabe der Prophetie nicht haben. Es besteht hier ein Unterschied zwischen der Doktrin und den Anweisungen. An Doktrinen ist nichts Neues, aber Gott gibt immer wieder neue Anweisungen, die dann häufig als Prophezeiungen mißverstanden werden.

Noch eine weitere Dimension kommt ins Spiel, wenn von Prophezeiung im Zusammenhang mit dem Sprechen in Zungen die Rede ist. Wie ich von einigen meiner Brüder höre, treten in den Gemeinden zuweilen einzelne Christen auf, die in Zungen prophezeien, und die dann von jemandem übersetzt werden, der dafür die Gabe hat. Ich will einräumen, daß es so etwas gibt, aber nur unter der Voraussetzung, daß diese Reden nicht eine *neue* Offenbarung enthalten, sondern von etwas handeln, was der Heilige Geist tun wird, und daß es einen dynamischen Bezug zum Wort Gottes hat. Vielleicht verdient die Gabe der Prophezeiung eine stärkere Hervorhebung als die des Pastors oder die des Evangelisten.

Vor einiger Zeit hörte ich auf einem Tonband, was ein sehr bekannter führender charismatischer Christ angeblich als neue Prophezeiung gesagt hatte. Beim Zuhören stellte ich jedoch fest, daß fast alles, was er sagte, biblisch fundiert war. Er sagte nichts Neues, nur die Eindruckskraft, mit der er sprach, war neu. Er verkündete die biblische Wahrheit auf eine dramatische Art und Weise, indem er sie auf unsere Welt heute anwendete.

Auch bei meinen eigenen Predigten habe ich dergleichen häufig getan. Und ich habe einige Evangelisten getroffen, von denen ich den Eindruck hatte, sie seien sowohl Propheten als auch Evangelisten als auch Lehrer als auch Hirten. Sie hatten all diese Gaben, die einander überlappten. Die Propheten im Alten Testament sagten die Zukunft voraus, und besonders eine solche Zukunft, die sich auf ein Gericht bezog, das über Städte oder über Völker kommen sollte; die Vorhersage konnte sich aber auch auf das Kommen des Messias beziehen. Der Dienst der Propheten im Neuen Testament entsprach jedoch mehr dem der Evangelisten. Sie verkündeten das Wort Gottes und riefen die

Menschen dazu auf, über ihren Sünden Buße zu tun; sie beunruhigten die sündigen Menschen in ihren Sünden. Der Apostel Paulus hat einen großen Teil des 14. Kapitels im 1. Korintherbrief dem Weissagen gewidmet. Die Gläubigen in Korinth waren so von den äußerlich sichtbaren Gaben fasziniert, daß Paulus es für wichtig hielt, die Bedeutung des Weissagens zu betonen.

Hier ist jedoch eine Warnung angebracht. Die Schrift weist deutlich darauf hin, daß wir die Gabe der Unterscheidung üben sollen – weil viele falsche Propheten auftreten werden, und tatsächlich finden wir sowohl in den Worten Jesu als auch in den Schriften der Apostel eine Warnung nach der anderen davor, daß falsche Propheten auftreten werden, besonders dann, wenn wir uns dem Ende dieser Weltzeit nähern. Viele von ihnen werden Wölfe im Schafspelz sein. Sie werden Gottes Volk narren. Deswegen muß es unter den Christen solche geben, die zwischen wahren und falschen Propheten unterscheiden können. Paulus machte sich Sorgen um die Korinther, weil sie anscheinend wenig Unterscheidungsvermögen hatten und weil sie deswegen alle und jeden für wahre Propheten Jesu hielten. »Denn wenn einer zu euch kommt und einen andern Jesus predigt, den wir nicht gepredigt haben, oder ihr einen andern Geist empfangt, den ihr nicht empfangen habt, oder ein anderes Evangelium, das ihr nicht angenommen habt, so ertragt ihr das recht gern! – Denn solche sind falsche Apostel, betrügerische Arbeiter und verstellen sich als Apostel Christi« (2.Kor 11,4,13).

In gewisser Weise sollte jeder Christ unterscheiden können, was wahr und was falsch ist. Das ist deshalb so, weil jeder Christ in der Bibel gegründet und darüber informiert sein sollte, was sie lehrt. Es ergibt sich jedoch aus der Bibel, daß manche Christen die Gabe der Unterscheidung in einer besonderen Weise haben.

Wie steht es aber mit Menschen, die behaupten, sie könnten die Zukunft voraussagen? Diese Frage ist mir oft gestellt worden. In der Bibel war es der Prüfstein eines wahren Propheten, daß das, was er sagte, sich als hundertprozentig wahr erwies. Nicht nur zu 50 Prozent! Auch nicht zu 75 Prozent! Nicht einmal 99 Prozent reichten aus – nur die vollen hundert Prozent.

Die Gabe des Evangelisten.

Das Wort »Evangelist« stammt von einem griechischen Wort, das bedeutet »einer, der gute Nachrichten bringt«.

Leighton Ford weist in seinem ausgezeichneten Buch »Good News is for Sharing« auf eine Tatsache hin, die manche überraschen wird, obwohl sie regelmäßig ihre Bibel lesen. Das Wort, das mit »Evangelist« übersetzt wird, kommt im Neuen Testament nur dreimal vor:

1. Lukas bezeichnet Philippus als Evangelisten (Apg 21,8).
2. Paulus schrieb, daß Gott den Gemeinden u.a. auch Evangelisten gab (Eph 4,11), und
3. bat er Timotheus dringlich, »das Werk eines evangelischen Predigers« zu tun (2.Tim 4,5).

Bei der Gabe des Evangelisten handelt es sich also ganz einfach um eine besondere Fähigkeit bei der Verkündigung des Evangeliums.

Die Botschaft eines Evangelisten richtet sich praktisch zwangsläufig auf den »Inhalt« des Evangeliums. Der Evangelist ist vorwiegend ein »Bote«, er überbringt die »gute Nachricht«. Dabei mag es sich von Fall zu Fall ergeben, daß der Evangelist bei seinem Verkündigungsdienst lehrt und arbeitet wie ein Pastor, aber seine eigentliche Botschaft betrifft den Tod, das Begräbnis und die Auferstehung Jesu, seine Wiederkehr und die Tatsache, daß alle Menschen in aller Welt Buße tun und glauben müssen.

Dem Evangelisten obliegt die besondere Aufgabe, die gute Nachricht zu verkündigen, daß Gott in Christus war und daß er dadurch die Welt mit sich versöhnt hat. In der gesamten Geschichte der Kirche sind große Segnungen deshalb versäumt worden, weil die Gabe des Evangelisten nicht so deutlich erkannt worden ist wie die des Lehrers oder des Pastors. Es ist sogar so, daß Evangelisten manchmal von ihren eigenen Kirchen ignoriert worden sind, ja daß ihnen Widerstand geleistet wurde. So wurde John Wesley von seiner eigenen Kirche verworfen. Dennoch hat Gott beinahe in jeder Generation Menschen zu Evangelisten berufen, die ihrer Berufung dann oft außerhalb ihrer kirchlichen Organisation nachkommen mußten.

Es gibt sehr viele Karikaturen über Evangelisten, weil falsche Evangelisten – Nachkommen von »Elmer Gantry«[1] – Hunderte von wahren Evangelisten in schlechten Ruf gebracht haben. Aber dasselbe läßt sich eben auch von manchen Pastoren oder Lehrern sagen, von denen sich später herausstellt, daß sie nicht rechtschaffen waren. Ein berühmter Pfarrer, Lehrer oder Evangelist ist häufig eine besondere Zielscheibe des Satans. Je mehr ein solcher Mensch ins Licht der Öffentlichkeit tritt, desto leichter ist er auch als Ziel auszumachen. Deswegen müssen

1 Betrüger in der Maske eines Evangelisten, Hauptfigur des gleichnamigen Romans von Sinclair Lewis.

wir die Menschen Gottes, auch diejenigen, die wegen ihrer hohen Gaben bekannt sind, beständig mit unseren Gebeten umgeben.

Ein rechter Evangelist spricht vor allem den Intellekt an. Es kann vorkommen, daß er auch an die Gefühle appelliert, aber vorwiegend muß er den Willen ansprechen. Manchmal erhält ein und derselbe Mensch sowohl die Gabe des Lehrens als auch die des Evangelisierens. Einige der machtvollsten Evangelisten, die ich je gekannt habe, waren eigentlich Lehrer, die sich zwar an den Verstand der Menschen wandten, die aber durch ihre Auslegung der Schrift zugleich auch ihr Gewissen ansprachen. Ich habe viele Lehrer und Prediger des Wortes getroffen, die von sich sagten, sie seien keine Evangelisten – aber ganz unzweifelhaft besaßen sie diese Gabe! Der verstorbene Dr. Donald Grey Barnhouse beispielsweise war zwar ein Pastor und Lehrer, aber ich kenne viele Menschen, die durch seinen Dienst Jesus angenommen haben.

Unglücklicherweise verbringen manche Evangelisten zuviel Zeit damit, darüber nachzudenken und sogar entsprechende Pläne zu machen, wie man sichtbare Ergebnisse erzielen kann. In diese Falle stolpert man leicht hinein. Der Wunsch der Evangelisten, Resultate zu sehen, ist zwar verständlich, aber die Gabe an sich darf nicht als Garantie dafür betrachtet werden, daß Erfolge jeweils unmittelbar eintreten müssen.

Der Pfarrer James R. Graham sen., der als einer der ersten Missionare nach China ging, predigte das Evangelium drei Jahre lang, ohne daß sich irgendwelche Ergebnisse eingestellt hätten. Als ich ihn einmal fragte, ob er sich nicht irgendwann entmutigt gefühlt habe, erwiderte er: »Nein. Der Kampf ist die Sache unseres Herrn.«

Wir lesen nirgends in der Bibel, daß wir nach Resultaten Ausschau halten sollen, und in der Bibel werden auch solche Evangelisten nicht gescholten, deren Ergebnisse mager waren. Männer und Frauen treffen ihre Entscheidungen, wo immer das Evangelium verkündigt wird, manche sagen »ja«, manche sagen »nein«, und manche zögern. Niemand hört jemals das Evangelium, ohne eine Entscheidung irgendeiner Art zu treffen!

Wir dürfen nie vergessen, daß Noah ein Prediger der Gerechtigkeit war. Und doch glaubten nach einem 120 Jahre dauernden Dienst des Evangelisierens und Verkündigens nur die Mitglieder seiner engsten Familie, und nur sie gingen in die Arche (vgl. Hebr 11,7). Auf der anderen Seite haben manche von denen, die ganz offenbar die Gabe des Evangelisierens hatten, diese Gabe in aller Bescheidenheit unterdrückt, weil sie Angst davor hatten, daß man ihnen vorwerfen könnte, sie seien nicht intellektuell genug, schürten nur Gefühle, seien auf Gewinne aus oder zu sehr mit Statistiken beschäftigt. Das sind Listen des Satans, um die Menschen, die die Gabe des Evangelisierens haben, davon abzuhalten, sie einzusetzen.

Ich erinnere mich dabei an eine bestimmte Zeit in meinem Dienst, in der wir auf Grund von Kritik davon absahen, weiter Statistiken zu führen. Wir mußten praktisch sofort feststellen, daß die Presse in übertriebener Weise berichtete und daß sie dabei auch falsche Angaben machte. Beispielsweise waren wir in einer Stadt gewesen, und in der Zeitung hieß es dann am nächsten Tag: »Bei der Evangelisation von Billy Graham sind tausend Menschen zum Glauben gekommen!« An dieser Aussage waren gleich zwei Dinge falsch. Zum ersten weiß nur Gott, ob sie wirklich zum Glauben gekommen sind oder nicht – deswegen sprechen wir auch nicht von Entscheidung, sondern von Interessenten. Zweitens waren es nicht tausend Menschen, sondern weniger als fünfhundert, die nach vorn kamen (weil mehr als die Hälfte der Menschen dort vorn Seelsorger waren). Deswegen nahmen wir die Veröffentlichung genauer Statistiken wieder auf.

Das Evangelisieren ist nicht beschränkt auf solche, die es von Berufs wegen tun, d.h. auf Menschen, deren ganzes Leben unter diesem Auftrag steht. Die Gabe des Evangelisierens haben auch viele Laien. Philippus ist der einzige Mensch in der Bibel, der ausdrücklich als Evangelist bezeichnet wird, und er war »nur« ein Diakon! Man kann eigentlich sagen, daß jeder Christ, auch wenn er nicht ausdrücklich zum Evangelisten bestellt ist, doch immer den Auftrag hat, das Werk des Evangelisten zu tun.

Die Menschen mißverstehen häufig die Methoden, die beim Evangelisieren angewendet werden. Man kann Hunderte von verschiedenen Methoden verwenden, aber Bedeutung hat nur die Botschaft! Deswegen wollen wir uns bewußt machen, was Evangelisten *nicht* tun können. Sie können nicht das Bewußtsein von Sünde, Gerechtigkeit und Verdammnis herbeiführen; das ist das Werk des Heiligen Geistes. Sie können niemanden bekehren; auch das ist das Werk des Heiligen Geistes. Der Evangelist kann Menschen bitten, Jesus anzunehmen, und kann sie auch dazu auffordern. Aber das eigentliche Werk tut der Heilige Geist, der an den Sinnen, Herzen und an dem Willen der Nichtgläubigen arbeitet. Wir sollen uns um das Mögliche kümmern und unser Vertrauen darein setzen, daß Gott sich um das Unmögliche kümmern wird.

Und eines gehört dazu: Wenn der Evangelist wirklich einen wirkungsvollen Dienst zum Ruhme Gottes tun will, muß seine Botschaft begleitet sein von einem Geist-erfüllten und Früchte hervorbringenden Leben. Jesus hat verheißen: »Folget mir nach; ich will euch zu Menschenfischern machen!« (Mk 1,17). Er verschafft dazu die Kraft, und zwar durch den Heiligen Geist. Ich bitte alle Christen dringlich darum, das Werk eines Evangelisten zu tun, und zwar unabhängig davon, ob sie das vollzeitlich tun oder nicht! Ich glaube, daß die Christen hier gar keine Wahl haben. Es ist ein Befehl unseres Herrn Jesus Christus und das große Gebot der Heiligen Schrift: »Darum geht hin und machet zu Jüngern alle Völker; taufet sie auf den Namen des Vaters und des Sohnes und des heiligen Geistes, und lehret sie halten alles, was ich euch befohlen habe. Und siehe, ich bin bei euch alle Tage bis an der Welt Ende« (Mt 28, 19-20).

Die Gabe des Pastors.

Die Bibel gebraucht das Wort »Pastor« nicht häufig. Im Alten Testament wird es gelegentlich dazu benützt, um das hebräische Wort für »Hirte« zu übersetzen. Im Neuen Testament wird das Wort »Pastor« nur ein einziges Mal verwendet, auch hierbei mit der Vorstellung eines Hirten (vgl. Eph 4,11). Damit steht es in enger Beziehung mit der alttestamentlichen Übersetzung für das Wort »Hirte«. Es ist auch sehr eng mit dem Wort »Lehrer« verbunden. Andere Formen des griechischen Ausgangswortes finden sich auch an zwei anderen Stellen.

Für viele Christen ist das Wort »Pastor« eine der meistgebrauchten Bezeichnungen für einen ordinierten Theologen. Und dieser Gebrauch des Wortes stimmt überein mit dem Dienst unseres Herrn, der das Wort »Hirte« auf sich selbst anwendet. Damit sind also die, die vom Heiligen Geist in das Amt eines Pastors berufen sind, eigentlich Unterhirten.

Jesus selbst nennt sich den »Guten Hirten« (Joh 1,12), und er wird als der »große Hirte der Schafe« bezeichnet (Hebr 13,20). Petrus spricht vom »Erzhirten«, der eines Tages erscheinen wird (1. Petr 5,4). Wenn Jesus der »Erzhirte« ist, dann muß es auch assistierende Hirten geben; zu ihnen gehören Pastoren ebenso wie nicht ordinierte Mitglieder der Gemeinde, die die Gaben der Seelsorge, der Führung, des Warnens und des Hütens der Herde haben. Eine ganze Anzahl von Menschen haben in meinem Leben als geistliche Hirten gehandelt, obwohl sie keine ordinierten Pastoren waren.

Viele Seelsorger an Jugendlichen, Mitarbeiter im Kindergottesdienst und auch viele Leiter von Bibelkreisen und Gemeinschaften für junge neubekehrte Christen üben Aufgaben aus, die zur Gabe des Hirten gehören. Drei Briefe des Paulus, der 1. und der 2. Brief an Timotheus und der Brief an Titus, werden Pastoralbriefe genannt. Sie unterweisen die Hirten darin, wie sie die Herde hüten sollen. Bei unseren Evangelisationen verwenden wir einen »Hirtenplan«: Jeder Mensch, der nach vorne kommt, weil er Fragen hat, trifft dort einen ausgebildeten Seelsorger – einen Hirten –, der entweder ein Laie oder auch ein ordinierter Pastor ist. Wir bitten diesen Seelsorger, dem betreffenden Menschen durch Briefe, Anrufe oder Besuche so lange nachzugehen, bis dieser sich in einer herzlichen christlichen Atmosphäre befindet, bis er mit anderen Christen in Kontakt gekommen ist, z.B. in einem Bibelkreis für neubekehrte Christen oder in einem Gebetskreis. Wenn er sich in erzwungener Einsamkeit – z.B. im Gefängnis – befindet, dann wird ihm der Hirte beibringen, wie man für sich selbst die Bibel studieren kann.

Ich glaube, daß Tausende von Christen in der ganzen Welt, die nie als Pastoren eine Gemeinde übernehmen werden, doch die Gabe eines Hirten haben, die dazu gebraucht werden kann, den Pastoren bei ihrer Arbeit zu helfen. Diejenigen, die diese Gabe haben, sollten sie so weitgehend gebrauchen wie irgend möglich, weil sie wissen, daß es den Heiligen Geist betrübt, wenn sie es nicht tun. Viele Pastoren in den Gemeinden sind überarbeitet und brauchen Hilfe. Wir alle sollten eigentlich einmal unseren Pastor fragen, wie wir ihm helfen können!

Die Gabe des Lehrers.

Das griechische Wort in Epheser 4,11 für die Gabe des Lehrers bedeutet »jemand, der unterweist«. Wenn die Botschaft des Evangeliums zur Bekehrung geführt hat, muß der neue Christ unterwiesen werden. Im Taufbefehl (Mt 28,18-20) folgt auf das Gebot, Menschen zu Jüngern zu machen, sogleich der Befehl: »...und lehret sie alles halten, was ich euch befohlen habe.«

Heute haben wir in den Gemeinden einen großen Bedarf an Lehrern der Bibel. Auch das liegt aber in den souveränen Händen Gottes. Die Gabe des Lehrens ist eine Gabe, die der Heilige Geist geschenkt hat, um den Christen ein Wissen von Gottes Wort und seiner Anwendung auf ihr Denken und ihr Verhalten zu vermitteln. Das Ziel des Lehrens ist es, daß Christen Jesus Christus ähnlich werden. Das Lehren kann und muß einfach, mit Leidenschaft und mit Sorgfalt geschehen. Vor vielen Jahren hörte ich Vorlesungen von zwei Professoren über die kirchliche Doktrin. Sie hatten einen glänzenden wissenschaftlichen Ruf. Und beide hatten etwas gemeinsam: Wenn sie ihre Vorlesungen hielten, dann geschah das mit einer solchen Demut und Leidenschaft, daß sie oft Tränen in den Augen hatten. Ich habe längst das meiste von dem vergessen, was sie uns gelehrt haben, aber ich erinnere mich noch immer an ihre Tränen.

Und daran denke ich, wenn ich höre, daß man aus der Art der Aufzählung der Gaben, wie Paulus sie in Epheser 4 vornimmt, in der griechischen Originalsprache einen so engen Zusammenhang zwischen den Gaben des Hirten und des Lehrers bilden kann, daß seine Worte nahezu als »Hirte-Lehrer« übersetzt werden könnten, als handelte es sich um eine einzige Gabe. Das bestärkt die Vorstellung, daß der geistliche Lehrer ein leidenschaftliches Gespür für die Bedürfnisse seiner Schüler haben muß.

Einige der besten Lehrer des Wortes, denen ich zugehört habe, hatten kein Studium absolviert. Auf der anderen Seite hatten einige von den weniger guten Lehrern sogar einen Doktortitel auf Gebieten erworben, die es mit der Bibel zu tun haben, aber sie hatten nicht die Gabe des Lehrens, um ihre Kenntnisse anderen mitzuteilen. Es ist sehr bedauerlich, daß an manchen Predigerseminaren die Lehrer auf Grund staatlicher Vorschriften eine bestimmte Ausbildung haben müssen, daß aber andererseits manchmal die besten Lehrer der Bibel eine solche Ausbildung nicht haben. Deshalb dürfen sie dann an einem Predigerseminar nicht unterrichten. Ich glaube, daß diese Aussperrung für die Kirche in der Zukunft gefährlich werden könnte. Das soll nicht heißen, daß Gott nicht unsere intellektuellen Fähigkeiten gebraucht, wenn wir sie ihm zur Verfügung gestellt haben, aber die Unterweisung in geistlichen Dingen ist, ebenso wie alle geistlichen Gaben, eine übernatürliche Fähigkeit, die der Heilige Geist schenkt, und sie hat nichts mit einem akademischen Grad zu tun. Ich hebe in meinen Predigten hervor, was es kostet, Jünger zu sein, und wie nötig es ist, beständig zu lernen. Gott der Allwissende hat als Ergebnis unserer Betonung auf »Vorbereitung« und dem »Follow up« von Evangelisationen Tausende von Bibelgruppen entstehen lassen. In der gleichen Weise hat er Hunderte von evangelikalen Bibelschulen und Predigerseminaren auf der ganzen Welt gegründet. Aber die Kirche hat noch immer nicht genug Lehrer. Und dabei glaube ich, daß der Heilige Geist Hunderten und vielleicht Tausenden von Menschen die Gabe des Lehrens geschenkt hat, die entweder nicht wissen, daß sie diese Gabe haben, oder die keinen Gebrauch von ihr machen!

Die Gabe des Lehrens kann auf allen möglichen Gebieten eingesetzt werden, in einem Predigerseminar, in einer Bibelschule, im Kindergottesdienst oder in einem Hausbibelkreis. Für den Menschen, der diese Gabe besitzt, ist es wichtig, sie zu gebrauchen, wann immer und wo immer Gott es will.

Einer der ersten Bibelverse, die ich bei Dawson Trotman, dem Begründer der »Navigatoren«, lernen mußte, lautete: »Und was du von mir gehört hast vor vielen Zeugen, das befiehl treuen Menschen an, die tüchtig sind, auch andere zu lehren« (2.Tim 2,2). Das hört sich ein wenig an wie eine mathematische Formel dafür, wie man das Evangelium ausbreiten und die Gemeinde vergrößern kann. Paulus unterwies Timotheus, und Timotheus sagte das, was er wußte, treuen Männern weiter. Diese Getreuen berichteten es wiederum anderen. Und so geht es immer und immer weiter. Wenn jeder Gläubige hierbei wirklich mitmachen würde, dann könnte die Gemeinde Jesu die gesamte Welt innerhalb einer Generation mit der Botschaft der Bibel erreichen! Die Massenevangelisationen, an die ich glaube und denen ich mein Leben gewidmet habe, werden den Taufbefehl Jesu nie erfüllen. Das kann nur dann geschehen, wenn einer dem anderen das Evangelium weitersagt.

Apostel – Prophet – Evangelist – Pastor – Lehrer: Das sind fünf Gaben des Heiligen Geistes. Aber Sie sagen an dieser Stelle vielleicht: »Ich bin kein Pastor und auch kein Evangelist. Solche Gaben mögen andere bekommen haben, aber ich nicht. Was sollen sie also für mich bedeuten?«

Sie bedeuten sehr viel für Sie! Erstens kann es sein, daß Gott Ihnen doch eine von diesen Gaben geschenkt hat. Vielleicht ruft Gott Sie, Pastor oder Evangelist oder Lehrer der Bibel zu sein. Vielleicht sind Sie noch jung an Jahren, und der Herr ruft Sie auf das Missionsfeld. Vielleicht gehören Sie schon zu den etwas Älteren, und Gott möchte, daß Sie im Kindergottesdienst unterrichten oder daß Sie einen Hausbibelkreis leiten.

Zweitens befiehlt uns die Bibel, die zu unterstützen, die Gott zu Leitern der Gemeinden bestellt hat. Beispielsweise sollten Sie regelmäßig für Ihren Pastor, für Missionare und für andere beten, die im Reiche Gottes arbeiten.

Und drittens: Lernen Sie von denen, die Gott zu christlichen Leitern bestellt hat. »Gedenkt an eure Lehrer, die euch das Wort Gottes gesagt haben; ihr Ende schaut an und folgt ihrem Glauben nach... Gehorcht euren Lehrern und folgt ihnen, denn sie wachen über eure Seelen – und dafür müssen sie Rechenschaft geben –, damit sie das mit Freuden tun und nicht mit Seufzen; denn das wäre nicht gut für euch« (Hebr 13,7.17).

12. KAPITEL

Weitere Gaben des Geistes

Im letzten Kapitel haben wir uns mit den Gaben befaßt, die Paulus in Epheser 4 aufgeführt hat. Nun werden wir uns mit anderen Gaben beschäftigen, von denen in 1.Korinther 12 die Rede ist. (Es sind in etwa die gleichen, die in Römer 12 aufgezählt werden.) Hierbei handelt es sich um die Liste der grundlegenden Gaben, die uns allen wohl am besten bekannt sind. Mit den zeichenhaften Gaben, die am ehesten äußerlich sichtbar sind (wie dem Sprechen in Zungen), werden wir uns in einem eigenen Kapitel befassen, weil sie so viel Streit ausgelöst haben.

Wir müssen zunächst beachten, daß Paulus gesagt hat: »Es sind verschiedene Gaben; aber es ist *ein* Geist« (1. Kor 12,4). Alles, was ich jetzt im folgenden sage, hat eine entscheidende Voraussetzung: Diese Gaben sind von übernatürlicher Art, und sie stammen vom Heiligen Geist. Ein Christ kann sie nicht selbst herbeiführen oder erzeugen. Das will aber natürlich nicht sagen, daß wir die Gaben unabhängig vom Worte Gottes betrachten dürfen. Wir sollen die Bibel studieren und dann das Gelernte auch anwenden.

Der Geist schenkt manchen Menschen besondere Weisheit, ein besonderes Wissen, einen besonderen Glauben oder ähnliche Gaben, aber das Gewähren dieser besonderen Gaben bedeutet nicht, daß andere Christen in dieser Hinsicht etwa leer ausgingen. Solche geistlichen Gaben sind häufig nur besonders ausgeprägte Formen grundlegender Fähigkeiten, mit denen Gott alle Christen ausgestattet hat. Die Gabe der Weisheit ist dafür ein gutes Beispiel. Wir alle haben ein bestimmtes Maß an geistlicher Weisheit, aber ein Mensch mit der Gabe der Weisheit besitzt diese in besonders starkem Maße. Andererseits glaube ich, daß die Gabe des Heilens oder des Wunderwirkens eine solche ist, die ein Gläubiger hat oder nicht hat. Gott gibt diese Gabe nur sehr wenigen, und so hat er es offenbar auch während der ganzen Geschichte der Gemeinde gehalten. Aber lassen Sie uns jetzt die ersten beiden geistlichen Gaben betrachten, die Paulus in 1.Korinther 12 erwähnt.

Wir unterscheiden drei verschiedene Arten von Weisheit. Die erste Art ist unsere natürliche Weisheit. Die zweite entsteht aus unserem

Lernen; es handelt sich also um eine Art von Weisheit, die uns beigebracht wird. Aber die höchste Art von Weisheit kommt von Gott selbst, hierbei handelt es sich um ein besonderes Werk des Heiligen Geistes. Er ist die Quelle aller Wahrheit, und er schenkt den Gläubigen Weisheit auf eine einzigartige Weise – durch die Heilige Schrift. Außerdem gibt er einigen Menschen eine besondere Gabe oder Aufnahmefähigkeit für Weisheit.

Dr. Merrill C. Tenney, der am Wheaton College unterrichtet, definiert diese Gabe als »die Fähigkeit, auf der Grundlage des eigenen Wissens die richtigen Entscheidungen zu treffen«.

Das führt uns zu einer zweiten Gabe, der Gabe der Erkenntnis, wobei es sich um das Verstehen geistlicher Dinge handelt. Wir alle kennen Gläubige mit einem sehr großen Wissen über Gott und seine Lehre, die aber doch nicht wissen, welche Schlüsse sie daraus für ihr praktisches Leben ziehen sollen. Ich habe einen Freund, dessen Kopf gestopft voll ist mit biblischem Wissen, aber er hat sein Predigtamt auf Grund einiger tragischer Fehler nahezu ruiniert. Wir sehen also, daß die Gaben der Weisheit und der Erkenntnis zusammenarbeiten müssen oder, mit anderen Worten, wir sehen, wie nötig es ist, daß Menschen mit unterschiedlichen Gaben miteinander zusammenarbeiten.

Jesus spricht über einen Fall, wo ein Gläubiger diese beiden Gaben braucht. Er sagt: »Wenn sie euch nun hinführen und überantworten werden, so sorgt euch nicht vorher, was ihr reden sollt; sondern was euch in jener Stunde gegeben wird, das redet. Denn ihr seid's nicht, die da reden, sondern der heilige Geist« (Mk 13,11). Immer wieder mußten sich die Jünger Jesu vor dem Volk, vor Gouverneuren, Fürsten und sogar Königen verantworten; Paulus mußte sich vielleicht sogar vor dem römischen Kaiser selbst verantworten. Dieses Wissen, das eine Gabe des Geistes ist, kommt zustande auf Grund von vielen und langen Stunden konzentrierten Bibelstudiums, in denen Gott uns unterweist. Aber die Fähigkeit, das, was wir gelernt haben, auf eine bestimmte Situation anzuwenden, geht gleichwohl über das Studium hinaus und rührt unmittelbar vom Heiligen Geist her. Weisheit ist die Gabe des Geistes, die uns zeigt, wie wir unser Wissen anwenden sollen. Als Paulus sich verteidigte, griff er auf beides zurück. Indem er das tat, zeigte er, was Petrus meinte, als er uns dazu ermahnte: »Seid allezeit bereit zur Verantwortung vor jedermann, der von euch Rechenschaft fordert über die Hoffnung, die in euch ist« (1.Petr 3,15).

Dabei ist es interessant, daß Petrus auch gesagt hat: »Wachset aber in der Gnade und Erkenntnis unseres Herrn und Heilandes Jesus Christus« (2.Petr 3,18). Durch unsere Gemeinschaft mit dem Herrn erhalten wir mehr Wissen und größere Weisheit, als die Welt sie hat. Und Gläubige, die beides in einem besonderen Maße erhalten haben, können davon ausgehen, daß sie die Gabe des Wissens oder der Weisheit haben.

Wir alle haben es immer wieder mit Streßsituationen, Dilemmas und Problemen zu tun, auf die wir, menschlich gesehen, keine Antwort haben. Ein Beispiel: Ein Vorstand, der aus 26 Personen besteht, aus Männern und Frauen, Schwarzen und Weißen zusammengesetzt, ist zuständig für alle persönlichen und finanziellen Belange unserer Missionsorganisationen. Bei unserem Dienst waren wir von Anfang an bestrebt, unsere finanziellen Angelegenheiten mit der größten Sorgfalt zu handhaben. Und immer dann, wenn wir nicht recht wußten, welche Prioritäten zu setzen waren, oder wenn uns für ein Projekt das Geld fehlte, oder wenn wir ungerechtfertigten Angriffen ausgesetzt waren, knieten wir nieder und baten Gott um Weisheit. Und er gab uns seine Antwort jedesmal sofort. Jede Gemeinschaft von Gläubigen benötigt mindestens einen Menschen mit der Gabe der Weisheit, der bei praktischen Entscheidungen Hilfestellung leisten kann. Und häufig war es so, daß nach unserem Gebet ein solcher Mensch uns sagen konnte, welche Entscheidung die richtige war.

Die Gabe des Glaubens.

Das Wort Glaube stammt von einem griechischen Wort, das eigentlich »Treue« und »Beständigkeit« bedeutet. »Einem anderen der Glaube in demselben Geist« (1.Kor 12,9). In dieser Schriftstelle beschreibt Paulus den rettenden Glauben. In der Bibel heißt es: »Denn aus Gnade seid ihr selig geworden durch den Glauben« (Eph 2,8). Und uns ist auch gesagt, daß wir »im Glauben wandeln sollen und nicht im Schauen« (2. Kor 5,7). Der Glaube, von dem in 1. Korinther 12 die Rede ist, ist aber eine ganz besondere Gabe, die der Heilige Geist nach seinem Wohlgefallen austeilt.

Wir müssen unterscheiden zwischen der Gnade des Glaubens und dem Geschenk des Glaubens. Gnade des Glaubens bedeutet, daß wir glauben dürfen, daß Gott das tun wird, was er in seinem Wort verheißen hat zu tun. Alle Christen haben die Gnade des Glaubens. Deshalb sündigen wir, wenn wir nicht an das glauben, was die Bibel verheißt. Aber in unserem Leben ereignen sich viele Dinge, für die wir keine ausdrückliche Aussage im Wort Gottes haben. Daher sagen wir am

Ende unseres Gebets stets: »Wenn es Dein Wille ist.« Manchmal gibt uns der Heilige Geist jedoch die Gabe des Glaubens, durch die wir an den Eintritt von Dingen glauben können, über die die Bibel nichts sagt. Wenn wir diese besondere Gabe des Glaubens nicht haben, dann ist das keine Sünde.

Ein geradezu klassisches Beispiel für die Gabe des Glaubens ist Georg Müller, der sich in Bristol viele Jahre um Tausende von Waisenknaben kümmerte. Müller lehnte es ab, jemanden auch nur um einen Penny zu bitten. Er betete das Geld herbei. Das ist die Gabe des Glaubens, die Jesus meinte, als er sagte: »Denn wahrlich, ich sage euch: Wenn ihr Glauben habt wie ein Senfkorn, so könnt ihr sagen zu diesem Berge: Heb dich dorthin!, so wird er sich heben, und euch wird nichts unmöglich sein« (Mt 17,20).

In meinem Dienst habe ich manchmal den Eindruck gehabt, daß ich ein Mann von nur kleinem Glauben sei, und doch hat mir der Heilige Geist bei vielen Anlässen die besondere Gabe des Glaubens geschenkt und mich in anscheinend unmögliche Situationen hineingestellt, für die ich aus dem Worte Gottes keine spezifische Aussage entnehmen konnte. Ich erinnere mich zum Beispiel daran, daß im Jahre 1957 bei unserer Evangelisation in New York der Madison Square Garden sechs Wochen lang jeden Abend überfüllt gewesen war und daß Tausende Jesus ihr Leben übergeben hatten. Eigentlich war es geplant gewesen, daß diese Evangelisation mit einer Veranstaltung am 20. Juli im Yankee-Stadion zu Ende gehen sollte, aber bei einigen von uns wurde der Eindruck immer stärker, daß die Veranstaltung weitergehen sollte. Und dabei hatten einige andere das Gefühl, daß es einfach nicht gut sei, wenn wir nach der Veranstaltung im Yankee-Stadion wieder in den Madison Square Garden zurückkehren würden. Sie hatten die Sorge, daß die Menschen dann nicht mehr so interessiert sein würden, zumal die Ferien vor der Tür standen.

Das Ganze bedrückte mich so, daß ich nachts nicht mehr schlafen konnte. Ich wußte, daß letztlich ich und mein langjähriger Freund und Kollege Cliff Barrows vor Gott die rechte Entscheidung zu treffen hatten. Schließlich betete ich zu Gott: »Herr, ich weiß einfach nicht, welches die richtige Entscheidung ist, aber im festen Glauben an Dich werde ich morgen meinen Brüdern und Schwestern sagen, daß wir weitermachen.« Danach rief ich Cliff an, und er erklärte mir, er habe den Eindruck, daß Gott ihm ebenfalls gesagt habe, wir sollten weitermachen.

Auf Grund dieser Entscheidung setzten wir unsere Evangelisation noch zehn Wochen lang fort, und zum Abschluß führten wir eine Veranstaltung unter freiem Himmel auf dem Times Square durch, bei der sich 75000 Menschen in den Straßen drängten. Die Veranstaltung wurde außerdem zur besten Sendezeit im Radio und im Fernsehen übertragen. Sie sehen also: Wenn diese Entscheidung nicht auf Grund des Glaubens vom Heiligen Geist geschenkt worden wäre, dann wären wohl Hunderte von Menschen nicht zum Glauben gekommen.

Ich bin der festen Überzeugung, daß es in unserem Leben Zeiten gibt, in denen wir Entscheidungen nach dem Willen Gottes treffen, und daß der Heilige Geist uns den Glauben gibt, das zu tun, was wir nach Gottes Willen tun sollen, wie auch immer die Konsequenzen dann sein mögen.

Die Gabe der Unterscheidung der Geister.

Das Wort »Unterscheidung« im 1.Korinther 12,10 rührt von einem griechischen Wort her, das mehrere Vorstellungen vereint: etwas sehen, betrachten, prüfen, verstehen, hören und es genau prüfen. Die New American Standard Bible spricht hier von »dem Erkennen der Geister«.

Im vorigen Kapitel habe ich schon bemerkt, daß nach der Aussage der Heiligen Schrift viele falsche Propheten und viele Betrüger in den kommenden Jahrhunderten innerhalb und außerhalb der Kirche auftreten würden. Am Ende der Zeiten würden sie jedoch ihre Aktivitäten noch intensivieren. Paulus schrieb: »Und das ist auch kein Wunder, denn er selbst, der Satan, verstellt sich als Engel des Lichts. Darum ist es nichts Großes, wenn sich auch seine Diener verstellen als Diener der Gerechtigkeit; deren Ende wird sein nach ihren Werken« (2.Kor 11,14-15). Ich bin davon überzeugt, daß heute Hunderte von religiösen Anführern überall in der Welt nicht Diener des Wortes, sondern des Antichristen sind. Sie sind Wölfe in Schafspelzen und Wicken anstelle von Weizen.

Der Spiritismus, der Okkultismus, die Teufelsanbetung und das Treiben der Dämonen, all dies hat in der westlichen Welt beunruhigend zugenommen. Mannigfaltige Irrlehren (Paulus nennt sie in 1.Tim 4,1 »Lehren der Teufel«) haben ihre Zunahme begleitet.

Und damit erhebt sich die wichtige Frage: Wie können wir das Falsche vom Wahren unterscheiden? Deshalb brauchen die Gläubigen die Gabe der Unterscheidung der Geister oder mindestens Achtung vor den Meinungen anderer, die diese Gabe besitzen. Johannes hat gesagt: »Ihr Lieben, glaubt nicht einem jeden Geist, sondern prüft die Geister, ob sie von Gott sind; denn es sind viele falsche Propheten ausgegangen in die Welt« (1.Joh 4,1). Mit anderen Worten sollen die Gläubigen die verschiedenen Geister und Lehren prüfen, von denen es heute eine solche Unmenge gibt. Und prüfen sollen wir sie vor allem am Wort Gottes, der Bibel. Dabei gibt Gott jedoch manchen Menschen ganz besonders die Fähigkeit, die Wahrheit zu erkennen. In 1.Korinther 12,10 lesen wir: »...einem anderen (ist es gegeben), Geister zu unterscheiden.«

Ein Mann mit Namen Joe Evans hatte diese Gabe, wie ich glaube. Ich pflegte ihn »Onkel Joe« zu nennen. Er war wohl der engste Freund von Dr. V. Raymond Edman, dem verstorbenen Präsidenten des Wheaton College. Viele Male sind wir drei (und manchmal auch der eine oder andere von meinen Mitarbeitern) hingekniet und haben lange und in wunderbarer Gemeinschaft miteinander gebetet, wenn neue Situationen, neue Möglichkeiten oder Probleme auf uns zukamen. Immer wieder hat man mich beispielsweise gebeten, Angebote anzunehmen, die mich von der Evangelisation weg und in ein anderes Gebiet der Gemeindearbeit geführt hätten. Und diese Angebote kamen, wie es aussah, immer durch einen »Engel des Lichts«. Ich brauchte die Fähigkeit der Unterscheidung. Da ich sie nicht immer hatte, pflegte ich zu »Onkel Joe« zu gehen, der mir mit seiner besonderen Gabe der Unterscheidung helfen konnte. Ich suchte seinen Rat und seine Hilfe im Gebet. Es ist wichtig, sich bewußt zu machen, daß ein Mensch, der die Gabe der Unterscheidung hat, zwischen dem unterscheiden kann, was von Gott herrührt und was nicht. Ein solcher Mensch kann oft falsche Lehren oder falsche Lehrer ausmachen – er hat eine fast unglaubliche Fähigkeit, Heuchelei, Oberflächlichkeit, Täuschung oder falschen Anschein zu erkennen.

Sicherlich versetzte diese Gabe Petrus in die Lage, die Lüge von Ananias und Saphira zu durchschauen, und er erkannte die Wirklichkeit auch bei Simon aus Samarien, der behauptete, er sei zum Glauben gekommen und vom Geist getauft, der sich aber als Heuchler entpuppte (Apg 8,9 ff). Paulus hat uns davor gewarnt, daß »in der letzten Zeit einige von dem Glauben abfallen werden und verführerischen Geistern und teuflischen Lehren anhängen« (1.Tim 4,1).

Die Heilige Schrift sagt uns allerorten, daß alles Glaubensmäßige sehr sorgfältig untersucht werden muß und daß sogar die Gemeinden, deren Gottesdienste wir besuchen, daraufhin geprüft werden müssen, ob sie einen gesunden Glauben haben.

Die Gabe des Helfers.

Die Gabe der »Helfer«, die in 1.Korinther 12,28 erwähnt ist, leitet ihren Namen von einem griechischen Wort her, das »unterstützen, assistieren« bedeutet.

Wir finden ein Beispiel für Helfer in Apostelgeschichte 6, wo wir lesen, daß die Apostel beschlossen, Diakone zu bestellen, die sich um den äußerlichen Betrieb der Gemeinde kümmern sollten. Sie hatten vorwiegend mit der Ausspeisung und der Zuwendung von finanzieller Unterstützung zu tun. Der Gebrauch dieser Gabe ermöglicht es Tausenden von Laien, dabei mitzuhelfen, daß das Reich Gottes vorangetrieben wird durch die Seelsorge, Gebet, das rechte Verwalten der Gemeinde und ihrer Organisationen und durch das rechte Zeugnis. »Helfer« zu sein bedeutet aber auch, daß man sich um die wirtschaftlichen Nöte der Menschen kümmert, also daß man denen hilft, die Unrecht leiden, und daß man für die Witwen und Waisen sorgt. Es kann auch bedeuten, daß man Essen für einen kranken Nachbarn kocht oder daß man einen ermutigenden Brief schreibt, oder daß man einem Bedürftigen gibt. Helfer zu sein bedeutet, Erbarmen zu zeigen. Es bedeutet jedoch auch Hilfe bei ganz normalen christlichen Aktivitäten, damit andere, denen andere Gaben gegeben sind, die Möglichkeit haben, sie besser auszunutzen. »Und dient einander, ein jeder mit der Gabe, die er empfangen hat, als die guten Haushalter der mancherlei Gnade Gottes; wenn jemand predigt, daß er's rede als Gottes Wort; wenn jemand dient, daß er's tue aus der Kraft, die Gott gewährt, damit in allen Dingen Gott gepriesen werde durch Jesus Christus. Sein ist die Ehre und Gewalt von Ewigkeit zu Ewigkeit!« (1.Petr 4,10-11).

Bei meinen ersten Evangelisationen hatte ich das Gefühl, daß ich in allen Bereichen dieses Dienstes mitarbeiten müßte. Natürlich brachte das so viele Pflichten mit sich, daß ich häufig völlig erschöpft war. Ich erinnere mich, wie dann eines Abends Dawson Trotman, den ich gebeten hatte, die Leitung zu übernehmen, zu mir kam und sagte: »Billy, du machst dich ja ganz fertig!« Und er fügte die Frage hinzu: »Warum packen wir die Sache nicht als Team an? Cliff Barrows kann sich doch um die musikalische Seite kümmern, du dich um die Predigten, und mir und denjenigen, die ich ausgebildet habe, kannst du die Seelsorge überlassen.« Ich meinte, es sei den Versuch wert. Und dann war es eine der wichtigsten und gewinnbringendsten Entscheidungen meines ganzen Lebens! Zum ersten Mal wurde mir klar, daß Gott andere Menschen gebrauchen kann und gebraucht, die sich um andere Bereiche bei Evangelisationen genauso gut kümmern, wie er mich oder Cliff

Barrows oder einen anderen aus unserer Mannschaft braucht. Das ist ein gutes Beispiel dafür, wie Gott alle Gaben dazu einsetzen kann, daß einer dem anderen hilft, aber daß es sich bei der Gabe des »Helfens« um eine besondere handelt.

Später wurde mir beim Lesen der Bibel bewußt, daß auch unser Herr selbst eine Mannschaft von Mitarbeitern um sich versammelte, die er bei gegebenem Anlaß jeweils zu zweit aussandte. Markus diente Paulus und Barnabas als Helfer (vgl. Apg 12,25). Paulus reiste beständig mit einer Mannschaft von Mitarbeitern, ohne die er seinen Dienst nie hätte so wirkungsvoll verrichten können. Am Schluß seiner Briefe sind diese getreuen Helfer jeweils namentlich erwähnt. Im Römerbrief finden wir eine große Zahl von ihnen, und darunter befinden sich auch viele Frauen. In seinem Brief an die Philipper erwähnt Paulus den Epaphroditus, der »mein Mitarbeiter und Mitstreiter ist und euer Abgesandter und Helfer in meiner Not« (Phil 2,25).

Während ich an diesem Kapitel schrieb, nahm ich zusammen mit meiner Frau Ruth und mit dem Ehepaar Grady und Wilma Wilson eine Einladung von Mr. und Mrs. Mead in Dallas an. Wir studierten jeden Morgen gemeinsam die Bibel. Eines Tages schlug Grady Wilson vor, wir sollten einmal unseren regelmäßigen Bibelleseplan unterbrechen und uns statt dessen mit dem Brief an Philemon beschäftigen. Ich hielt das für einen ziemlich ungewöhnlichen Vorschlag, aber wir widersprachen nicht. Als wir uns dann mit dem Buch beschäftigten, betete ich: »Ich danke dir, Herr, für dieses gute Beispiel eines Menschen, der die Gabe des Helfens hatte.« Und dieser Mensch war Onesimus, der Sklave. Paulus schrieb an dessen Herrn, Philemon, daß Onesimus »dir früher unnütz war, jetzt aber dir und mir sehr nützlich ist« (Phlm 11).

Besitzen Sie die besondere Gabe des Helfens? Sie könnten vielleicht als Geschäftsmann getreulich in der Verwaltung einer kirchlichen Organisation oder bei einer Missionsgesellschaft mitarbeiten, oder Sie könnten Verantwortung in einer Bibelgesellschaft übernehmen oder für die Wahl eines Gemeindeältesten kandidieren. Oder man könnte auch als vielbeschäftigte Hausfrau und Mutter oder auch als Student eine Helferin oder ein Helfer sein.

Ein Verwandter von mir, Onkel Bo genannt, nahm sich an jedem Sonnabendnachmittag Zeit, in der kleinen Kirche im Zentrum von Charlotte, wo er Mitglied war, alles sauber zu machen. Außerdem mähte er den Rasen und schnitt die Hecken. Kaum jemand bemerkte seine Arbeit, die er so fröhlich verrichtete. Und das war eigentlich alles, wozu er befähigt war: Er konnte nicht predigen, er konnte auch andere nicht unterrichten, er tat sich sogar schwer damit, in der Öffentlichkeit zu beten. Aber er hatte die Gabe des Helfens. Und Gott gebrauchte ihn.

Die Gabe des Regierens.

Diese Gabe hat ihren Namen von einem griechischen Wort, dem die Vorstellung des Steuerns, Navigierens oder Wegweisens zugrundeliegt. In einigen Übersetzungen wird es auch die Gabe des Verwaltens genannt. Manche Menschen haben die Gabe des Anführens und Leitens erhalten, die von der Gemeinde anerkannt wird.

Die Bibel sagt uns, daß die Gemeinde regiert werden muß; sie braucht Leiter, seien sie nun speziell dafür ausgebildet oder nicht. Jesus verbrachte mehr als die Hälfte seiner Zeit mit zwölf Männern, und dabei bildete er sie zu Anführern und Leitern aus, die sein Werk fortsetzen sollten, nachdem er gen Himmel gefahren war. Wohin dann später die Apostel auch zogen, überall bestellten sie Leiter für die Gemeinde, die sie gerade gegründet hatten. In 1.Timotheus 3,1-7 führt Paulus die Qualifikationen auf, die ein »Bischof« haben muß. Hier glauben viele Theologen, daß »Bischof« eigentlich gleichbedeutend sei mit »Pastor«, und daß damit das Amt des Aufsehers, des Vorstehers und des Regenten gemeint ist.

Es gibt zwar Gemeinden und Gemeinschaften, die sich bemühen, das Werk des Herrn ohne eine Gruppe von Leitern oder Ältesten zu tun, aber ich halte das für praktisch unmöglich. Wieder andere christliche Gemeinschaften haben zwar keinen ordinierten Pastor, aber die Gottesdienste verlaufen in guter Ordnung, und sie kommen auch ihren übrigen Verpflichtungen nach. Der Grund dafür ist der, daß es in der Gemeinschaft Leiter gibt, selbst wenn sie nicht irgendwelche offiziellen Titel tragen. Wo wir diese Gabe nicht anerkennen, da tritt Verwirrung ein, und ich glaube, daß das unbiblisch ist, weil es das Werk des Heiligen Geistes hindert, der Menschen die Gabe des Regierens gibt. Der Verfasser des Hebräerbriefes ging sogar so weit, zu sagen: »Gehorcht euren Lehrern und folgt ihnen, denn sie wachen über eure Seelen – und dafür müssen sie Rechenschaft geben –, damit sie das mit Freuden tun und nicht mit Seufzen; denn das wäre nicht gut für euch« (Hebr 13,17). Sicherlich sprach er hierbei von jenen, die Autorität in der Gemeinde haben.

Die Qualifikationen für einen Leiter werden im Neuen Testament mehrfach aufgezählt. Er darf nicht diktatorisch, egoistisch oder zu dogmatisch sein – ganz im Gegenteil! Vielmehr muß er demütig, barmherzig, höflich, freundlich und von Liebe erfüllt sein; er muß jedoch auch Festigkeit beweisen können, deshalb muß er sowohl die Gabe des Wissens als auch die der Weisheit haben. Es ist auch wichtig, zu bemerken, daß die Vorstellung, die im Neuen Testament mit Leiterschaft verbunden ist, in keiner Weise etwas mit Pomp oder Prunk zu tun hat. Vielmehr ist sie mit Dienstbereitschaft und Demut verbunden.

Der Herr Jesus Christus selbst ist das vollkommenste Beispiel für einen solchen Regenten oder Leiter. »Er, der in göttlicher Gestalt war, hielt es nicht für einen Raub, Gott gleich zu sein, sondern entäußerte sich selbst und nahm Knechtsgestalt an, ward den Menschen gleich und der Erscheinung nach als Mensch erkannt« (Phil 2,6-7). Er wusch die Füße seiner Jünger und sagte dann: »Wahrlich, wahrlich, ich sage euch: Der Knecht ist nicht größer als sein Herr und der Apostel nicht größer als der, der ihn gesandt hat« (Joh 13,16). Und er sagt uns auch, daß jeder wahre Leiter auch ein Helfer, ein Diener, ja ein Sklave werden soll. Wir werden dazu ermahnt, durch die Liebe einer dem anderen zu dienen. Das ist ein Befehl, nicht ein Ratschlag, und er gilt in besonderer Weise für Leiter!

Ausblick.

Gott hat es nicht so bestimmt, daß die Gemeinde ziellos im Meer der Ungewißheit umhertreibt, ohne einen Kompaß, einen Kapitän oder eine Mannschaft zu haben. Durch seinen Heiligen Geist hat er Vorsorge dafür getroffen, daß die Gemeinde auch schon in geschichtlicher Zeit bestehen konnte, und uns ist heute gesagt, daß wir »nach den größeren Gaben streben sollen« (1.Kor 12,31). Unabhängig davon, ob der Heilige Geist uns eine oder mehrere Gaben gegeben hat; für uns ist es wichtig, zwei Dinge zu tun: Zunächst einmal müssen wir die Gabe oder die Gaben erkennen, die Gott uns gegeben hat. Sodann müssen wir diese Gaben pflegen und, menschlich gesprochen, alles tun, um sie immer noch weiter auszubilden, während wir sie ausüben.

Wir alle werden eines Tages darlegen müssen, in welcher Weise wir die Gaben gebraucht haben, die Gott uns gegeben hat. Der Mensch, dem viel gegeben wurde, wird feststellen, daß auch viel von ihm erwartet wird. Wollen wir doch unsere Gaben so weit wie nur irgend möglich nutzen und erwartungsvoll an den Ausspruch unseres Herrn »Wohlgetan, du frommer und getreuer Knecht!« denken, den wir eines Tages vor dem Richterstuhl unseres Herrn zu hören hoffen.

13. KAPITEL

Die zeichenhaften Gaben

Ich glaube, daß ein Wort der Erklärung und der Vorsicht in Zusammenhang mit den sogenannten »zeichenhaften Gaben« hilfreich ist, die in 1.Korinther 12,9-10 aufgeführt sind. Mit »zeichenhaften Gaben« meine ich jene Gaben des Heiligen Geistes, die sehr häufig äußerliche Zeichen oder Hinweise auf das Wirken Gottes sind. Zu diesen Gaben gehören die Heilung, die Wunder und die Zungenrede. Sie ziehen heute in vielen Gemeinden die meiste Aufmerksamkeit auf sich, weil sie die Vorstellungskraft stark ansprechen und weil sie sich äußerlich in einer Art und Weise manifestieren, die großes Interesse erweckt.

Ein christlicher Leiter sagte einmal: Würde er hören, daß ein Pfarrer in der nächstgelegenen Gemeinde predige, so würde er seinen Fernseher einschalten und sich sein Lieblingsprogramm ansehen, würde ihm aber jemand sagen, daß dort jemand Wunder vollbringe, dann würde er alles stehen und liegen lassen, um zu sehen, was dort vor sich ginge. Warum ist das so? Einfach deswegen, weil uns das Spektakuläre und das Ungewöhnliche fasziniert. Diese Art von Neugier ist nicht unbedingt gut oder hilfreich, aber sie ist eben sehr weit verbreitet.

Es ist interessant, festzustellen, daß von den vier Stellen, die die Gaben des Heiligen Geistes erörtern (Röm 12,6-8; 1.Kor 12,8-10; Eph 4,11 und 1.Petr 4,10-11) die Zeichengaben nur im 1.Korintherbrief miterwähnt werden, und die Gemeinde dort mißbrauchte zumindest eine dieser Gaben. Christen dürfen nicht vergessen, daß es nicht in der Absicht des Heiligen Geistes liegt, wenn Gaben so mißbraucht werden, daß sie zu Spaltung führen und unserer Gemeinschaft schaden. Wenn dies geschieht, dann wird nämlich eine der größten Offenbarungen des Geistes, die Liebe, beschränkt.

Die Gabe der Heilung.

Der Heilige Geist schenkt die Gabe des Heilens (oder wörtlich »die Gabe der Heilbehandlung«). Im Alten Testament lesen wir von vielen

Fällen, in denen Kranke geheilt wurden, und ganz gewiß ist auch das Neue Testament voll von Beispielen dafür, daß Jesus und seine Jünger Kranke heilten. Schließlich werden durch die ganze Geschichte der christlichen Kirche hindurch zahllose Fälle von Heilungen berichtet.

Die Gabe, körperliche Krankheiten durch geistliche Mittel zu heilen, wird manchmal mit der sogenannten »Glaubensheilung« verwechselt. Viele dieser Glaubensheiler behaupten, sie hätten die Gabe des Heilens oder zumindest eine besondere Befähigung dazu. Zehntausende strömen zu diesen Heilern. Und weitere Tausende werden aufgefordert, an gewisse Radio- und Fernsehprediger zu schreiben, die behaupten, sie hätten eine solche Gabe der Heilung.

Das Interesse an Heilung ist groß. Dennoch gehören Krankheiten und Schwächen zu unserem Leben, niemand kann ihnen letztlich entfliehen. Alle Menschen, auch die berühmtesten Glaubensheiler, werden irgendwann einmal krank, und alle müssen letztendlich sterben. Kathryn Kuhlmann, die bekannte Glaubensheilerin, starb zu Beginn des Jahres 1976. Sie hatte schon jahrelang unter Herzbeschwerden gelitten, und gegen Ende des Jahres 1975 mußte sie sich einer Operation am offenen Herzen unterziehen, von der sie sich nicht wieder erholte. Sie hat in ihrem Dienst viele Menschen geheilt. Aber sie selbst erfuhr keine Heilung. Ihre Krankheit brachte ihr letztlich den Tod.

Aber wir müssen das, was die Bibel die Gabe des Heilens nennt, von einer Methode des Heilens unterscheiden. Es gibt Christen, die betonen, daß derjenige, der der Heilung bedarf, Glauben haben müsse; sie sagen ihm, die Heilung würde eintreten, wenn der Betreffende nur fest daran glaube. Sie sind der Auffassung, daß jeder Christ, der krank wird, auf Grund seines Glaubens Heilung begehren kann. Bitte achten Sie darauf, daß dies mit der Gabe des Heilens an sich nichts zu tun hat! Nach Meinung dieser Menschen hat der Tod Jesu am Kreuz nicht nur die Möglichkeit mit sich gebracht, daß wir Vergebung für unsere Sünden erlangen, sondern er habe auch die Möglichkeit der körperlichen Heilung gebracht, und sie denken, daß beides uns durch den Glauben zugänglich gemacht worden ist.

Diese Art des Heilens hat eigentlich mehr mit Glauben als mit der Gabe des Heilens zu tun.

Zur Bestätigung dieser Auffassung wird darauf verwiesen, daß im Alten Testament das Kommen des Messias vorhergesagt wird, und daß es von ihm heißt: »Durch seine Wunden sind wir geheilt« (Jes 53,5). Ich persönlich glaube nicht, daß sich aus der Bibel ergibt, daß auch körperliche Heilungen zu Christi Erlösungswerk am Kreuz gehören. Die eben genannte Bibelstelle wird ein einziges Mal im Neuen Testament erwähnt, und zwar in 1.Petrus 2,24: »...der unsere Sünde selbst hinaufgetragen hat an seinem Leibe auf das Holz, damit wir, der Sünde abgestorben, der Gerechtigkeit leben. Durch seine Wunden seid ihr heil geworden.« Und das scheint mir klar zu besagen, daß es sich hier um geistliche und nicht um körperliche Heilung handelt.

Manche Christen, und zwar sowohl die, die glauben, Gott heile durch eine geistliche Gabe, als auch die, die meinen, dazu reiche der Glaube allein aus, glauben, daß es nicht nötig sei, einen Arzt zu Rate zu ziehen, wenn man krank sei, es sei denn, es gäbe keine andere Hoffnung mehr. Für sie bestehen mehrere Möglichkeiten: Sie können auf Gott vertrauen, daß er sie heilen wird, und in diesem Fall ist dann nicht die Gabe des Heilens beteiligt, sondern die Gabe des Glaubens. Oder sie gehen zu jemandem, von dem sie glauben, er habe die »Gabe des Glaubens«. Die Gabe des Heilens bedeutet, daß ein Mensch, der sie besitzt, genau das zu tun vermag, was Jesus auch getan hat; durch diese Gabe, die ein Geschenk des Heiligen Geistes ist, kann er Kranke sofort und mit dauerhafter Wirkung gesund machen: Ein gebrochener Arm ist sofort wieder heil, ein Krebsgeschwür verschwindet, eine Lungenentzündung stoppt, und die Lungen funktionieren sofort wieder richtig.

Man muß, glaube ich, Krankenheilungen in einem weiteren Zusammenhang betrachten. Jakobus hat gelehrt, daß alle guten Gaben von oben kommen. Ich bin der Auffassung, daß Heilungen eintreten können und in der Tat auch eintreten, sowohl durch die Gabe des Heilens als auch durch die Gabe des Glaubens, aber die Heilung kommt auch von Gott, wenn man ärztliche Hilfe in Anspruch nimmt. Paulus riet Timotheus: »Trinke nicht mehr nur Wasser, sondern nimm ein wenig Wein dazu um des Magens willen und weil du oft krank bist« (1.Tim 5,23). Wir müssen auch daran denken, daß Lukas Arzt war und daß er Paulus auf vielen seiner Reisen begleitete. Dabei hat er ihm zweifellos auch oft medizinische Hilfe geleistet.

Ich weiß, daß der Herr Ärzte und Medikamente dazu gebraucht hat, um mich von Krankheiten zu heilen, an denen ich litt. Außerdem müssen wir auch den Gedanken akzeptieren, daß es vielleicht gar nicht der Wille Gottes ist, daß wir von allen unseren Krankheiten und Schwächen geheilt werden, wie wir ja auch am Beispiel des Apostels Paulus sehen können (vgl. 2.Kor 12,7-10).

Ich glaube daher, daß Christen eine von Gott geschenkte Weisheit suchen sollten, um in Erfahrung zu bringen, ob sie sich natürlicher Hilfsmittel bedienen oder ob sie sich ausschließlich auf das Gebet oder auf Menschen mit der geistlichen Gabe des Heilens verlassen sollten.

Wenn keine Medikamente zur Verfügung stehen oder wenn die Ärzte eine Krankheit als unheilbar bezeichnet haben und wenn der Herr uns bedeutet hat, daß wir in schlichtem Glauben zu ihm aufschauen und ihm das Unmögliche zutrauen sollen, dann müssen wir ihm gehorchen. Aber dieser Weg wird uns von Gott selbst und nicht von Menschen, seien sie auch Christen, gezeigt werden.

Wenn jedoch Medikamente und Ärzte verfügbar sind, dann erscheint es mir anmaßend, wenn man diese Hilfe ignoriert und statt dessen Gott darum bittet, daß er heilen möge.

Ich hatte einen Freund, der an einer unheilbaren Krankheit litt. Die Ärzte wußten, daß es keine Hilfe gab, und er selbst wußte es auch. Deshalb bat er eine Frau zu sich, von der er wußte, daß sie die Gabe der Heilung hatte. Die Frau betete mit ihm und führte ein seelsorgerliches Gespräch mit ihm, und dann legte sie ihm ihre Hände auf. Er verspürte sogleich eine Art elektrischen Schlag, und er erfuhr eine sofortige Heilung. Als die Ärzte ihn dann später untersuchten, waren alle Symptome der Krankheit verschwunden.

Er war natürlich außer sich vor Freude, und er widmete sich nunmehr nur noch den zeichenhaften Gaben: dem Heilen, dem Wunderwirken, dem Sprechen in Zungen und seiner Übersetzung. Um Jesus und sein Werk kümmerte er sich nicht mehr. Früchte des Geistes waren bei ihm nicht mehr zu erkennen. Drei Jahre später kehrte die Krankheit mit unverminderter Wut zurück. Und dieses Mal hatte Gott kein Gefallen daran, ihn zu heilen. Er starb einen langsamen Tod, und er war bitter geworden. Man hatte den Eindruck, daß alle Herrlichkeit des Himmels und auch der Herr Jesus selbst gar nicht auf ihn warteten.

Klugheit ist etwas anderes als Anmaßung, und wir dürfen Gott nicht versuchen. Wenn sich ein Christ, der krank ist, entscheidet, den Weg der Glaubensheilung zu beschreiten, dann sollte er sicher sein, daß Gott ihm diesen Glauben auch wirklich gegeben hat. Wenn das nicht der Fall ist, dann sollte er lieber die Hilfe der Ärzte in Anspruch nehmen. Meiner Meinung nach ist es ganz normal, wenn ein Christ von medizinischer Hilfe Gebrauch macht, die Gott zur Verfügung gestellt hat.

Vor einiger Zeit unterhielt ich mich mit einem hochangesehenen Psychiater. Dabei wies er mich auf eine wohlbekannte Tatsache hin: Die Menschen leiden entweder an organischen oder an funktionalen Leiden. In letztere Kategorie gehören viele Krankheiten, die den medizinischen Lehrbüchern zufolge keine organische Ursache haben, sondern die psychosomatischer Natur sind. Und doch rufen sie äußerlich sichtbare Krankheitssymptome hervor, die aber mit den dafür bestimmten Medikamenten nicht geheilt werden können! Eine Heilung ist nur dann möglich, wenn man auf den betreffenden Menschen selbst eingeht. Wenn er innerlich heil geworden ist, dann verschwinden die äußerlichen Merkmale funktionsbedingter Krankheiten. Die Römer hatten ein Sprichwort, das auch bei uns bekannt ist: »Mens sana in corpore sano«, ein gesunder Verstand in einem gesunden Körper. Das bedeutet auch: Ein krankes Gemüt kann im Körper eine Krankheit hervorrufen, ein gesundes Gemüt wird den Körper vor funktionsbedingten Krankheiten bewahren.

Nachdem ich all dies gesagt habe, möchte ich noch einmal betonen, daß Gott nach meiner Überzeugung, wenn es seinem Willen entspricht, unter bestimmten Voraussetzungen Heilungen vornimmt. Meine Schwägerin ist dafür ein sehr gutes Beispiel. Vor vielen Jahren hatte sie Tuberkulose, und es sah so aus, als sollte sie daran sterben. Aus den Röntgenaufnahmen ergab sich sehr deutlich, wie krank sie war, aber sie bat ihren Vater, der zugleich Chirurg war, die medizinische Behandlung nicht fortzusetzen, weil sie glaubte, daß Gott sie heilen würde. Ihrer Bitte wurde entsprochen, und einige Männer und Frauen, die gotterfüllte Christen waren, salbten sie mit Öl und sprachen ein Gebet des Glaubens über ihr. Danach wurde sie wieder geröntgt, und zum Erstaunen der Ärzte in dem Sanatorium war keine Tuberkulose mehr zu erkennen! Sie begann auch gleich wieder zuzunehmen und noch heute, 35 Jahre später, ist sie bei guter Gesundheit. Es ist ganz offenkundig, daß sie geheilt wurde. Aber beachten Sie bitte, daß die Heilung hier nicht durch jemanden eintrat, der die Gabe des Heilens hatte, sondern daß es eine Glaubensheilung war.

Es ist interessant zu beobachten, daß Jesus nicht immer auf die gleiche Weise Menschen geheilt hat. Manchmal sprach er nur ein Wort, und sofort trat die Heilung ein. Bei anderen Anlässen bediente er sich bestimmter Mittel. So ergriff er die Hand der Schwiegermutter von Simon Petrus, und sie war gesund (Mt 8,15). Als Jesus den Lazarus vom Tode auferweckte, rief er mit lauter Stimme: »Lazarus, komm heraus!« (Joh 11,43). Aber den blindgeborenen Mann heilte er auf eine ganz andere Weise: Er vermengte Erde und Speichel, schmierte den Brei auf die Augen des Blinden und sagte ihm dann, er sollte sich im Teiche Siloah waschen (Joh 9,1 ff). Im Falle des Knechtes des Hauptmanns war der Kranke gar nicht einmal in der Nähe, als er geheilt wurde (Mt 8,5 ff). Und die Frau mit dem Blutfluß wurde schon dadurch geheilt, daß sie den Saum seines Gewandes berührte (Mt 9,18 ff).

Das Auflegen der Hände und das Salben mit Öl ist sowohl von geistlicher als auch von psychologischer Bedeutung. Weder die Kranken noch diejenigen, die sie salben, dürfen glauben, daß eine Heilung auf das Auflegen der Hände oder auf das Salben mit Öl oder auf ihren Glauben oder auf ihre Gebete zurückzuführen sei. Die Heilung ist von Gott allein, und nur er hat sie bewirkt. »Der Herr wird ihn aufrichten« (Jak 5,15).

Aber es ist nicht immer Gottes Wille, daß wir geheilt werden. Ich habe schon zuvor gesagt, daß sich in der Bibel keine Aussage des Inhalts findet, daß es der Wille Gottes sei, alle Menschen von all ihren Krankheiten zu heilen. Wenn der Heilige Geist einem Kranken oder jemandem, der für einen Kranken betet, die Gabe des Glaubens schenkt, daß dieser Mensch geheilt wird, dann können wir sicher sein, daß dieser Mensch geheilt wird. Aber Gott gibt diese Gabe des Glaubens nicht immer. Das bedeutet zwar, daß Kranke und die, die ihnen nahestehen, in jedem Fall beten sollen, aber wenn die Gabe des Glaubens nicht vorhanden ist, dann sollen sie sagen: »Wenn es Dein Wille ist.« Ich bin davon überzeugt, daß ein wahrer Glaube die völlige Übergabe des eigenen Lebens an den Willen Gottes voraussetzt, wie dieser auch sein möge, und selbst wenn es nicht sein Wille sein sollte, uns zu heilen. Das bedeutet dann, daß wir damit einverstanden sind, geheilt zu werden, aber auch damit, krank zu bleiben oder gar zu sterben, mit anderen Worten, das zu wollen, was Gott will!

Wir kennen das klassische Beispiel von Hiob, der mit bösen Schwären geschlagen war von der Fußsohle bis zum Scheitel (Hiob 2,7). Das hatte der Satan getan. Aber wir wollen mit Interesse bemerken, daß er zunächst Gottes Erlaubnis einholen mußte, bevor er Hiobs Besitztümer und gar ihn selbst anrühren durfte.

Aus Hiobs Leiden ist das Buch Hiob entstanden. Was hätten Gläubige in all den Jahrhunderten seitdem getan ohne diesen großartigen Bericht?

Aber es gibt auch das Beispiel der Amy Carmichael, die sich mehr als fünfzig Jahre lang um Kinder in Indien kümmerte. Die letzten zwanzig Jahre ihres Lebens mußte sie im Bett zubringen, beinahe ständig von Schmerzen gequält, die von einer Verletzung bei einem schweren Unfall herrührten. Aber gerade in diesen Jahren leistete sie ihre ganze schriftstellerische Arbeit – Gedichte, Andachtsbücher und Berichte über die Tätigkeit der Gemeinschaft von Dohnavur. Diese Bücher dienen noch heute Tausenden von Menschen in aller Welt, obwohl Amy selbst schon lange beim Herrn ist. Wäre sie nicht bettlägerig gewesen, dann hätte sie wohl nie die Zeit gehabt, das alles zu schreiben!

Ich habe an einer Reihe von Heilungsgottesdiensten teilgenommen.

Einige erschienen mir unerträglich wegen der hysterischen Gefühlsausbrüche, die sich dort abspielten. Ich habe aber auch Heilungsgottesdienste besucht, die in einer guten Ordnung verliefen. Dort habe ich das leise Wirken des Geistes in einer solchen Weise bemerkt, daß niemand sich abgestoßen fühlen konnte. In solchen Gottesdiensten gebrauchte der Heilige Geist Gottes Diener dazu, auf Grund besonderer Gaben seinen Willen zu tun.

Jede Krankheit, jede Schwäche und alles Falsche in unserem Leben läßt sich auf die Ursünde selbst zurückverfolgen. Das will aber nicht sagen, daß diejenigen unter uns, die krank oder schwach sind, deshalb leiden müssen, weil sie offenkundige Verfehlungen begangen hätten! Sicher leiden wir manchmal an Krankheiten, die die direkte oder indirekte Folge von etwas Bösem sind, das wir begangen haben. Aber das ist nicht immer der Fall.

Jesus traf eines Tages auf einen Mann, der von Geburt an blind war. Und seine Jünger, nicht etwa die Pharisäer oder die Sadduzäer, fragten ihn: »Meister, wer hat gesündigt, dieser oder seine Eltern, daß er blind geboren ist?« (Joh 9,2). Selbst die Jünger Jesu konnten sich nicht vorstellen, daß diese Blindheit etwa nicht auf eine Sünde zurückzuführen sein sollte. Jesus erwiderte ihnen: »Es hat weder dieser gesündigt noch seine Eltern, sondern es sollen die Werke Gottes offenbar werden an ihm« (V.3).

Wenn wir jemanden sehen, der eine Schwäche oder eine Krankheit hat, sollten wir sehr vorsichtig sein mit der Vermutung, der Betreffende leide aufgrund einer persönlichen Sünde – obwohl alle Krankheit auf die Ursünde zurückzuführen ist. Eigentlich hat Gott nicht gewollt, daß wir krank werden und sterben, aber die Rebellion des Menschen gegen Gott im Garten Eden hat diese Pläne geändert. Wir müssen uns auch dessen bewußt sein, daß der Teufel in seiner Bosheit jede unserer Krankheiten dazu zu benutzen versucht, unsere Gemeinschaft mit Gott zu beeinträchtigen, oder uns irgendwelche Schuldgefühle aufzudrängen und sogar Gott zu beschuldigen, er sei ungerecht, liebe uns nicht genug oder sei hartherzig gegen uns.

Aber immer haben wir die Verheißung unseres Herrn, daß der Tag kommen wird, an dem alle Auswirkungen der Sünde – darunter auch die Krankheiten – nicht mehr bestehen werden. »Und Gott wird abwischen alle Tränen von ihren Augen, und der Tod wird nicht mehr sein, noch Leid noch Geschrei noch Schmerz wird mehr sein, denn das Erste ist vergangen« (Offb 21,4). Viele Christen leiden an körperlichen, geistigen und manchmal sogar an geistlichen Krankheiten. Ein depressiver, labiler Gemütszustand, ausgelöst durch Zweifel, kann zu akutem

Leiden oder chronisch-physischer Behinderung führen. Aber Gottes Hilfe steht auch hierbei zur Verfügung, und sein Mitleid und Verständnis kennen keine Grenzen. Wir dürfen erwarten, daß der Heilige Geist in unserem Leben gegenwärtig ist und wirkt. »Desgleichen hilft auch der Geist unserer Schwachheit auf. Denn wir wissen nicht, was wir beten sollen, wie sich's gebührt; sondern der Geist selbst vertritt uns mit unaussprechlichem Seufzen« (Röm 8,26). Und durch Hebräer 4,16 verspricht uns der Herr weitere Hilfe: »Darum laßt uns hinzutreten mit Zuversicht zu dem Thron der Gnade, damit wir Barmherzigkeit empfangen und Gnade finden zu der Zeit, wenn wir Hilfe nötig haben.«

In derartigen Lagen übernimmt der Heilige Geist das Kommando. Er wird »der göttliche Fürsprecher« genannt. Das griechische Wort »parakleitos« kommt im Neuen Testament fünfmal vor. An vier Stellen wird es mit dem Wort »Tröster« übersetzt (Joh 14,16.26; 15,26; 16,7), einmal wird das Wort »Fürsprecher« gewählt (1.Joh 2,1). Es bedeutet, daß »jemand neben uns als Ratgeber, Helfer, Verteidiger und Führer geht«.

Der Heilige Geist hilft uns wirklich mitten in unseren Krankheiten, Schwächen und in Zeiten der Niedergeschlagenheit. Manchmal sind solche äußerlichen Umstände auch ein Zeichen dafür, daß wir vom Heiligen Geist erfüllt sind. Der Apostel Paulus bat Gott dreimal darum, ihm den »Pfahl im Fleische« zu entfernen, der ihm eine so große Bürde war, aber Gott sagte nein. Und er fügte hinzu: »Laß dir an meiner Gnade genügen; denn meine Kraft ist in den Schwachen mächtig« (2.Kor 12,9). Und Paulus antwortete darauf: »Darum will ich mich am allerliebsten rühmen meiner Schwachheit, damit die Kraft Christi bei mir wohne« (2. Kor 12,9). Und er fuhr fort: »Darum bin ich guten Mutes in Schwachheit, in Mißhandlungen, in Nöten, in Verfolgungen und Ängsten, um Christi willen; denn wenn ich schwach bin, so bin ich stark« (V.10). Paulus war zwar vom Heiligen Geist erfüllt, aber er litt an einer körperlichen Krankheit, an der Gott ihm zu seinem Ruhm zu leiden gestattete.

Wenn also Gott eine Krankheit zuläßt und sie nicht heilt, dann sollten wir auch das in Dankbarkeit hinnehmen. Und wir sollten ihn darum bitten, daß er uns all das beibringen möge, was er uns durch solche Erfahrungen lehren will, und daß er uns auch zeigen möge, wie wir ihn dadurch loben und rühmen können.

Das, was Paulus erleben mußte, zeigt uns sehr deutlich das Verhältnis des Heilens zur Versöhnungstat unseres Herrn. Im Matthäusevangelium heißt es: »Er hat unsere Schwachheit auf sich genommen, und unsre Krankheit hat er getragen« (Mt 8,17 u. Jes 53,4). Und das ist wirklich wahr. Sein Tod am Kreuz von Golgatha gibt uns die Sicherheit, daß wir eines Tages von allen Schwächen und Krankheiten frei sein werden. Aber Gott läßt es zu, daß manche von uns gegenwärtig unter Schwächen und Krankheiten zu leiden haben. Und das zeigt uns, daß Gott die Menschen nicht zu allen Zeiten von allen erdenklichen Krankheiten befreien wollte.

In einer wachsenden Zahl von Gemeinden werden heute Heilungsgottesdienste abgehalten. Als ich mich einmal näher erkundigte, erfuhr ich, daß es nur bei wenigen Heilungen um körperliche Gebrechen ging. Die meisten hatten mit zwischenmenschlichen Beziehungen, belastenden Erinnerungen, falschen Verhaltensweisen und Schuldgefühlen zu tun. In solchen Gottesdiensten sind Ehen geheilt worden, Eltern haben sich mit ihren Kindern versöhnt und Chefs mit ihren Angestellten.

Zusammenfassend möchte ich sagen, daß es die Gabe des Heilens ganz gewiß gibt, daß also Menschen auf das Gebet des Glaubens hin geheilt werden, und daß es auch andere Heilungen gibt, wie z.B. Heilung von Beziehungen zwischen Menschen. Auf der anderen Seite ist aber auch zur Vorsicht zu raten. Auf dem Gebiet der Medizin und auch der Glaubensheilung sind besonders viele Betrüger und Scharlatane tätig. Auch dafür benötigen wir die Gabe der Unterscheidung.

Die Gabe des Wunderwirkens.

Die Gabe, Wunder zu vollbringen, leitet ihr Kernwort »Wunder« von einem griechischen Wort her, das »Kraft« oder »Zeichen« bedeutet (vgl. 2.Kor 2,12). Bei einem Wunder handelt es sich um etwas, das nach allen bekannten physikalischen Gesetzen nicht vollbracht werden kann; es handelt sich um ein geistliches Ereignis, das durch die Kraft Gottes zustandegekommen ist – etwas Wundersames, ein Mirakel. In den meisten Übersetzungen des Alten Testaments ist »Mirakulum« mit »Wunder« oder »ein mächtiges Werk« übersetzt worden. In den Übersetzungen des Neuen Testaments finden wir meist das Wort »Zeichen« (Joh 2,11) oder die Worte »Zeichen und Wunder« (Joh 4,48; Apg 5,12 und 15,12).

Es ist ganz deutlich, daß die Wunder, die Jesus und seine Apostel vollbrachten, ihren Anspruch auf Autorität bestätigten und ihren Aussagen entscheidendes Gewicht verliehen. Und wir müssen daran denken, daß die Menschen Jesus und die Apostel fragten: »Wie können wir wissen, daß du tatsächlich der bist, der du zu sein behauptest, und daß deine Worte wahr sind?« Diese Frage war nicht unangebracht. Und bei wichtigen Anlässen bezeugte Gott sich selbst immer wieder gegenüber den Menschen durch Wunder, so daß sie einen äußerlich sichtbaren Beweis dafür hatten, daß die Worte, die sie von Gottes Dienern gehört hatten, auch tatsächlich wahr waren.

Ein bemerkenswertes Beispiel, das das eben Gesagte sehr gut beleuchtet, ist für uns das, was Elia auf dem Berge Karmel tat. Er war in einen schrecklichen Kampf verwickelt, in dem sich die Kinder Israel zwischen Gott und dem Baal entscheiden mußten. Elia forderte die Baalspriester dazu auf, einen Altar zu errichten und ein Tieropfer darauf zu legen. Er sagte den Kindern Israel, sie sollten Ausschau halten nach einem Zeichen, um zu erkennen, ob der Herr oder Baal der wahre Gott sei. Die Baalspriester riefen in steigender Verzweiflung ihren Gott an, aber es geschah nichts. Dann goß Elia mehrere Eimer Wasser auf das Opfertier auf seinem Altar, und Gott sandte ein Feuer vom Himmel, das das Opfer trotz des Wassers verzehrte.

Paulus legt dar, daß die Menschen wissen konnten, daß er ein Apostel war, als er sagte: »Denn es sind ja die Zeichen eines Apostels unter euch geschehen in aller Geduld, mit Zeichen und mit Wundern und mit Taten« (2. Kor 12,12). Der Heilige Geist schenkte den ersten Aposteln die Gabe, Wunder zu vollbringen, und zwar als Beweis dafür, daß sie Jesu Boten für eine bestimmte Aufgabe waren: die Aufgabe, in die Geschichte der Menschheit ein neues Zeitalter einzuführen.

Auf der anderen Seite habe ich es immer als wichtig angesehen, daß viele der großen Männer des Alten Testaments wie des Neuen Testaments keine Wunder vollbrachten. Johannes der Täufer ist dafür ein Beispiel. »Und viele kamen zu ihm und sprachen: Johannes hat kein Zeichen getan; aber alles, was Johannes von diesem gesagt hat, das ist wahr. Und es glaubten dort viele an ihn« (Joh 10,41-42). Obwohl also Johannes keine Wunder vollbrachte, verherrlichte er den Herrn Jesus Christus, den später viele aufnahmen. Denken Sie daran, daß Jesus von Johannes sagte: »Wahrlich, ich sage euch: Unter allen, die von einer Frau geboren sind, ist keiner aufgetreten, der größer ist als Johannes der Täufer; der aber der Kleinste ist im Himmelreich, ist größer als er« (Mt 11,11).

Warum erleben wir heute nicht die spektakulären Wunder, von denen wir in der Bibel lesen? Ereignen sich deshalb nur so wenige derartige Wunder, weil unser Glaube nur noch so klein ist – oder könnte es damit zu tun haben, daß Gott gerade heute nicht an spektakulären Wundern gelegen ist? Wäre es denkbar, daß Zeichen und Wunder Gaben waren, die in besonderer Weise zu den Lebensumständen der frühen Kirche paßten? Ich glaube, daß das so ist. Und heute, wo der christliche Glaube ungefähr in der gleichen Weise und an den gleichen Orten verkündigt werden muß, wie es im 1. Jahrhundert der Fall war, begleiten Wunder manchmal immer noch die Ausbreitung des Evangeliums. Bei den Propheten Hosea und Joel können wir lesen, daß wir am Ende der Zeiten eine Zunahme der Wunder erwarten können.

Und doch sagte Jesus seinen Jüngern mit Bezug auf seine Wunder, sie würden »größere als diese tun« (Joh 14,12). Welche Werke hätten denn größer sein können als die, die Er verrichtete? Er heilte die Kranken, gab den Blinden das Augenlicht wieder, machte die Toten lebendig und trieb Dämonen aus. Jemand hat einmal gesagt: »Jesus ist nicht gekommen, um das Evangelium zu predigen, sondern deshalb, daß es überhaupt ein Evangelium gäbe, das man predigen könne.«

Aufgrund seines Todes und seiner Auferstehung haben wir nun ein Evangelium, das die Vergebung der Sünden und die Verwandlung des Lebens vorsieht. Ein verwandeltes Leben ist das größte aller Wunder. Jedesmal, wenn ein Mensch wiedergeboren wird, indem er seine Sünden bereut und an Jesus Christus glaubt, wird das Wunder der Verwandlung bewirkt.

Damit soll nichts gegen die andere Wahrheit gesagt sein, daß der Heilige Geist in seiner Souveränität an manchen Orten in der Welt Menschen eingesetzt hat, die Wunder wirken können. Ich habe eben nur sagen wollen, daß wir nach meiner Auffassung am Ende der Zeiten eine dramatische Wiederkehr der Zeichen und Wunder erleben werden, die einer skeptischen Welt die Macht Gottes demonstrieren wird. Gerade dann, wenn der Satan seine Schläge immer heftiger austeilen darf, wird, so glaube ich, Gott es um so mehr zulassen, daß Zeichen und Wunder geschehen.

Die Gabe der Zungenrede.

Einer der führenden Geistlichen der Church of Scotland lag auf der Intensivstation in einem Krankenhaus in Glasgow. Er wußte, daß sein Leben nur noch an einem Faden hing – jeden Augenblick konnte er vor das Angesicht seines Herrn berufen werden. Und deshalb begann er, ganz einfach mit ihm zu sprechen. Während er das tat, bemerkte er plötzlich, daß er in einer Sprache betete, die er zuvor noch nie gehört hatte. Er vertraute es einem Freund an, erzählte es aber später niemandem mehr. Er wurde wieder gesund und diente seinem Herrn noch mehrere Jahre.

Eine junge Ehefrau und Mutter, der eines Tages alles schiefgelaufen war, saß daraufhin nachts wach im Bett und begann, Gott Vorwürfe zu machen.

»Haben Sie schon davon gehört, daß jemand in Zungen sprechen kann?« fragte sie meine Frau, als sie ihr von dem Geschehen berichtete. Ruth nickte. Die junge Frau fuhr fort: »Nun, ich hatte noch nie davon gehört, nie in meinem ganzen Leben. Ich hatte auch nie um etwas dergleichen gebetet. Ich wußte überhaupt nicht, was da geschah. Aber plötzlich war mir so, als umkreiste ich die Erde in einem Raumschiff, und während ich über die Kontinente hinwegglitt, dachte ich jeweils an die Christen dort, die ich kannte, und betete für sie. So kam ich einmal um die ganze Erde herum. Dann blickte ich auf meine Uhr. Ich hatte gedacht, ich hätte ungefähr eine halbe Stunde lang gebetet, aber zu meinem Erstaunen begann es draußen bereits zu dämmern. Und doch war ich frisch, als hätte ich die ganze Nacht geschlafen! Die Bürde war von mir genommen. Die Frustration, der Ärger, das Klagen – alles war verschwunden.«

Eine Bibelgruppe befaßte sich mit der Person und dem Wirken des Heiligen Geistes in einer Gemeinde von Christen, die über der Frage des Zungenredens heftig in Streit geraten war. Nach einem Treffen der Gruppe, bei dem es sehr erregt zugegangen war, wurde der Gemeindepfarrer gebeten, über den Heiligen Geist zu sprechen. Die Mitglieder des Bibelkreises schilderten nacheinander, welche Erfahrungen sie in diesem Zusammenhang gemacht hatten. Der Pfarrer rief die Mitglieder des Bibelkreises einige Monate später noch einmal zusammen und sprach dabei über drei Menschen, an die er sich noch erinnern konnte. Einer dieser Menschen hatte sich ein paar Monate nach seinem ersten Erlebnis nur noch mit dem Reden in Zungen beschäftigt, er sprach kaum von etwas anderem und bemühte sich nach Kräften darum, daß andere Gläubige die gleiche Erfahrung machten. Schließlich mäßigte er sich jedoch, weil er sich klarmachte, daß uns der Heilige Geist deshalb gegeben worden ist, um uns in die Lage zu versetzen, den Herrn Jesus in verschiedener Weise zu verherrlichen. Heute ist er ein besonders gesegneter Diener am Evangelium.

Ein anderer Mann aus diesem Bibelkreis, der auch behauptet hatte, er spreche in Zungen, wurde ein paar Wochen später von seiner (christlichen) Schule verwiesen, weil er sich in aller Öffentlichkeit und wiederholt der Unmoral schuldig gemacht und darüber auch keine Reue gezeigt hatte.

Ein dritter, an den der Pfarrer sich erinnerte, war zuvor Mitglied einer Verbrecherbande in einer der großen amerikanischen Städte gewesen. Er hatte den Pfarrer nach dem Treffen beiseite genommen und ihm anvertraut, daß auch er in jener Versammlung gewesen sei, wobei er die Sprache erkannt habe, die man dort gesprochen habe. Auf die Frage des Pfarrers, welche Sprache das denn gewesen sei, hatte er erwidert: »Die Sprache, die ich immer dann hörte, wenn ich meiner Großmutter assistierte, die ein spiritistisches Medium war.« Der Pfarrer sagte später zu mir, er glaube, daß diese drei Fälle zeigten, welchen möglichen Quellen das entspringt, was als Reden in Zungen bezeichnet wird:

1. dem Heiligen Geist,
2. psychologischen Einflüssen,
3. satanischen Einflüssen.

Ich will nicht behaupten, daß ich ein Experte auf dem Gebiet des Zungenredens wäre, aber ich habe mir meine Meinung auf Grund meines Studiums in der Heiligen Schrift, meiner Erfahrungen und der Gespräche mit vielen Menschen gebildet. Eines weiß ich gewiß: Weder der Heilige Geist noch irgendeine seiner Gaben wurde uns gegeben, um damit Zwietracht zwischen Gläubigen zu säen! Das soll aber nicht heißen, daß wir nicht unsere eigene Meinung über das haben dürften, was die Bibel über das Reden in Zungen lehrt, oder daß wir nicht einerseits an manchen Orten Gemeinden haben sollten, wo auf das Reden in Zungen besonderer Wert gelegt wird, andererseits aber auch wieder Gemeinden bestehen sollten, wo das Reden in Zungen keine besondere Rolle spielt. Aber sicher bin ich mir bei folgender Aussage: Wenn die Gabe des Redens in Zungen mißbraucht wird und zu Spaltungen führt, dann ist etwas Schlimmes geschehen. Dann ist Sünde in den Leib Christi gekommen.

Der geschichtliche Hintergrund.

Seit ungefähr einhundert Jahren spielt das Reden in Zungen eine wichtige Rolle unter vielen Christen in bestimmten Gemeinden. Nach ihrem Verständnis ist das Reden in Zungen etwas, was mit dem Leben eines Christen automatisch verbunden ist, sobald jemand zum Glauben gekommen ist.

Allerdings ist es eine Tatsache, daß Tausende von sogenannten »charismatischen« Gläubigen nie in Zungen gesprochen haben. Aber gleichwohl werden sie als wahre Gläubige an den Herrn Jesus akzeptiert. Wir sehen also, daß es unter den charismatischen Gemeinden viele gibt, die das Sprechen in Zungen nicht als ein wesentliches Zeichen für die Wiedergeburt ansehen. Sie stimmen in der Auffassung überein, daß wiedergeborene Gläubige durch den Geist in den Leib Christi hineingetauft worden sind und daß die Taufe mit Wasser dafür ein äußerliches Zeichen ist. Im Augenblick der Wiedergeburt nahm der Heilige Geist Wohnung in ihren Herzen. Nach ihrer Auffassung ist jedoch die Taufe im Geiste etwas, was sich nach der Wiedergeburt ereignet.

Vor nicht allzu langer Zeit ist die neu-pfingstliche oder charismatische Bewegung entstanden. Viele von den Menschen, die sich dazu halten, bleiben jedoch weiter Mitglieder in den großen Konfessionen, und unter ihnen sind auch manche Katholiken. Sie stimmen mit den herkömmlichen Pfingstgemeinden darin überein, daß sie Wert auf Heilungen legen und daß sie oft das Sprechen in Zungen als ein Zeichen der Taufe mit dem Heiligen Geist ansehen und daß auch sie dies als ein Ereignis verstehen, das sich nach der Wiedergeburt ereignet. Aber die herkömmlichen Pfingstgemeinden sind doch etwas verstört, und zwar deshalb, weil sie bei den Neu-Pfingstlern nicht immer eine Veränderung im Lebensstil beobachten können, was nach ihrer Ansicht aber mit einem vom Geist gesalbten Leben untrennbar verbunden ist.

Niemand kann jedoch bestreiten, daß diese neu-pfingstliche Richtung Protestanten und Katholiken in manchen Teilen der Welt näher zueinander gebracht hat. Das will zwar nicht besagen, daß sie die zwischen ihnen bestehenden Unterschiede der Lehre z.B. der Rechtfertigung durch den Glauben, der Heiligkeit, der Messe oder der Unfehlbarkeit des Papstes ausgeräumt hätten, aber sie sind einander näher gekommen, was das Sprechen in Zungen und die Taufe mit dem Heiligen Geist angeht. Es ist jedoch auch wahr, daß ich viele Katholiken und Protestanten kenne, die sich zwar charismatisch nennen, aber noch nie in Zungen geredet haben. Für sie bedeutet »charismatisch« einfach, daß sie eine neue persönliche Beziehung zu Jesus Christus gefunden haben.

Was die Bibel über das Sprechen in Zungen sagt.

Das Sprechen in Zungen (oder die Glossolalie, wie sie nach den entsprechenden beiden griechischen Worten genannt wird) wird in den Büchern des Neuen Testaments nur zweimal erwähnt: in der Apostelgeschichte und in dem ersten Brief des Paulus an die Korinther. (Sie wird zwar auch in Markus 16,17 erwähnt, aber die meisten Theologen sind hier der Ansicht, daß dieser Vers in den ursprünglichen Manuskripten nicht enthalten war.) Es hat den Anschein, daß das Wort in zwei verschiedenen Zusammenhängen gebraucht wird. Einmal handelt es sich um das, was sich zu Pfingsten ereignete, als der verheißene Heilige Geist in Erscheinung trat. Wenn man den Abschnitt in Apostelgeschichte 2 sorgfältig studiert, da wird man erkennen, daß es sich bei den »Zungen« eigentlich um an sich bekannte Sprachen handelte, die die ausländischen Besucher in Jerusalem auch verstanden. Der kleinen Gemeinde der Christen wurde also die übernatürliche Fähigkeit geschenkt, in anderen Sprachen zu sprechen.

Was ereignete sich zu Pfingsten? Im 2. Kapitel der Apostelgeschichte lesen wir, daß sich vier Dinge ereigneten, die das Kommen eines neuen Zeitalters ankündigten. Zuerst war da ein Brausen vom Himmel wie von einem gewaltigen Wind, das das ganze Haus erfüllte. Zweitens erschienen ihnen Zungen wie von Feuer, und diese setzten sich auf einen jeglichen von ihnen, die sich im oberen Raum befanden. Drittens wurden sie alle voll des Heiligen Geistes. Viertens fingen sie alle an zu predigen »mit anderen Zungen«, nachdem der Geist es ihnen eingab. Bei diesen Zungen handelte es sich um Sprachen, die den Menschen aus dem ganzen römischen Weltreich bekannt waren, die zu Pfingsten nach Jerusalem gekommen waren. Manche vertreten hier die Auffassung, daß das Wunder sich unmittelbar in den Ohren der Zuhörer ereignete. Andere wieder glauben, daß die Apostel eine übernatürliche Gabe erhielten, in einer fremden Sprache zu sprechen, die sie selbst nicht beherrschten. Aber welche von den beiden Auffassungen man auch vertritt, sicher ist, daß ein Wunder geschah!

Das gleiche Wort für »erfüllt« finden wir auch in Apostelgeschichte 4,8, wo wir lesen, daß Petrus, »voll des Heiligen Geistes« (das Sprechen in Zungen wird hier nicht erwähnt), seine kurze Predigt vor dem Hohepriester und den Ältesten der Juden hielt. Dieselbe Wortwurzel wird auch im Zusammenhang mit Johannes dem Täufer verwendet, wo es in der Bibel (Lk 1,15) heißt, daß er »noch im Mutterleibe erfüllt werden wird mit dem Heiligen Geist«. Es wird jedoch nirgends berichtet, daß dieser Johannes jemals in Zungen sprach. Bei der Bekehrung des Paulus lesen wir, daß Ananias zu ihm kam, »damit du wieder sehend und mit dem Heiligen Geist erfüllt würdest« (Apg 9,17). Er konnte wieder sehen, er wurde getauft, und »alsbald predigte er in den Synagogen von Jesus, daß dieser Gottes Sohn sei« (Apg 9,20). Auch hier wird das Sprechen in Zungen nicht erwähnt.

In Apostelgeschichte 19 lesen wir den Bericht über den Aufenthalt des Paulus in Ephesus. Er fand dort etliche Jünger, die vom Kommen des Heiligen Geistes noch nichts gehört hatten. Wir hören dann: »Und als Paulus die Hände auf sie legte, kam der heilige Geist auf sie, und sie redeten in Zungen und weissagten« (Apg 19,6). Hier heißt es in der Bibel wiederum nicht, daß sie vom Geist erfüllt wurden. Sie sprachen zwar in Zungen und sie weissagten, aber es gab keine Zungen von Feuer und auch keinen brausenden Wind wie zu Pfingsten. In dem Bericht in Apostelgeschichte 19 wird auch nicht gesagt, ob es sich bei diesen Zungen um Sprachen handelte, die andere Menschen verstanden, und wir erfahren auch nichts darüber, ob Dolmetscher zugegen waren. Zumindest können wir vielleicht annehmen, daß sie in solchen Zungen sprachen, die man irgendwo auf der Welt verstand.

Wenn ich ins Ausland reise, spreche ich Englisch. Diese Sprache verstehen oft die meisten meiner Zuhörer nicht. In Nordostindien sprach ich z.B. bei jeder Veranstaltung zu vielen Tausenden von Besuchern; dabei wurden 17 Dolmetscher gebraucht, um meine Predigt in 17 verschiedene Dialekte zu übersetzen, damit die Menschen meine »unbekannte Zunge« verstehen konnten. Nach meinem Verständnis war diese Veranstaltung dem recht ähnlich, was sich zu Pfingsten zutrug, natürlich mit dem Unterschied, daß es sich dort um ein Wunder Gottes handelte. Dabei sprach dann entweder ein Sprecher in einer Sprache, die ein Teil der Zuhörer verstand, oder aber der Heilige Geist verdolmetschte das, was gepredigt wurde, für jeden Zuhörer in dessen Sprache, wobei dann das Wunder darin bestand, daß er die Predigt verstehen konnte.

»Unbekannte« Sprachen im 1. Korintherbrief.

Im 1. Korintherbrief scheint das Reden in Zungen etwas ganz anderes zu sein als das, wovon in der Apostelgeschichte berichtet wird, obwohl sowohl dort als auch im 1. Korintherbrief in der gleichen Weise von »Reden in Zungen« gesprochen wird.

Zu Pfingsten redeten die Jünger in Sprachen, die den Besuchern in Jerusalem bekannt waren. Die vom Heiligen Geist ermächtigten Sprecher beherrschten diese Sprachen zwar selbst nicht, wohl aber ihre Zuhörer. Im 1. Korintherbrief hingegen vernahmen die Zuhörer keine Sprache, die sie kannten, deshalb waren Dolmetscher vonnöten. Damit erhebt sich die Frage, ob es sich bei den im 1. Korintherbrief genannten Zungen um an sich bekannte Sprachen handelt oder nicht. Nach Meinung einiger Theologen handelt es sich um solche bekannten Sprachen, während wieder andere die Auffassung vertreten, daß es einfach ekstatische Laute waren, die nichts mit irgendeiner bekannten Sprache zu tun hatten. Ich selbst neige der letzteren Auffassung zu. Man muß jedoch sagen, daß es für unser Verständnis der Schriftstelle nur wenig Unterschied macht, obwohl manche Wert darauf legen, daß, wenn die korinthische Gabe des Redens in Zungen eine an sich bekannte Sprache betraf, sie sehr wenig mit dem zu tun hat, was man heute als Reden in Zungen bezeichnet. Auf Grund der Tatsache, daß das »Auslegen der Sprachen« (1. Kor 12,10) als Gabe des Heiligen Geistes angesehen wird, möchte ich glauben, daß sich die Gabe des Redens in Zungen, von der wir hier lesen, nicht auf irgendeine bekannte Sprache bezog, die jemand hätte verstehen können, der sie beherrschte.

Und das 13. Kapitel im 1. Korintherbrief hat sein eigenes Geheimnis. Paulus spricht hier von Menschen- und von Engelszungen. Nun ist es eine allgemein bekannte Tatsache, daß keiner von uns die Sprachen der Engel beherrscht, gleichwohl wird hier angedeutet, daß man eventuell in den Sprachen der Engel sprechen könnte. Da Paulus hier vom Reden in Zungen als von einer Gabe spricht, die vom Heiligen Geist herrührt, könnte es ja sein, daß der Heilige Geist jemandem die Fähigkeit gibt, in Engelszungen zu sprechen. Dabei sagt Paulus aber ganz deutlich, daß nicht jeder diese besondere Gabe erhält. Aus allen diesen Gründen fällt es mir schwer, das Erfülltwerden mit dem Heiligen Geist mit einer zweiten Taufe und noch dazu mit einem notwendigen begleitenden Zeichen, dem Reden in Zungen, in Verbindung zu bringen. Ich vermag keine nachprüfbaren biblischen Beweise für die Behauptung zu finden, daß die Zungenrede all denen als Zeichen geschenkt wird, die mit dem Heiligen Geist getauft sind, während die Zungenrede als Gabe nur einige wenige bekommen.

Darüber hinaus denke ich manchmal, daß der moderne Gebrauch des Wortes »charismatisch« nicht korrekt ist. Im 1. Korintherbrief wird das griechische Wort »Charismata« für die Gaben verwendet, die Gott den Gläubigen schenkt. Niemand kann sich eine solche Gabe selbst verschaffen. Nach Paulus kommen die Gaben, wie wir gleich sehen werden, vom Heiligen Geist und seinem souveränen Walten her, denn: »Dies alles aber wirkt derselbe *eine* Geist und teilt einem jeden das Seine zu, wie er will« (1.Kor 12,11). Paulus schreibt: »Denn wir sind durch einen Geist (so heißt es im griechischen Urtext) alle zu einem Leibe getauft« (1.Kor 12,13) Und zusätzlich verteilt der Geist Gaben an die verschiedenen Mitglieder des Leibes. Jeder Gläubige erhält also eine Gabe. Somit ist dann *jeder* Gläubige ein Charismatiker!

Hinzu kommt noch, daß sich aus dem Brief des Paulus nicht ergibt, daß jedem Gläubigen auch jede Gabe zusteht. Er sagt vielmehr, daß jeder »eine« Gabe erhält. Und er sagt den Korinthern ausdrücklich, daß sie nach den besten Gaben streben sollen (V.31). In 1. Korinther 13 sagt er mit allem Nachdruck, daß eine Gabe, die nicht von Liebe ausgefüllt ist, wertlos ist.

Bemerkungen zur Gabe der Zungenrede.

Mit Bezug auf die Gabe der Zungenrede, die in 1. Korinther 12, 30 und den längeren Ausführungen in 1. Korinther 14 erörtert wird, müssen die folgenden Bemerkungen gemacht werden.

Zunächst gibt es eine ganz bestimmte Gabe des Redens in Zungen, die sich von der unterscheidet, die zu Pfingsten zum Ausdruck kam, denn dort war eine Übersetzung nicht vonnöten. Und dort wurde das Reden in Zungen von anderen Zeichen begleitet, nämlich den Feuerzungen und dem heftig brausenden Wind. Dies wird nicht erwähnt im Zusammenhang mit den Gaben des Geistes, die in 1. Korinther 12 aufgeführt sind.

Zwischen den Christen der heutigen Zeit gibt es zwar verschiedene Auffassungen darüber, welchen Wert das Zungenreden hat, aber ich finde in der Bibel keine Bestätigung für die Auffassung, daß die Gabe des Redens in Zungen nur für die Zeit des Neuen Testaments bestimmt war. Zugleich aber handelt es sich hier um einen Punkt, wo leicht Mißverständnisse und Streit entstehen, das beweist schon die Tatsache, daß Paulus es für notwendig befand, sich in 1.Korinther 12-14 damit so ausführlich zu beschäftigen. (Er betonte zwar einerseits, daß es sich um die geringste der Gaben handelt, andererseits erörterte er sie ausführlicher als alle anderen Gaben.) Deshalb muß das Reden in Zungen, wenn es sich heute ereignet, sehr sorgfältig nach Maßgabe der Richtlinien geprüft werden, die uns Paulus hinterlassen hat.

Wir müssen auch beachten, daß es die Zungenrede heute zwar als eine rechte geistliche Gabe geben kann, daß dies jedoch nicht bedeutet, daß jedes Sprechen in Zungen nach dem Willen Gottes ist und daß wir es demgemäß auch nicht unkritisch hinnehmen dürfen.

Zweitens muß deutlich auf die Tatsache hingewiesen werden – wie es auch in 1. Korinther 12-14 geschehen ist –, daß es sich bei der Zungenrede um eine Gabe des Heiligen Geistes und nicht um eine Frucht des Geistes handelt. Wir werden noch sehen, daß die Früchte des Heiligen Geistes, wie sie in Galater 5,22-23 erwähnt sind, Kennzeichen eines jeden Christen sein sollen, der im Geiste wandelt. Die Gaben hingegen werden unter den Gläubigen nach Maßgabe des souveränen Willen Gottes verteilt. Ich finde einfach keine biblische Begründung dafür, zu sagen, daß das Reden in Zungen eine Gabe sei, die Gott allen Gläubigen geben will. Manche mögen diese Gabe bekommen, manche nicht. Es wäre ganz falsch, wenn jemand, der die Gabe der Zungenrede nicht erhalten hat, sich deshalb wie ein »Christ zweiter Klasse« vorkäme, oder wenn er sich mit allem Nachdruck um diese Gabe bemühen würde, wenn Gott doch entschieden hat, daß sie für ihn nicht paßt. Ebenso falsch wäre es, wollte jemand, der diese Gabe besitzt, nun auch andere dazu zwingen, oder wollte er behaupten, daß jedermann die Erfahrung des Redens in Zungen haben müßte.

Drittens handelt es sich bei der Gabe der Zungenrede, von der in 1. Korinther 12-14 die Rede ist, um eine der minder wichtigen Gaben des Geistes. Es scheint sogar so, daß es sich um die geringste Gabe handelt. Der Grund liegt darin, daß andere Gläubige oft keinen geistlichen Gewinn davon haben. Die anderen Gaben werden hingegen deutlich erkennbar zu dem Zweck ausgeübt, den Leib Christi aufzubauen und zu stärken. Das Reden in Zungen mag dies in einem öffentlichen Gottesdienst zwar auch bewirken (sofern ein Dolmetscher zugegen ist), aber die anderen Gaben wirken in einer direkteren Art und Weise auf eine gegenseitige Stärkung der Gläubigen hin.

Aus diesem Grunde darf die Gabe des Zungenredens nicht als der Höhepunkt christlicher Reife betrachtet werden. Es ist eine Tatsache, daß Millionen von geistlich reifen Christen nie in Zungen gesprochen haben, und daß andererseits viele, die in Zungen geredet haben, geistlich nicht reif sind.

Viertens ist die Gabe des Sprechens in Zungen »nicht unbedingt« ein Zeichen dafür, daß der betreffende Gläubige durch den Heiligen Geist in den Leib Jesu hineingetauft ist. Das wird im 1. Korintherbrief besonders deutlich, denn die Menschen dort waren ja schon ein für allemal Mitglieder des Leibes Christi geworden. Ich habe keine Bibelstelle gefunden, aus der sich ergeben würde, daß die Gabe des Redens in Zungen ein »notwendiger Beweis« dafür sei, daß jemand durch den Heiligen Geist in den Leib Christi, die Gemeinde, hineingetauft worden sei. Auch in der Apostelgeschichte, in der ebenfalls das Sprechen in Zungen behandelt wird, findet sich kein Hinweis darauf, daß dies ein notwendiger Beweis für die Taufe mit dem Heiligen Geist gewesen sei.

Daher darf man auch die Gabe des Sprechens in Zungen nicht unbedingt gleichsetzen mit dem »voll des Heiligen Geistes werden«. Wir können voll des Heiligen Geistes sein und trotzdem nie in Zungen sprechen. Das Erfülltsein mit dem Heiligen Geist mag diese und jene Erfahrung in unser Leben tragen, und dazu kann bei einer bestimmten

Gelegenheit auch das Reden in Zungen gehören. Einige der am meisten vom Heiligen Geist erfüllten Christen, die ich in meinem Leben getroffen habe, haben nie die Gabe des Redens in Zungen gehabt, aber sie waren deshalb nicht etwa weniger voll des Heiligen Geistes.

Fünftens weisen sowohl die Bibel als auch unsere Erfahrungen warnend darauf hin, daß die Gabe der Zungenrede sehr leicht mißbraucht und damit wirklich gefährlich werden kann. Zum Beispiel hat die Gabe des Redens in Zungen oft zu geistlichem Stolz geführt. Da hat jemand in Zungen gesprochen, und sofort meint er, er sei damit besser oder geistlicher als andere Gläubige, die diese Gabe nicht erhalten haben. Ein solches Verhalten steht im völligen Gegensatz zur Haltung eines wirklich geisterfüllten Gläubigen.

Auch auf andere Gefahren muß hingewiesen werden. Das Reden in Zungen kann, wie schon gesagt wurde, auch leicht zu Spaltungen führen. Das geschieht oft deswegen, weil jemand stolz ist oder weil jemand, der die Gabe des Redens in Zungen hat, versucht, sie auch anderen aufzuzwingen. Andererseits ist es aber auch möglich, daß manche Christen stolz sind, weil sie *nicht* in Zungen sprechen, und das ist genauso falsch!

Eine der größten Gefahren ist hierbei die, daß jemand seine innere Ausgeglichenheit verliert. Das will sagen, daß ein Christ, der diese Gabe an sich erfahren hat, manchmal fast völlig darin aufgeht und sich nur noch mit dem Reden in Zungen beschäftigt. Die anderen Gaben des Geistes geraten in Vergessenheit, vielleicht mit Ausnahme der anderen zeichenhaften Gaben, die ebenfalls spektakulär und eindrucksvoll sind, und oft findet man dann nur noch wenig Interesse an einem geheiligten Leben und an der Frucht des Geistes. Manche von denen, die es beharrlich zu ihrem Hauptanliegen machen, andere dazu aufzufordern, daß auch sie diese Gabe bekommen, haben plötzlich kein Interesse mehr an der Verbreitung des Evangeliums, obwohl gerade dies das Hauptziel des Heiligen Geistes ist.

Ich denke hier zum Beispiel an eine kleine Gruppe von Christen, die in Zungen sprechen, die kaum jemals andere Menschen für Christus gewinnen. Sie warten darauf, bis jemand anders einen Menschen zu Jesus geführt hat, und dann treten sie an den Neubekehrten heran und bemühen sich, ihn davon zu überzeugen, daß auch er in Zungen reden müsse, wenn er im Herrn wachsen wolle.

Eine weitere Gefahr ist die, daß jemand die Fähigkeit, in Zungen zu sprechen, als den direkten Weg zu geistlicher Kraft und Reife mißversteht. Einer meiner Mitarbeiter war in einer Bibelschule zusammen mit einem jungen Mann, der beständig alle möglichen Versammlungen aufsuchte in der Hoffnung, dabei einmal die Gabe der Zungenrede zu empfangen. Als man ihn fragte, warum er denn so sehr nach dieser Gabe strebe, antwortete er, er habe das Gefühl, daß es ihm an Kraft und an der Gemeinschaft mit Gott fehle, und er habe gedacht, die Fähigkeit des Redens in Zungen würde ihm sowohl geistliche Kraft als auch ein Gefühl der Gegenwart Gottes vermitteln. Als man ihn dann weiter fragte, ob er denn regelmäßig bete und in seiner Bibel lese oder ob er häufig Gemeinschaft mit Christen habe, mußte er zugeben, daß er das alles nicht tat. Gott hatte ihm die Mittel gegeben, die er für sein geistliches Wachstum brauchte – das Gebet, die Bibel, und die Gemeinschaft –, aber er war nicht bereit, die dazu nötige Disziplin auf sich zu nehmen, von diesen Mitteln auch Gebrauch zu machen. Nach seiner Ansicht konnte er geistliche Reife unmittelbar dadurch erlangen, daß er in Zungen sprach. So war es dann wahrscheinlich kein Zufall, daß er die Bibelschule kurze Zeit später verließ und seinen ursprünglichen Plan, Pastor zu werden, aufgab.

Noch eine letzte Gefahr soll erwähnt werden, und das ist die Möglichkeit, daß diese Gabe manchmal vorgetäuscht wird. Das kann sowohl an bewußter Selbsttäuschung liegen als auch daran, daß die Gabe manchmal ihre Quelle nicht in Gott, sondern in unserem eigenen Innenleben hat. Sie kann auch auf dämonische Aktivitäten zurückzuführen sein.

Man sollte hier vielleicht darauf hinweisen, daß bei dem alten griechischen Orakel in Delphi auch in einer Art von »Zungen« gesprochen wurde, und das gleiche taten die Priester und Priesterinnen in dem großen Tempel oberhalb von Korinth. Dr. Akbar Abdul-Hagg hat mir berichtet, daß das Reden in Zungen bei den Angehörigen nicht-christlicher Religionen in Indien heute recht verbreitet ist.

Darüber hinaus gibt es nachgewiesenermaßen Fälle, wo von Dämonen besessene Menschen die Fähigkeit hatten, in einer (an sich bekannten) Sprache zu sprechen, die sie gar nicht beherrschten, wenn sie sich in ihrem Normalzustand befanden. Die Bibel berichtet, daß die Zauberer des Pharao bis zu einer gewissen Grenze in der Lage waren, die Wunder Gottes nachzuahmen.

Es ist daher nicht verwunderlich, daß Johannes gesagt hat: »Ihr Lieben, glaubt nicht einem jeden Geist, sondern prüft die Geister, ob sie von Gott sind« (1.Joh 4,1). Die Gabe der Unterscheidung haben wir bereits im 12. Kapitel erörtert.

Sogar Christen selbst haben diese Gabe verfälscht. Ein Mädchen, das an einer charismatischen Versammlung teilnahm, wollte verzweifelt gern auch die Gabe des Zungenredens haben, die so viele ihrer

Freundinnen schon besaßen. So verfiel sie auf einen Trick: Da sie aus dem Ausland stammte, betete sie schließlich laut in der Sprache jenes Landes, und dabei behauptete sie, das tue sie aufgrund einer geistlichen Gabe!

Keine Erfahrung, die wir machen, und möge sie noch so viel für uns bedeuten oder möge sie noch so eindrucksvoll erscheinen, darf den Platz einnehmen, den Gottes Wort in unserem Leben hat. Das, was wir erleben, muß stets »im Lichte der Bibel« geprüft werden. Es darf nicht andersherum sein, daß wir die Bibel an unseren Erfahrungen messen. Gott der Heilige Geist hat uns die Bibel gegeben, und keine Gabe, die wir wirklich vom Heiligen Geist empfangen haben, wird jemals im Widerspruch zur Bibel stehen.

Sechstens, wie steht es mit dem privaten Gebrauch des Zungenredens zum Lobpreis Gottes und zum Erlebnis der Gemeinschaft mit ihm? Einige Freunde haben mir erzählt, daß sie, nachdem sie lange Zeit gebetet hatten, feststellten, daß sie in einer ihnen unbekannten Sprache redeten. Die meisten von ihnen haben es nur ihren vertrautesten Freunden gesagt, und sie haben auch nicht behauptet, daß alle anderen die gleichen Erfahrungen machen müßten. Auch haben sie nicht die Meinung vertreten, daß alle Christen als Zeichen ihrer geistlichen Reife in Zungen sprechen müßten. Jedermann wußte, daß Corrie ten Boom in Zungen sprach, aber sie redete nie darüber und ließ sich auch in keine Diskussionen darüber ein. Sie schalt oft mit solchen Menschen, die zuviel darüber redeten.

Die Bibel sagt hierüber nur sehr wenig. Paulus setzt einen solchen privaten Gebrauch der Zungenrede voraus, wenn er schreibt: »Ich danke Gott, daß ich mehr in Zungen rede als ihr alle. Aber ich will in der Gemeinde lieber fünf Worte reden mit meinem Verstand, damit ich auch andere unterweise, als zehntausend Worte in Zungen« (1.Kor 14,18-19). Manche Theologen haben die Auffassung vertreten, daß der Befehl des Paulus »betet stets ... im Geist« (Eph 6,18) das Beten in Zungen betrifft, aber da hier die Betonung auf bestimmten Gebetsanliegen liegt (wobei sich natürlich der Verstand auf das Thema des Gebets konzentriert), darf man wohl davon ausgehen, daß Paulus das hier nicht gemeint hat.

Abschließend muß ich sagen, daß ich von der Vielfalt der Meinungen über das Reden in Zungen sehr beeindruckt bin, die sich bei den Christen finden, die sich selbst als charismatisch bezeichnen. Manche sind der Meinung, es sei ganz falsch, zu behaupten, daß das Zungenreden wesentlich für die Taufe und das Erfülltwerden mit dem Heiligen Geist sei. Eine große Zahl evangelikaler Christen betrachtet das Reden in Zungen noch nicht einmal als eine Gabe, die der Heilige Geist heute noch verleiht, ebenso, wie ja auch das Apostelamt heute nicht mehr besteht.

Ich kenne ein Bibel-Freizeit-Zentrum, das von Gott sehr gebraucht worden ist. Dort lehnt man es nachdrücklich ab, jemanden als Redner einzuladen, und sei er noch so begabt und noch so angesehen in evangelikalen Kreisen, wenn dieser bekundet, daß er in Zungen redet. Andere mögen hiermit nicht einverstanden sein, aber diejenigen, die dieses Zentrum leiten, sind in ihrer Überzeugung ganz aufrichtig, und man sollte ihre Auffassung respektieren.

Andererseits ist es auch wieder so, daß viele Evangelikale, die selbst nicht behaupten, daß sie in Zungen sprechen, heute eine gänzlich neutrale Haltung einnehmen. Sie haben gesehen, daß die charismatische Bewegung mit großem Segen und mit einer starken Erneuerungsbewegung in alle Konfessionen eingedrungen ist. Daher sind sie dazu bereit, anzuerkennen, daß all die übernatürlichen Gaben, die in 1.Korinther 12 aufgeführt sind, auch heute wichtig sind und daß sie als Gaben des Geistes akzeptiert werden müßten.

Um gegenüber einigen meiner charismatischen Freunde fair zu sein, muß ich hier hinzufügen, daß ich zwar mit ihnen nicht einer Meinung bin, soweit es darum geht, daß die sogenannte »Taufe mit dem Heiligen Geist« von der Gabe des Redens in Zungen begleitet sein müsse, aber ich weiß – ich lehre es auch –, daß es für die Gläubigen nötig ist, voll des Heiligen Geistes zu werden. Wenn wir den Punkt mit dem Reden in Zungen als einem notwendigen Zeichen einmal beiseite lassen, dann sprechen wir vielleicht sogar über die gleiche Erfahrung. Meiner Meinung nach ergibt sich aus der Bibel, daß jeder Gläubige sich der Fülle des Heiligen Geistes erfreuen und dadurch seine Macht erkennen kann, selbst wenn der oder die Betreffende ein solches Zeichen des Redens in Zungen nicht empfangen hat. Bei besonderen Anlässen und bei einer bestimmten Art des Erfülltwerdens mag das Reden in Zungen ein Zeichen sein, das Gott bestimmten Menschen gibt, aber meines Erachtens ist es nicht ein Zeichen für alle. Ich halte es jedoch für wichtig, daß wir alle unsere Auffassungen ohne Erbitterung und ohne den Bruch der Gemeinschaft in Jesus Christus untereinander vertreten. Wir alle beten denselben Herrn an, und dafür sind wir dankbar.

Sicherlich sagt Paulus in 1.Korinther 14, daß das Weissagen wichtiger ist als das Sprechen in Zungen. Zugleich sagt er aber auch: »Wehret nicht, mit Zungen zu reden« (1.Kor 14,39). Offenbar sprach Paulus in vielen verschiedenen Zungen, aber er hat das nicht ungebührlich betont. Wir müssen sorgfältig darauf achten, daß wir den Heiligen Geist nicht in die Lage drängen wollen, sich nach unseren Vorstellungen verhalten zu müssen! Der Heilige Geist ist souverän, er verteilt seine Gaben so, wie er es für richtig hält. Peter Wagner sagt hierzu: »Man darf nicht vergessen, daß der Leib Christi allumfassend ist und daß er sich an vielen Orten manifestiert. Geistliche Gaben werden diesem ganzen Leibe gegeben, und deswegen werden sich manche von ihnen an solchen Orten finden oder auch nicht. So erklärt es sich auch, daß z.B. eine Ortsgemeinde, aber auch eine ganze Konfession, die Gabe des Zungenredens nicht erhalten hat, während andere Teile des Leibes sie besitzen.« (Frontiers in Missionary Strategy, 1971).

Ich fasse wie folgt zusammen:

Erstens: Es gibt eine wirkliche, und nicht nur eine vorgetäuschte, Gabe der Zungenrede. Viele von denen, die diese Gabe erhalten haben, sind geistlich verwandelt worden, manche nur für eine bestimmte Zeit, andere auf Dauer.

Zweitens: Gott gebraucht das Zungenreden zu bestimmten Zeiten und an gewissen Orten, besonders an den Grenzen der christlichen Missionen, um sein Reich voranzutreiben und Gläubige zu erbauen.

Drittens: Viele sind davon überzeugt, daß wir in einer Zeit leben, die die Bibel »die Endzeit« nennt. Sowohl Joel als auch Hosea haben prophezeit, daß es in dieser Zeit erneut große Bezeugungen des Geistes und zeichenhafte Gaben geben wird. Vielleicht leben wir in einer solchen Geschichtsperiode. Und sicher dürfen wir unsere Augen nicht vor der Tatsache verschließen, daß viele von den zeichenhaften Gaben, die die Echtheit der Bibel bestätigen, heutzutage wieder zu beobachten sind.

Vor vielen Jahren sagte ein Lehrer am Florida Bible Institute in einer Diskussion seiner Klasse etwas über das Zungenreden, das bei mir haften geblieben ist. Er gab seinen Studenten den Rat: »Sucht es nicht, aber verbietet es auch nicht!«

Ohne Zweifel ist das Zungenreden eine Gabe des Geistes. Heute gibt es Presbyterianer, Baptisten, Anglikaner, Lutheraner und Methodisten ebenso wie Pfingstler, die in Zungen reden oder geredet haben – oder die es nicht getan haben und auch nicht erwarten, es zu tun.

Wenn aber das Zungenreden eine Gabe des Heiligen Geistes ist, kann diese Gabe an und für sich nicht zu Spaltungen führen. Wenn allerdings diejenigen, die in Zungen sprechen, diese Gabe mißbrauchen, so daß sie zu Spaltungen führt, dann zeigt das einen Mangel an Liebe. Und diejenigen, die das Zungenreden verbieten, erweisen der Kirche einen schlechten Dienst, weil sie den Lehren des Paulus zuwider handeln. Die Gläubigen, die in Zungen sprechen, und diejenigen, die es nicht tun, sollten sich gegenseitig lieben und zur größeren Ehre Gottes bei der Evangelisierung der Welt zusammenarbeiten. Und dabei sollten sie sich eines vor Augen halten: Sowohl die, die in Zungen reden, wie auch jene, die es nicht tun, werden miteinander im Neuen Jerusalem wohnen.

Ist es eine Gabe, die Gott Ihnen hat geben wollen? Dann achten Sie darauf, daß Sie nicht stolz darauf sind und daß Sie sich nicht zuviel damit beschäftigen. Sehen Sie zu, daß Sie im ganzen Wort Gottes gegründet sind. Und mehr noch als alles andere, lernen Sie, was es bedeutet, andere zu lieben, und zwar unter diesen anderen auch solche Gläubige, die hier andere Prioritäten setzen als Sie.

Oder ist es eine Gabe, die Sie nicht haben? Dann beschäftigen Sie sich damit nicht zu sehr und lassen Sie nicht zu, daß es zu Trennungen zwischen Ihnen und anderen Gläubigen kommt, wenn Sie es irgend vermeiden können. Es mag zwar Christen geben, die eine andere innere Ausrichtung haben als Sie, aber sie sind dennoch Ihre Brüder und Schwestern in Jesus.

Vor allem anderen sind wir dazu aufgerufen: »Ich sage aber: Lebt im Geist, so werdet ihr die Begierden des Fleisches nicht vollbringen« (Gal 5,16).

Die zeichenhaften Gaben – die Heilungen, die Wunder und das Reden in Zungen – zogen wahrscheinlich im 1. Jahrhundert ebenso die Aufmerksamkeit auf sich wie heute. Sie verursachten sicher manchmal auch Verwirrung und führten zu Mißbrauch, ebenso wie heute. Gleichwohl hat der Heilige Geist sie manchen in der Gemeinde gegeben, die sie zu seinem Ruhme verwenden sollten. Sie dürfen nie für egoistische Zwecke ausgenutzt werden, und sie dürfen nicht zu Trennungen oder zu Hochmut führen. Wir dürfen uns nie zu sehr damit beschäftigen, und vor allen Dingen, wenn wir derartige Gaben empfangen haben, müssen wir sie in genauer Übereinstimmung mit den Anordnungen gebrauchen, die wir in der Bibel hierzu finden. Auch das wird zur Einheit im Geiste beitragen. Und wenn es Gott wohlgefällt, heute dem einen oder anderen diese Gabe zu schenken, dann sollten wir stets darum bitten, daß sie »zum Nutzen aller« (1.Kor 12,7) und zur Förderung des Reiches Gottes dienen möge.

14. KAPITEL

Die Frucht des Geistes

Eine Gruppe von Männern hatte am Hafen der Themse an einem bitterkalten Morgen schon seit fünf Uhr früh gewartet. Man hatte sie mit vielen anderen dazu bestellt, einen Frachter, der kurz zuvor eingelaufen war, zu entladen. Dabei balancierte man zuerst Schubkarren auf Planken vom Kai zu einem Lastkahn und von dort weiter auf den Frachter. Unter den Arbeitern befand sich, ohne daß sie es wußten, ein Pfarrer. Die Männer in dem Hafengebiet lagen ihm sehr am Herzen, und ihm war klar geworden, daß die einzige Möglichkeit, mit ihnen ins Gespräch zu kommen, darin bestand, mit ihnen zusammen zu leben und zu arbeiten. Er war gekleidet wie sie, und er verzichtete sogar auf eine Tasse heißen Tee, bevor er das Haus verließ, er zog auch keinen warmen Mantel an. Er wußte, daß die Männer, die dort morgens warteten, um eine Arbeit für den Tag zu bekommen, sich auch nicht mit einem Tee hatten wärmen können und daß die meisten von ihnen keine ausreichend warme Kleidung hatten.

In den Tagen, die vergingen, bis er eine Arbeit bekam, lernte der Pfarrer, wie es ist, wenn man als ein Außenseiter behandelt wird. Er erfuhr am eigenen Leib, wie es war, den ganzen Tag in der Kälte und im Nebel zu stehen, nur um schließlich zu hören, daß es an dem Tag keine Arbeit mehr gebe. Die Männer um ihn herum mußten dann noch überdies in ärmliche Behausungen zurückkehren und ihren hungrigen Familien sagen, daß sie ihnen auch nicht ein einziges Stück Brot mitgebracht hatten.

Aber an diesem Tag hatte er Glück und fand Arbeit. Als er aber zum zwölften Mal mit seiner schwer beladenen Schubkarre über die Planken zurückkehrte, begann eine davon zu schwanken, so daß er das Gleichgewicht verlor und unter dem brüllenden Gelächter der Umstehenden in die Themse stürzte.

Er bemühte sich, seinen Zorn hinunterzuschlucken, und schließlich gelang es ihm, Grund unter den Füßen zu bekommen. Einer von den Arbeitern (der Bösewicht, der mit Absicht an der Planke gewackelt hatte) hatte zunächst gerufen: »Mann über Bord«, und hatte dann lachend dagestanden. Als er dann jedoch sah, wie der verkleidete Pastor im Wasser um sich schlug, besann er sich eines Besseren. Er warf ein paar leere Kisten hinunter und sprang dann selbst hinterher, um dem Mann herauszuhelfen. Schon die ersten Worte seines Retters zeigten, wie richtig die Haltung des Pastors gewesen war, die ihm der Heilige Geist eingegeben hatte.

»Sie sind ja gar nicht böse auf mich«, sagte der Mann, der ihm das alles eingebrockt hatte, während er dem Pastor dabei half, auf eine der Kisten zu klettern. Er hatte nicht den Londoner Cockney-Akzent, und er war offensichtlich auch kein gewöhnlicher Hafenarbeiter.

»Sie machen diese Arbeit hier aber noch nicht lange«, meinte der Pastor.

»Und Sie auch nicht!« erwiderte der andere. Der Pastor stimmte zu und lud den Mann zu sich nach Hause ein.

Als sie sich unterhielten, hörte der Pfarrer zu seinem großen Erstaunen, daß der Mann früher ein sehr erfolgreicher Arzt gewesen war, aber weil er sich dann dem Alkohol ergeben hatte, hatte er sowohl seine gutgehende Praxis als auch seine liebevolle Frau und seine Familie verloren. Das Ende der Geschichte war dann, daß der Pfarrer diesen Menschen zu Jesus führen und später erleben konnte, wie er zu seiner Familie zurückfand.

Vielleicht zeigt diese Geschichte am besten, worum es bei der Frucht des Geistes eigentlich geht. Wenn das Leben uns immer freundlich gesonnen wäre, wenn die Menschen stets freundlich und höflich wären, wenn wir gar nicht wüßten, was es bedeutet, müde zu sein oder unter großem Druck zu stehen, dann würde man auf die Frucht des Geistes gar nicht achthaben.

Aber so ist das Leben nicht immer. Und gerade zu den Zeiten, in denen wir uns mitten in Schwierigkeiten und Bedrängnissen befinden, brauchen wir besonders die Frucht des Geistes. Und gerade in solchen Zeiten wirkt vielleicht Gott durch uns in besonderer Weise, um andere Menschen zu Jesus zu führen. Wenn die Frucht des Geistes in unserem Leben äußerlich sichtbar wird, dann werden andere in uns »das Ebenbild seines Sohnes« (Röm 8,29) sehen und sich zum Heiland hingezogen fühlen.

Es ist kein Zufall, daß die Bibel die dritte Person der Dreieinigkeit den *heiligen* Geist nennt. Eine der Hauptaufgaben des Heiligen Geistes ist es, die Heiligkeit Gottes in uns hineinzusenken. Er tut dies, indem er in uns einen christus-ähnlichen Charakter bildet – einen Charakter, der durch die Frucht des Geistes geprägt ist. Gottes Ziel ist es, daß wir »alle hingelangen zur Einheit des Glaubens und der Erkenntnis des

Sohnes Gottes, zum vollendeten Mann, zum vollen Maß der Fülle Christi« (Eph 4,13).

Frucht: Das, was Gott erwartet.

Gott der Heilige Geist gebraucht das Wort »Frucht« häufig in der Schrift, um damit zu sagen, was er in Hinblick auf den Charakter seiner Gläubigen erwartet. In dem Kapitel über die Gaben des Heiligen Geistes haben wir gesehen, daß die Gläubigen unterschiedliche Gaben empfangen. Ich kann eine Gabe haben, die ein anderer nicht hat, während ein anderer möglicherweise Gaben empfangen hat, die ich wiederum nicht habe. Wenn wir nun aber zur Lehre der Bibel über die Frucht des Geistes kommen, stellen wir fest, daß ein grundsätzlicher Unterschied zwischen den Gaben des Geistes und der Frucht des Geistes besteht.

Im Gegensatz zu den Gaben des Geistes ist die Frucht des Geistes nicht unter den Gläubigen verteilt. Vielmehr soll man an allen Christen die Frucht des Geistes erkennen. Die Frucht des Geistes ist es, die Gott von unserem Leben erwartet. Das ist in vielen Schriftstellen deutlich zu sehen. In Matthäus 13,3-8 erzählt Jesus das bekannte Gleichnis von der Saat und dem Sämann. Er vergleicht die Arbeit jedes Menschen, der das Wort Gottes predigt – sei er nun Pfarrer, Lehrer, Evangelist oder irgendein anderer Christ –, mit einem Mann, der Samen aussät. Einiges von der Saat fiel auf den Weg, und die Vögel fraßen es auf; etliches fiel auf den steinigen Boden und verwelkte in der Sonne; wieder anderes begann zwar zu wachsen, aber die Dornen erstickten es. Der vierte Samen, der ausgeworfen wurde, fiel auf ein gutes Land, schlug Wurzeln und brachte überaus viel Frucht. So sollen auch Sie und ich Frucht tragen, wenn das Wort Gottes anfängt, in unserem Leben durch die Kraft des Heiligen Geistes zu wirken.

Es ist interessant, daß die Bibel eigentlich von der Frucht (Einzahl) und nicht von den Früchten (Mehrzahl) des Heiligen Geistes spricht. Ein Baum kann viele Äpfel tragen, aber sie stammen alle vom gleichen Baum. In der gleichen Weise ist der Heilige Geist die Quelle aller Frucht in unserem Leben.

In der einfachsten Weise kann man es so ausdrücken, daß wir nach der Aussage der Heiligen Schrift den Geist dazu brauchen, damit er Frucht in unser Leben bringt, denn wir können ohne ihn kein gotterfülltes Leben führen. Aus uns selbst heraus sind wir erfüllt mit allen möglichen Wünschen, die sich nur um uns selbst drehen und nur unser eigenes Ich zum Mittelpunkt haben und die damit dem Willen Gottes für unser Leben entgegengesetzt sind. Anders gesagt müssen zwei Dinge in unserem Leben geschehen: Erstens muß die Sünde aus unserem Leben hinausgeworfen werden. Zweitens muß der Heilige Geist hereinkommen und unser Leben erfüllen, und dabei wird er die Frucht des Geistes hervorbringen. »So tötet nun die Glieder, die auf Erden sind, Unzucht, Unreinheit, schändliche Leidenschaft, böse Begierde und die Habsucht, die Götzendienst ist. – So zieht nun an als die Auserwählten Gottes, als die Heiligen und Geliebten herzliches Erbarmen, Freundlichkeit, Demut, Sanftmut, Geduld« (Kol 3,5.12).

Ich will einmal ein Beispiel gebrauchen. Viele Menschen haben einen Zaun um ihr Haus herum, mit einem Tor darin, durch das man ein- und ausgehen kann. Ein Tor kann also für zwei Zwecke verwendet werden: Man kann es öffnen, um Menschen hereinzulassen, und man kann es schließen, um die Menschen vom Grundstück fernzuhalten.

Geistlich gesehen ist es mit unserem Leben ebenso wie mit diesem Tor. In unserem Leben gibt es alle möglichen Dinge, die falsch sind und die Gott nicht gefallen. Wir müssen sie alle aus unserem Leben hinaustun, und dann müssen wir dem Heiligen Geist erlauben, hereinzukommen und die völlige Kontrolle über unser Leben zu übernehmen. Aber wir selbst haben nicht einmal die Kraft dazu, das Tor zu öffnen! Das kann nur der Heilige Geist tun, und wenn er das tut, weil wir uns ihm ergeben und auf ihn und seine Fülle blicken, dann tritt er nicht nur herein, sondern er hilft uns auch dabei, die bösen Dinge aus unserem Leben hinauszuwerfen.

Er hat die Kontrolle über das Tor, und in dem Maße, in dem er das Herz von der Gottlosigkeit reinigt, kann er neue Verhaltensweisen, neue Interessen und neue Hingabe und Liebe hineinbringen. Außerdem verstärkt er die Tür, die das Böse fernhält, mit Stangen. Auf diese Weise müssen die Werke des Fleisches weichen, und die Frucht des Geistes kann Einlaß finden. In der Bibel heißt es, daß wir nach dem Willen des Geistes Frucht bringen sollen, und noch mehr Frucht, und schließlich viel Frucht.

In seinem Buch »The Fruit of the Spirit« vergleicht M. George Gutzke die Frucht des Geistes mit dem Licht: »Alle Farben des Regenbogens sind in jedem Sonnenstrahl enthalten. Sie sind alle immer da, man mag sie zwar nicht immer sehen, aber da sind sie immer alle. Es ist nicht nötig, sich vorzustellen, daß es sich um so viele verschiedene Farben handelt. Und ebenso wie diese Farben des Regenbogens im Licht gegenwärtig sind, steht es auch mit unserem persönlichen Verhalten unter dem Einfluß des Heiligen Geistes« (The Bible for You).

Wie die Frucht wächst.

Wie wirkt der Heilige Geist in unserem Leben, um die Frucht des Geistes hervorzubringen? Es gibt zwei Stellen in der Bibel, die bei der Beantwortung dieser Frage hilfreich sind.

Die erste Bibelstelle ist Psalm 1, der den gotterfüllten Menschen mit einem Baum vergleicht, der an den Wasserbächen gepflanzt ist. »Wohl dem, der nicht wandelt im Rat der Gottlosen noch tritt auf den Weg der Sünder, noch sitzt, wo die Spötter sitzen, sondern hat Lust am Gesetz des Herrn und sinnt über seinem Gesetz Tag und Nacht! Der ist wie ein Baum, gepflanzt an den Wasserbächen, der seine Frucht bringt zu seiner Zeit, und seine Blätter verwelken nicht. Und was er macht, das gerät wohl« (Ps 1,1-3).

Hier wird das Erbringen von Frucht in deutlichen Zusammenhang zu dem Stellenwert gebracht, den das Wort Gottes in unserem Leben einnimmt. (Beachten Sie bitte, daß hier nicht nur vom Lesen der Bibel, sondern vom Meditieren über ihr gesprochen wird!) Während wir in der Bibel lesen und über ihr meditieren, zeigt uns der Heilige Geist – der, wie wir wissen, die Bibel inspiriert hat – die Sünde, die ausgetrieben werden muß, und zeigt uns, wie wir nach Gottes Maßstäben leben sollen. Ohne das Wort Gottes wird es kein dauerhaftes geistliches Wachstum und keine Frucht in unserem Leben geben.

Die zweite Bibelstelle findet sich in Johannes 15, wo Jesus unser Verhältnis zu ihm mit den Reben und dem Weinstock vergleicht. »Bleibt in mir und ich in euch. Wie die Rebe keine Frucht bringen kann aus sich selbst, wenn sie nicht am Weinstock bleibt, so auch ihr nicht, wenn ihr nicht in mir bleibt. Ich bin der Weinstock, ihr seid die Reben. Wer in mir bleibt und ich in ihm, der bringt viel Frucht; denn ohne mich könnt ihr nichts tun« (Joh 15,4-5).

Diese Schriftstelle enthält viele wunderbare Wahrheiten, aber verschiedene Punkte sollten wir besonders bedenken. Zuerst hören wir einen Befehl an jeden Gläubigen: »Bleibet in mir.« Damit soll gesagt werden, daß wir die engste und innigste Beziehung zu Jesus haben sollen, in die nichts Störendes hineinkommen kann. Das ist auch ein Grund dafür, daß das disziplinierte Beten, Lesen und Zusammensein mit anderen Christen so wichtig ist.

Die Bibelstelle lehrt uns auch, daß wir nur dann geistliche Frucht bringen können, wenn wir in Jesus bleiben. »Ohne mich könnt ihr nichts tun.« Wir können vielleicht die Gaben des Geistes gebrauchen, selbst wenn wir keine Gemeinschaft mit dem Herrn haben. Aber wir können keine Frucht des Geistes vorweisen während einer Zeit, wo unsere Gemeinschaft mit Jesus durch Sünde unterbrochen ist. Wir erkennen also, von welch entscheidender Wichtigkeit es ist, vom Geist erfüllt zu werden, und wir werden von ihm erfüllt, wenn wir in Christus, dem Weinstock, bleiben. Das Geheimnis bei diesem Bleiben liegt im Gehorsam. Wenn wir durch unser gehorsames Leben in Jesus bleiben, dann fließt sein Leben (wie der lebensspendende Saft in einem Weinstock) in uns hinein, erzeugt Frucht zur Ehre und zum Ruhm des Vaters und zur Stärkung und zum Segen für andere.

Ich glaube, daß wir eines an dieser Beziehung nicht wirklich und völlig verstehen können. Wenn wir eine Rebe am Weinstock fragen würden: »Woher kommt es, daß so herrliche Trauben an dir wachsen?«, dann würde die Rebe wahrscheinlich antworten: »Ich weiß es nicht, ich selbst lasse sie ja gar nicht wachsen, ich trage sie nur. Wenn du mich vom Weinstock abschneidest, werde ich verwelken und nutzlos werden.« Ohne den Weinstock kann die Rebe nichts tun. Und ebenso ist es mit unserem Leben. Solange ich mich mit aller Kraft darum bemühe, die Frucht des Geistes aus mir selbst hervorzubringen, werde ich am Ende ohne Frucht und total frustriert dastehen. Aber wenn ich in Jesus bleibe – wenn ich ein enges, gehorsames Verhältnis zu ihm habe und mich ganz auf ihn verlasse –, dann wirkt der Heilige Geist in meinem Leben und schafft in mir die Frucht des Geistes. Das soll nicht heißen, daß wir unvermittelt zu reifen Christen werden und die Frucht des Geistes sofort und in aller Fülle vorweisen können. Die Frucht an einem Baum braucht ihre Zeit, und es mag auch notwendig sein, ihn zu beschneiden, bevor die Früchte in großer Zahl an ihm wachsen.

Meine Frau und ich haben viel Freude an den schönen Bäumen, die unser Haus in North Carolina umgeben. Im Herbst fallen die meisten Blätter ab und werden weggeweht, aber Tausende von den alten toten Blättern bleiben an den Zweigen sogar bis zum März und zum April des folgenden Jahres hängen. Wenn aber dann die Säfte in den Bäumen zu fließen beginnen, bilden sich die neuen Blätter, und Leben und Kraft pulsiert und strömt in allen Zweigen. Dann fallen all die alten, trockenen Blätter ab, ohne daß es jemand bemerkt. Welch ein Vergleich ist das für einen Christen! »Das Alte ist vergangen, siehe, Neues ist geworden« (2.Kor 5,17).

Wir beschneiden auch in jedem Sommer einige Bäume, die die Sicht versperren oder das Sonnenlicht abhalten. Manche haben auch in den Winterstürmen erheblichen Schaden genommen. In ähnlicher Weise gibt es Bäume in unserem Leben, an die die Axt gelegt werden muß, Bäume, die entweder am Boden liegen und verfaulen, oder solche, die häßlich aussehen. Jesus hat gesagt: »Alle Pflanzen, die mein himmlischer Vater nicht gepflanzt hat, die werden ausgerissen« (Mt 15,13). Wir haben auch einige Obstbäume auf unserem Grundstück. Besonders kümmern wir uns um die mit den besten Früchten, wir beschneiden sie, düngen sie und besprühen sie, wann immer es nötig ist. Ein guter Baum bringt gute Früchte hervor, und man sollte ihn behalten. Aber ob ein Baum wert ist, daß man ihn behält, oder ob man ihn abschlägt, das hängt von dem Maßstab ab, den Jesus uns gegeben hat. Er hat gesagt: »An ihren Früchten sollt ihr sie erkennen« (Mt 7,20).

Außerdem haben wir einige Weinstöcke. In manchen Jahren haben wir nur eine geringe Ernte und kleine Trauben. Aber wir schneiden die Weinstöcke nicht ab, vielmehr beschneiden wir sie sorgfältig. Ähnlich ist es mit dem Beschneiden in unserem Leben unter der Obhut des Heiligen Geistes. Dann sind die Weinstöcke, geistlich gesprochen, in der Lage, mehr geistliche Frucht hervorzubringen.

Denken Sie daran, das Bild, das wir in Johannes 15 vor uns sehen, zeichnet den Herrn Jesus als den Weinstock, uns als die Reben und Gott als den Winzer oder den Gärtner.

In Vers 3 heißt es: »Ihr seid schon rein um des Wortes willen, das ich zu euch geredet habe.« In einer Übersetzung (J.B. Philipps) heißt es: »Nun, ihr seid schon durch meine Worte beschnitten.«

In der Apostelgeschichte lesen wir von Apollos, dessen Eifer, Liebe und große Rednergabe die Herzen von Priscilla und Aquila angerührt hatte. Aber er war noch unreif und nicht dazu in der Lage, andere zu einem völligen christlichen Leben zu führen, denn er wußte nur von der Taufe des Johannes. Dieses von Gott erfüllte Ehepaar lachte daraufhin nicht über seine Unwissenheit, und es beklagte auch nicht sein fehlendes Verständnis der wahren biblischen Lehre, sondern sie nahmen ihn mit zu sich nach Hause »und legten ihm den Weg Gottes noch genauer aus« (Apg 18,26). Danach begann er, seine großen Gaben zur Ehre Gottes und zum Gewinnen von Seelen zu gebrauchen. Er machte einen unauslöschlichen Eindruck auf die frühe Kirche, und er trug dazu bei, das Königreich Gottes im 1. Jahrhundert voranzutreiben.

Bleiben Sie in Jesus? Das ist die wichtigste Bedingung, die Gott uns gesetzt hat, um wirklich die Frucht des Heiligen Geistes hervorzubringen. Gibt es eine Sünde in Ihrem Leben, die Sie nicht bekannt haben und die Sie davon abhält, ganz nahe bei Jesus zu gehen? Fehlt es an Disziplin? Ist eine Beziehung zu einem anderen Menschen zerbrochen, die geheilt werden muß? Was immer es sein mag, bringen Sie es vor Jesus, bekennen Sie und bereuen Sie. Und dann lernen Sie, was es heißt, »in ihm zu bleiben«.

15. KAPITEL

Die Frucht des Geistes: Liebe, Freude, Frieden

Von all den Bibelstellen, in denen der Charakter Jesu und die Frucht, die der Heilige Geist in unserem Leben hervorbringt, beschrieben wird, ist keine so komprimiert zusammengefaßt und so eindringlich wie Galater 5,22: »Die Frucht aber des Geistes ist Liebe, Freude, Friede, Geduld, Freundlichkeit, Güte, Treue, Sanftmut, Keuschheit.«

In den nächsten drei Kapiteln werden wir die Bedeutung dieser Begriffe im Einzelnen beleuchten. Um das so gewissenhaft wie möglich tun zu können, werden wir diese neun Worte in drei Gruppen aufteilen. Liebe, Freude und Friede sollen die erste Gruppe darstellen. Sie handeln ganz besonders von unserer Beziehung zu Gott. Die zweite Gruppe – Geduld, Freundlichkeit und Güte – betrifft unsere Beziehung zu unseren Mitmenschen. Die dritte Gruppe – Treue, Sanftmut und Keuschheit – betreffen unsere Beziehung zu uns selbst, also unser eigenes Verhalten und Tun.

Natürlich haben aber diese Gruppen auch untereinander eine Verbindung, und sie alle müssen unser Leben bestimmen. Und sie alle werden auch unser Leben kennzeichnen, wenn wir in Jesus bleiben und es dem Heiligen Geist gestatten, sein Werk in uns zu tun.

Die Frucht des Geistes: Liebe.

Ein Christ sollte durch nichts besser gekennzeichnet sein als durch Liebe: »Daran wird jedermann erkennen, daß ihr meine Jünger seid, wenn ihr Liebe untereinander habt« (Joh 13,35). »Wir wissen, daß wir aus dem Tod in das Leben gekommen sind; denn wir lieben die Brüder. Wer nicht liebt, der bleibt im Tod« (1.Joh 3,14). »Seid niemand etwas schuldig, außer, daß ihr euch untereinander liebt; denn wer den andern liebt, hat das Gesetz erfüllt« (Röm 13,8).

Es kommt nicht darauf an, auf welche sonstige Weise wir unseren Herrn Jesus Christus bekennen, wenn die Liebe nicht dabei ist, hat das alles keinen Wert. Die Liebe ist größer als alles, was wir sagen oder was wir besitzen, oder was wir geben können. »Wenn ich mit Menschen- und mit Engelszungen redete und hätte die Liebe nicht, so wäre ich ein tönendes Erz oder eine klingende Schelle. Und wenn ich prophetisch reden könnte und wüßte alle Geheimnisse und alle Erkenntnis und hätte allen Glauben, so daß ich Berge versetzen könnte, und hätte die Liebe nicht, so wäre ich nichts. Und wenn ich alle meine Habe den Armen gäbe und ließe meinen Leib verbrennen und hätte die Liebe nicht, so wäre mir's nichts nütze« (1.Kor 13,1-3).

Das großartigste Kapitel in der ganzen Bibel über die Liebe steht in 1.Korinther 13. Die Worte, mit denen dort die Liebe beschrieben wird, sollten in goldenen Lettern im Herzen eines jeden Christen aufgeschrieben sein. Wenn man außer Johannes 3 noch ein Kapitel aus der Bibel auswendig lernen will, dann sollte das unbedingt 1.Korinther 13 sein. Wenn wir über die Bedeutung der Liebe nachdenken, dann sehen wir, daß sie für das menschliche Herz genau das ist, was der Sommer für den Bauern darstellt. Sie bringt die lieblichsten Blumen der Seele zum Blühen. Wir können sogar sagen, daß sie die lieblichste Blume im Garten der Gnade Gottes ist. Wenn die Liebe nicht unser Leben bestimmt, dann ist es leer. Petrus hat geschrieben: »Vor allen Dingen habt untereinander beständige Liebe; denn ›die Liebe deckt auch der Sünden Menge‹« (1.Petr 4,8).

C.S. Lewis behandelt in seinem kleinen Buch »The Four Loves« die verschiedenen griechischen Worte, die wir mit »Liebe« übersetzen. Wenn es der Bibel um Gottes Liebe zu uns und um die Liebe geht, die wir Gott gegenüber bezeigen sollen, dann wird oft das griechische Wort »agape« verwendet. Die Liebe, die Agape heißt, findet sich überall im Neuen Testament. Als Jesus sagte: »Liebet eure Feinde«, benützte Matthäus in seinem Evangelium das Wort Agape. Als Jesus sagte, daß wir uns untereinander lieben sollen, gebrauchte Johannes das Wort Agape. Als Jesus sagte: »Du sollst deinen Nächsten lieben«, da verwendete Markus das Wort Agape. Wo es in der Bibel heißt: »Gott ist Liebe«, da gebraucht sie das Wort Agape. Im New Bible Dictionary wird die Liebe in der Form der Agape beschrieben als »die höchste und schönste Form der Liebe, die das, worauf sie sich richtet, als etwas von höchster Kostbarkeit ansieht.«

Gott hat seine Agape-Liebe in vollendeter Weise am Kreuz gezeigt, als er seinen Sohn dorthin schickte, damit er für unsere Sünden starb. Und da wir so lieben sollen, wie Gott uns liebt, sollten auch wir diese Agape-Liebe in uns haben. Aber diese Liebe steht uns von Natur aus nicht zur Verfügung, und wir können sie auch nicht in uns entwickeln, denn die fleischliche Natur vermag das nicht. Sie kann uns nur in übernatürlicher Weise vom Heiligen Geist geschenkt werden, und er tut das, wenn wir uns dem Willen Gottes hingeben.

Dabei müssen wir bei dieser Agape-Liebe eines ganz genau beachten: Nur allzuoft nimmt man heute an, Liebe sei nur eine Emotion, ein Gefühl. Gewiß hat die Liebe auch mit Emotion zu tun, und zwar sowohl die Liebe zu anderen Menschen als auch die Liebe zu Gott. Aber Liebe ist mehr als ein Gefühl. Die Liebe ist keine Emotion: Liebe ist ein Tun. Die wahre Liebe ist Liebe, die handelt. Auf diese Weise liebt Gott uns: »Denn also hat Gott die Welt geliebt, daß er seinen eingeborenen Sohn *gab...*« (Joh 3,16). »Meine Kinder, laßt uns nicht lieben mit Worten noch mit der Zunge, sondern mit der Tat und mit der Wahrheit« (1. Joh 3,18).

Die Liebe ist also ein Akt des Willens, und deshalb muß unser Wille zunächst Jesus übergeben werden, und erst dann können wir damit anfangen, die Frucht der Liebe zu tragen. Bischof Stephen Neill hat die Liebe definiert als »die beständige Ausrichtung des Willens darauf, daß man einem anderen auf Dauer gut tue« (The Christian Character, 1955). Er legt dar, daß die menschliche Liebe sehr häufig egoistisch ist, während die Agape-Liebe bedeutet, daß man sich selbst hingibt. Neill sagt folgendes:

»Die erste Liebe (die menschliche Liebe) sagt: ›Ich möchte das besitzen, was jemand anderes hat und was er mir auch geben kann, weil es ihm gehört.‹

Die zweite Liebe (Gottes Liebe) sagt: ›Ich möchte diesem Menschen etwas geben, weil ich ihn liebhabe.‹

Die erste Liebe will sich noch reicher machen, indem sie etwas erhält, das jemand anderes ihr geben kann. Die zweite Liebe möchte jemanden dadurch reicher machen, daß sie alles gibt, was sie hat.

Die erste Liebe dreht sich nur um das Gefühl und darum, daß man etwas haben will. Diese Art von Liebe kommt und geht, wie sie will; wir können sie nicht durch unsere eigene Anstrengung hervorrufen. Die zweite Liebe ist viel mehr eine Angelegenheit des Willens, denn ob wir etwas geben oder nicht geben, hängt weitgehend von uns selbst ab.«

Wir sollen so lieben, wie der gute Samariter es tat (Lk 10,25-38), der seine Liebe aufs beste durch die Tat bestätigte. Das ist eine Liebe, die allen gilt – Ehefrauen, Ehemännern, Kindern, Nachbarn und sogar Menschen, die wir nie gesehen haben, weil sie auf der anderen Seite des Erdballs wohnen. Sie schließt sowohl diejenigen ein, die zu lieben leicht sind, als auch die, bei denen es schwer ist, weil sie so anders sind als wir. Sie gilt selbst solchen Menschen, die uns Leid oder Kummer zugefügt haben.

Eine junge Ehefrau und Mutter, deren Mann sie verlassen hatte und zu einer anderen Frau gezogen war, war zunächst voll Bitterkeit und Kummer. Als sie dann aber begann, über die Liebe Jesu zu uns nachzudenken, stellte sie fest, daß sich in ihr eine neue Liebe zu anderen Menschen entwickelte, die sich sogar auf die Frau erstreckte, die ihr ihren Mann weggenommen hatte. Zu Weihnachten schickte sie der anderen Frau eine rote Rose mit einem kleinen Brief, in dem stand: »Weil Jesus mich liebt und durch mich andere liebt, kann ich Sie lieben!« Das ist Agape-Liebe, die Frucht des Geistes.

Wir stehen unter dem Befehl, zu lieben; wir haben hier also keine freie Wahl. Wir müssen lieben, ob uns danach ist oder nicht. Wir können durchaus sagen, daß die Liebe zu anderen das erste Zeichen dafür ist, daß wir wiedergeboren sind und daß der Heilige Geist in unserem Inneren am Werk ist.

Vor allen Dingen sollte aber die Liebe das hervorstechende Kennzeichen aller Gläubigen in allen Gemeinden sein. Dr. Sherword Wirt hat hierzu geschrieben: »Ich habe die Erfahrung gemacht, daß es nichts einbringt, wenn man über starke und schwache, große und kleine, warme und kalte Gemeinden spricht. Solche Kategorien sind unrealistisch und gehen am Wesentlichen vorbei. Es gibt nur entweder eine liebende oder eine nicht liebende Gemeinde« (Afterglow, 1975, S.82).

Manchmal ist es so einfach zu sagen, daß wir die Menschen lieben, und dabei auch ganz ehrlich und aufrichtig zu sein. Aber häufig nehmen wir den Einsamen in der Menge nicht wahr oder den kranken oder mittellosen Menschen, dessen einzige Hoffnung vielleicht die Liebe ist, die wir ihm durch Jesus geben können. Die Liebe, die wir nach dem Willen Gottes zeigen sollten, streckt nach jedem einzelnen Menschen die Hand aus.

Wir haben einen Freund, der ein bekannter Sänger ist. Mir ist aufgefallen, daß er, wenn er in einen Saal voll Menschen kommt, nicht um sich blickt, um Menschen ausfindig zu machen, die er kennt. Vielmehr sucht er den kleinen Jungen, den keiner kennt und der sich unbehaglich und deplaziert fühlt. Zu ihm geht er hin, die Hand ausgestreckt, ein Lächeln im Gesicht, und sagt: »Hallo!«

Ein lieber langjähriger Freund von mir, Allan Emery, der in Boston aufwuchs, erlebte als junger Mann einmal etwas, das einen tiefen Eindruck auf ihn machte. Jemand rief seinen Vater an und sagte ihm, daß ein in der ganzen Stadt bekannter Christ betrunken im Rinnstein aufgefunden worden sei. Sein Vater, ein reicher Mann, schickte sofort seinen Chauffeur mit der großen Limousine dorthin, um den Mann zu ihm zu bringen, und seine Mutter machte das beste Gästezimmer bereit. Mein Freund sah mit weit aufgerissenen Augen zu, wie die Bettdecke auf dem schönen alten Bett ausgebreitet wurde, so daß man die Monogramme auf dem Leinen sah.

»Aber Mutter«, protestierte er, »er ist betrunken. Vielleicht muß er sich übergeben!«

»Ich weiß«, antwortete seine Mutter freundlich. »Aber dieser Mann ist zu Fall gekommen. Wenn er wieder bei Sinnen ist, wird er sich sehr schämen. Dann wird er alle liebevolle Ermutigung brauchen, die wir ihm geben können.«

Das war eine Lektion, die der Sohn nie vergaß.

Jesus blickte auf die Menschenmengen, und er liebte jeden Menschen, den er dort sah, von ganzem Herzen. Seine Liebe war viel größer, als je ein Mensch lieben könnte. Seine Liebe umschloß die ganze Welt und die ganze Menschheit von Anbeginn der Zeiten an bis zu ihrem Ende. Seine Liebe kannte keine Grenzen und keine Schranken, und niemand war davon ausgenommen. Der schmutzigste Bettler und der größte Monarch, der niedrigste Sünder und der reinste Heilige – seine Liebe umschloß sie alle. Nichts anderes kann eine derartige Frucht in unserem Leben hervorbringen als der Heilige Geist, der in uns wirkt, und das wird sich in unserem öffentlichen und in unserem privaten Leben deutlich zeigen.

Die Frucht des Geistes: Freude.

Als mein Schwiegervater vom Grabe seines kleinen Sohnes in China zurückgekommen war, schrieb er an seine Mutter in Virginia: »Es sind zwar Tränen in unseren Augen, aber in unseren Herzen ist Freude.« Die Freude, die der Heilige Geist in unser Leben bringt, hebt uns über unser normales Leben empor. Wir können damit auch in den schlimmsten Lebenslagen voll Freude sein.

Das griechische Wort für Freude wird im Neuen Testament mehrfach verwendet, um die Freude zu beschreiben, die aus einer geistlichen Quelle herrührt, wie z.B. »mit Freuden im Heiligen Geist« (1.Thess 1,6). Auch im Alten Testament finden sich Sätze wie »die Freude am Herrn ist eure Stärke« (Neh 8,10), die Gott als die Quelle der Freude bezeichnen.

Jesus traf sich mit seinen Jüngern im oberen Raum, bevor er nach Golgatha ging. Er sagte ihnen: »Das sage ich euch, damit meine Freude in euch bleibe und eure Freude vollkommen werde« (Joh 15,11).

Bischof Stephen Neill hat hierzu geschrieben: »Die frühen Christen waren in der Lage, die Welt zu erobern, weil sie von Freude erfüllte Menschen waren« (The Christian Character, S.29).

Die Welt heute ist weitgehend ohne Freude, voll Schatten und Ängsten und ohne irgendwelche Illusionen. Die Freiheit verschwindet mit raschen Schritten von dieser Erde. Zugleich mit dem Verlust der Freiheit vergehen auch viele oberflächliche Freuden und Vergnügungen des Lebens, aber das braucht uns nicht zu alarmieren. Die Bibel sagt uns, daß unsere Freude im Geist nicht von äußerlichen Umständen abhängt. Die Welt mit ihrem Wesen bringt es nicht fertig, die wahre Quelle der Freude anzuzapfen. Gott schenkt seine Freude durch den Heiligen Geist hinein in unser trübes und von Problemen geschütteltes Leben, und er macht es möglich, daß wir ganz unabhängig von unseren äußeren Lebensumständen von Freude erfüllt sind.

In der amerikanischen Unabhängigkeitserklärung wird vom »Streben nach Glück« gesprochen, aber in der Bibel ist nirgends die Rede davon, daß wir danach streben sollen. Das Glück ist schwer zu fassen, und wir finden es nicht, wenn wir danach suchen. Es kommt herbei, wenn die äußeren Bedingungen günstig sind, aber die Freude geht viel tiefer. Die Freude ist auch etwas ganz anderes als das Vergnügen. Das Vergnügen geht vorüber, aber die Freude ist tief, und sie bleibt auch in den schlimmsten Lebensumständen erhalten.

Denn wir haben nicht nur die Quelle der Freude erhalten, nämlich Jesus Christus, sondern wir stehen auch unter der Verheißung, daß die Freude jedem Christen allezeit zur Verfügung steht, und zwar ganz unabhängig von seinen Lebensumständen.

Ich habe einmal Dohnavur in Südindien besucht, wo Amy Carmichael fünfzig Jahre lang gelebt und sich um Hunderte von Mädchen gekümmert hat, die eigentlich für den Tempeldienst bestimmt gewesen waren. Ich hatte schon erwähnt, daß sie während der letzten zwanzig Jahre ihres Lebens bettlägerig war und daß sie in dieser Zeit viele Bücher schrieb, die ein Segen für Millionen von Menschen waren. Das Zimmer, in dem sie lag, war so von Freude erfüllt, daß jeder, der sie besuchte, Gott lobte und pries. Zu ihrem Buch »Gold by Moonlight« hat sie geschrieben: »Wenn es um die Dinge Gottes geht, bedeutet das Akzeptieren stets, daß man mit Herz und Verstand fröhlich das annimmt, was er bestimmt, weil es sein guter und richtiger und vollkommener Wille ist.«

Selbst nach ihrem Tode geschah in ihrem Zimmer, in dem sie dem Herrn zwanzig Jahre lang gedient hatte, etwas Seltsames, als ich es betrat. Die Schwester, die sie dort gepflegt hatte, bat mich, ein Gebet zu sprechen. Ich begann zu beten, aber ich wurde dann von einem Gefühl der Gegenwart Gottes so überwältigt, daß ich förmlich zusammenbrach (und das geschieht bei mir nur selten). Deshalb bat ich meinen Begleiter, das Gebet weiterzusprechen. Aber ihm widerfuhr das gleiche! Als ich das Zimmer verließ, verspürte ich die Freude des Herrn in meinem Herzen. Sehr häufig habe ich Kranke besucht, um sie zu stärken und zu ermutigen. Manche von ihnen litten an unheilbaren Krankheiten. Es mag seltsam klingen, aber ihre geradezu ansteckende Freude war für meine Seele ein rechter Segen.

Eine tiefe Freude überkrönte das letzte Bekenntnis des Paulus, als er seinen allerletzten Brief aus der Todeszelle an den jungen Timotheus schrieb. Trotz all der Leiden, die er hatte durchmachen müssen, trotz der Schrecken des Gefängnisses und trotz der vielfachen Todesgefahren erfüllte die Freude des Herrn sein Herz.

Charles Allen hat es so ausgedrückt: »Ebensowenig, wie auch alles Wasser auf der Welt nicht das Feuer des heiligen Geistes zum Verlöschen bringen könnte, können auch alle Schwierigkeiten der Welt nicht die Freude überwältigen, die der Heilige Geist in das menschliche Herz hineinbringt« (The Miracle of the Holy Spirit, 1974, S. 56).

Und jemand anders hat einmal gesagt: »Freude ist die Flagge, die über dem Palast weht, wenn der König sich dort aufhält.«

Die Frucht des Geistes: Frieden.

Friede läßt denken an Einheit, Vollständigkeit, Ruhe, Entspannung und Sicherheit. Im Alten Testament gibt es dafür das Wort »Schalom«. Immer, wenn ich jüdische Freunde treffe, grüße ich sie mit diesem Wort »Schalom«. Und wenn ich meine arabischen Freunde treffe, dann gebrauche ich einen ähnlichen Ausdruck, den sie für Frieden haben, nämlich »Salaam«.

Als ich vor kurzem einmal im Fernsehen einen Bericht sah, in dem gezeigt wurde, wie Passagiere aus einem von Luftpiraten gekaperten Flugzeug stiegen, konnte man auf ihren Mienen Schrecken, Entsetzen und Furcht sehen. Aber eine Frau hielt ein kleines Kind auf ihren Armen, das ruhig schlief. Friede mitten in dem ganzen Tumult!

Jesaja hat gesagt: »Wer festen Herzens ist, dem bewahrst du den Frieden; denn er verläßt sich auf dich« (Jes 26,3). Das ist die rechte Beschreibung eines jeden Christen, der zwar allein auf dem Schlachtfeld steht, aber auf Grund seines Glaubens rundherum mit Gottes heiligen Waffen versehen und daher Herr der Situation ist. Ein solcher

Mensch sorgt sich nicht um seine Zukunft, denn er weiß, wer den Schlüssel zur Zukunft in den Händen hält. Er zweifelt nicht, denn er kennt den, der allen Zweifel beseitigt hat.

Wenn Sie und ich uns vom Kummer übermannen lassen, dann bestreiten wir unserem himmlischen Wegweiser das Recht, uns im Vertrauen und im Frieden zu führen. Nur der Heilige Geist kann uns Frieden schenken mitten in den Stürmen der Ruhelosigkeit und der Verzweiflung. Wir dürfen unseren Herrn im Himmel nicht dadurch betrüben, daß wir uns dem Kummer hingeben oder daß wir uns zu sehr mit uns selbst beschäftigen.

Es gibt verschiedene Arten von Frieden, wie z.B. den Frieden eines Kirchhofs oder den Frieden, den Tranquilizer hervorrufen. Für einen Christen ist jedoch Friede nicht einfach das Fehlen eines Konflikts oder sonst irgendein künstlicher Zustand, wie ihn die Welt anzubieten hat. Vielmehr ist es der tiefe bleibende Friede, den nur Jesus dem Herzen bringt. In Johannes 14,27 hat er es so gesagt: »Den Frieden lasse ich euch, meinen Frieden gebe ich euch. Nicht gebe ich euch, wie die Welt gibt. Euer Herz erschrecke nicht und fürchte sich nicht.« Das ist der Friede, der nur von dem Heiligen Geist herkommen kann.

Dem Frieden von Gott, der in unseren Herzen regieren kann, muß immer der Friede mit Gott vorangehen, mit ihm muß alles beginnen. Wenn das der Fall ist, dann kann der Frieden von Gott folgen. Wenn man es so betrachtet, dann hat das Erlösungswerk Jesu zwei Stufen: Zuerst hat er es möglich gemacht, daß der Krieg zwischen dem sündigen Menschen und dem gerechten Gott beendet wurde. Gottes Zorn war über dem Menschen, der gesündigt hatte, aber Jesus brachte Frieden durch sein Blut, der Krieg war zu Ende, und Friede trat ein. Gott war zufriedengestellt. Die Schuld wurde gestrichen, und die Bücher wurden geschlossen. Die Rechnung war bezahlt, und der Mensch war frei, wenn er willens war, Buße zu tun und sich um seine Erlösung an Jesus zu wenden.

Aber Jesus Christus hat uns nicht nur von der Knechtschaft und vom Kriegszustand befreit. Er hat für uns noch eine weitere Stufe möglich gemacht: Wir können den Frieden von Gott in unseren Herzen haben, und das schon hier und jetzt. Für uns bedeutet Friede mit Gott nicht nur einen Waffenstillstand, nein, der Krieg ist für immer beendet, und nun sind die erlösten Herzen der früheren Feinde des Kreuzes erfüllt mit einem Frieden, der über alles menschliche Wissen hinausgeht und alle Höhen übersteigt, die wir uns bei den kühnsten Flügen vorstellen könnten.

Spurgeon hat über den Frieden von Gott folgendes gesagt: »Ich blickte auf Jesus, und die Friedenstaube flog in mein Herz; ich blickte auf die Friedenstaube, und sie flog davon.« Wir dürfen also nicht auf die Frucht blicken, sondern vielmehr auf die Quelle allen Friedens, denn Jesus wirkt durch den Heiligen Geist in subtiler Weise an unserem Leben, damit wir Frieden schaffen können. Die wirksamste psychiatrische Behandlung, die man sich vorstellen kann, versucht, das zu tun, was Jesus verheißen hat: »Nehmt auf euch mein Joch und lernt von mir; denn ich bin sanftmütig und von Herzen demütig; so werdet ihr Ruhe (oder Frieden) finden für eure Seelen« (Mt 11,28). Der König David wurde ein lebendes Beispiel für die geistliche Therapie der Seele, die der Heilige Geist vornimmt, als er sagte: »Er weidet mich auf einer grünen Aue« (Ps 23,2-3). Das ist ein wirklich von Frieden erfülltes Ruhen. Dann sagt David weiter: »Er erquicket meine Seele.« Das ist eine Erneuerung, die in einem tiefen Frieden geschieht. Die Menschen sind zwar stets und überall auf der Suche nach Frieden, aber sie werden ihn nicht finden, solange sie nicht die einfache Erkenntnis gewonnen haben, daß Jesus der Frieden ist.

Eine verzweifelte Frau schrieb mir, ihr Fall sei hoffnungslos, weil Gott unmöglich all ihre schweren Sünden vergessen könne. Ich antwortete ihr, daß es ihr zwar so vorkommen könne, als ob Gott und auch die Menschen sie im Stich gelassen hätten, daß aber Gott sie nicht verlassen, sondern nur zugelassen habe, daß Kummer und Verzweiflung ihr Herz erfüllten, damit sie erkennen könne, wie nötig sie Gottes Vergebung und Frieden brauche. Später schrieb sie mir, daß sie vor Freude förmlich herumgesprungen sei, als ihr bewußt geworden sei, daß auch sie Gottes Frieden haben konnte. Jesus hat gesagt, daß nicht unser Friede, sondern sein Friede das Ausschlaggebende sei: »Den Frieden lasse ich euch, meinen Frieden gebe ich euch. Nicht gebe ich euch, wie die Welt gibt. Euer Herz erschrecke nicht und fürchte sich nicht« (Joh 14,27).

Im Römerbrief hat Paulus für uns diese Worte niedergeschrieben: »Der Gott der Hoffnung aber erfülle euch mit aller Freude und Frieden im Glauben, daß ihr immer reicher werdet an Hoffnung durch die Kraft des heiligen Geistes« (Röm 15,13). Wie ließe sich Freude und Friede besser beschreiben? Ja, es ist so: Die Frucht des Geistes ist Frieden – haben Sie ihn in Ihrem Herzen?

16. KAPITEL

Die Frucht des Geistes: Geduld, Freundlichkeit, Gütigkeit

Die erste Gruppe der Frucht des Geistes ist vor allem auf Gott ausgerichtet, aber andere können wahrnehmen, was diese Frucht bewirkt. Und so sprachen wir eben von der Liebe Gottes und von der Freude und dem Frieden, die Gott schenkt. Die zweite Gruppe – Geduld, Freundlichkeit und Gütigkeit – betrifft die Art und Weise, wie wir uns als Christen gegenüber anderen verhalten. Wenn wir reizbar, unfreundlich und unhöflich sind, dann fehlt es uns an Frucht aus dieser zweiten Gruppe. Aber wenn der Heilige Geist in uns wirken kann, dann verwandelt er uns allmählich, und die Blüten von Geduld, Freundlichkeit und Güte beginnen zu blühen, und später entwickelt sich Frucht aus ihnen.

Die Frucht des Geistes: Geduld.

Das Wort Geduld stammt von einem griechischen Wort, das die Standhaftigkeit eines Menschen angesichts einer erregenden Situation beschreibt. Das Wort enthält auch die Vorstellung, daß jemand eine schlechte Behandlung geduldig und ohne Ärger und ohne den Gedanken an Rache oder Vergeltung erträgt. Damit zeigt sich deutlich, daß diese Frucht des Geistes in dem Verhältnis zu unserem Nachbarn zum Ausdruck kommt. Es handelt sich um die personifizierte Geduld – die Geduld der Liebe. Wenn wir reizbar, rachsüchtig, ärgerlich und bösartig mit unseren Nachbarn sind, dann haben wir nicht die Geduld mit ihnen, die eine Frucht des Heiligen Geistes ist. Und wenn wir uns so verhalten, dann kann er uns nicht leiten.

Geduld ist das herrliche Strahlen eines liebevollen und empfindsamen Herzens, das sich in einem freundlichen und gütigen Verhalten allen Menschen gegenüber zeigt. Geduld verhält sich gegenüber den Fehlern anderer Menschen freundlich, nachsichtig und verständnisvoll und übt keine ungerechte Kritik. Geduld schließt auch Beharrlichkeit ein, also die Fähigkeit, trotz Müdigkeit, Anstrengungen und Verfolgungen durchzuhalten, wenn man das Werk des Herrn tut.

Geduld gehört dazu, wenn jemand wirklich Jesus ähnlich sein will. Es ist etwas, was wir oft bei anderen bewundern, ohne es für uns selbst anzustreben. Paulus hat uns gelehrt: »...daß ihr des Herrn würdig lebt, und gestärkt werdet mit aller Kraft durch seine herrliche Macht zu aller Geduld und Langmut« (Kol 1,10). Die Fähigkeit zur Geduld in unserem Leben kommt aus Gottes Kraft, und sie beruht auf unserer Bereitschaft, sie zu lernen. Immer wenn wir egoistisch sind oder wenn Zorn oder eine ungehaltene Stimmung in uns aufkommen will, oder wenn Ungeduld oder Enttäuschungen uns übermannen, dann müssen wir erkennen, daß wir selbst der Grund unserer Probleme sind, und nicht Gott. Wir müssen schon den Anfang einer solchen Stimmung sofort auf das Schärfste von uns weisen, denn sie rührt her von unserer alten sündigen Natur.

Geduld und Prüfungen.

Die Geduld hat in der Bibel viel mit Prüfungen und Erprobungen zu tun, und das ist auch nur logisch. Wir mögen in unserem normalen Leben geduldig sein, aber wie verhalten wir uns, wenn Zeiten der Prüfung kommen? Das sind die Augenblicke, wo wir besonders diese Frucht des Geistes, die Geduld, brauchen. Das ist einer der Gründe, weshalb die Bibel uns sagt, daß Prüfungen gut für uns sein können, weil wir auf diese Weise gestärkt werden und weil diese es vor allen Dingen dem Heiligen Geist ermöglichen, in uns die Fähigkeit zur Geduld zu entwickeln. »Meine lieben Brüder, erachtet es für lauter Freude, wenn ihr in mancherlei Anfechtungen fallt, und wißt, daß euer Glaube, wenn er bewährt ist, Geduld wirkt« (Jak 1,2-3).

Wenn das wahr ist, dann sollten wir Prüfungen willkommen heißen, wenn sie auf uns zukommen, weil sie uns dazu zwingen, uns mehr und mehr auf die Quelle aller Kraft zu verlassen und dabei immer mehr die Fähigkeit zur Geduld zu entwickeln, die eine Frucht des Geistes ist. Das regelmäßige Üben der Geduld und des Ausharrens bei den täglichen kleinen Ärgernissen und Aufregungen bereitet uns darauf vor, dann durchzuhalten, wenn die großen Kämpfe kommen.

Die innere Auszehrung des Herzens macht uns angreifbar für die raffinierten, und oft auch noch dazu verdeckten, Angriffe des Satans. Aber das Herz, das gelernt hat, sich sofort und beim ersten Zeichen der Versuchung im Gebet an den Heiligen Geist zu wenden, hat keinen

Grund dafür, eine solche Auszehrung zu fürchten. Innerhalb kurzer Zeit wird das Gebet etwas so Automatisches und Spontanes sein, daß wir unser Gebet fast schon gesprochen haben, bevor wir uns des Problems bewußt geworden sind. In der Bibel heißt es: »Seid fröhlich in Hoffnung, geduldig in Trübsal (sein) und beharrlich im Gebet« (Röm 12,12). Nach meiner Auffassung ist die beste Zeit zum Beten der gleiche Augenblick, in dem eine schwierige Situation oder eine ungeistliche Haltung mich anfechten will. Gott der Heilige Geist ist immer da und steht immer zur Verfügung, bereit, mir in den geistlichen Kämpfen, in denen ich stehe, seien sie nun groß oder klein, zum Sieg zu verhelfen. Wenn aber das Gebet für mich zu einer ganz automatischen und instinktiven Reaktion auf meine Probleme werden soll, dann muß ich es bewußt und beständig jeden Tag üben, bis es zu einem Teil meiner selbst geworden ist.

Ein lieber Freund und bewährter Seelsorger sagte mir einmal, daß die größten Prüfungen auf uns dann zukommen, wenn wir fragen: »Warum?«

Charles Hembree hat hierzu Folgendes gesagt: »Mitten in der Not ist es schwer zu begreifen, warum uns etwas zugestoßen ist, wir stellen dann in Frage, ob Gott gut und gerecht ist. Solche Zeiten können aber für unser Leben von der größten Bedeutung sein« (Fruits of the Spirit, 1969, S.57-58).

Einer der großen Diener des Herrn, Paul Little, kam im Jahre 1975 bei einem Autounfall ums Leben. Mir drängte sich sofort die Frage auf: »Warum?« Paul war einer der hervorragendsten jungen Bibellehrer. Er war Professor der Theologie und ein führender Mitarbeiter der Internationalen Studentenmission, und er hatte früher in unserem Team mitgearbeitet. Ich bin ganz sicher, daß seine Frau Marie sich in der Verzweiflung ihres Herzens ebenso gefragt haben muß: »Warum?« Als sie aber einige Monate später an einer Freizeit unseres Teams teilnahm, war sie von einer heiteren Abgeklärtheit, als sie vor den Frauen der Mitarbeiter darüber sprach, wie sie mit der Situation fertig geworden war. Wir brauchten sie nicht zu trösten, sie tröstete uns.

Wir mögen Kummer und notvolle Situationen erleben, aber beim Psalmisten heißt es: »Denn sein Zorn währet einen Augenblick und lebenslang seine Gnade. Den Abend lang währet das Weinen, aber des Morgens ist Freude« (Ps 30,6). Kein vom Geist erfüllter Christ wird es an Ausdauer und Geduld fehlen lassen, wenn er getreulich »die Gemeinschaft seiner Leiden« auf sich genommen hat (Phil 3,10).

Damit diese Frucht in unserem Leben erscheinen kann, läßt Gott es zu, daß Züchtigungen, Nöte, Kummer und Verfolgungen über uns kommen. Wenn Josef nicht von seinen Brüdern, die ihn haßten, in die Sklaverei verkauft worden wäre und wenn er nicht von Potiphar zu Unrecht beschuldigt worden wäre, der ihn dann ins Gefängnis werfen ließ, dann wäre in Josef nicht die Frucht der Geduld und des Aushaltens entstanden, die später ein Kennzeichen seines Lebens werden sollte. Selbst nachdem Josef dem Mundschenk des Pharao gesagt hatte, er werde an den Hof zurückkommen, wobei er ihn gebeten hatte, dem Pharao von seiner ungerechtfertigten Haft zu berichten, mußte er noch zwei Jahre warten, bis er aus dem Gefängnis herauskam.

Wenn wir auf den Herrn warten, mag es manchmal so scheinen, als sei Gott mit seiner Hilfe langsam, aber er kommt nie zu spät. Paulus hat geschrieben: »Denn unsere Trübsal, die zeitlich und leicht ist, schafft eine ewige und über alle Maßen gewichtige Herrlichkeit« (2. Kor 4,17). Jesus sagte zu seinen Jüngern: »Seid standhaft, und ihr werdet euer Leben gewinnen« (Lk 21,19). Es ist dieses Aushalten und diese Geduld, die der Heilige Geist dazu gebraucht, um andere zu segnen.

Wir müssen allerdings auf eines hinweisen, wenn wir über das Ausharren sprechen. Manchmal gebrauchen wir das als Ausrede, wenn wir irgend etwas nicht zu tun bereit sind, das dringlich nötig ist. Manchmal haben wir Freude daran, uns gewissermaßen innerlich zu geißeln, weil wir der Wahrheit nicht ins Auge sehen wollen, und dann nennen wir das fälschlich Ausharren. Aber: »Jesus ging in den Tempel hinein und trieb heraus alle Verkäufer und Käufer im Tempel und stieß die Tische der Geldwechsler um und die Stände der Taubenhändler« (Mt 21,12). Darüber hinaus schalt er zornig die Schriftgelehrten und die Pharisäer (Mt 21,13). Der vom Geist erfüllte Christ weiß, wann er zu Recht zornig sein kann und wann er Geduld zu üben hat, und er weiß, wann ein Ausharren eigentlich nur eine Ausrede für Untätigkeit oder eine Krükke ist, um einen Charaktermangel zu verbergen.

Die Frucht des Geistes: Freundlichkeit.

Freundlichkeit – oder Sanftmut – ist die zweite Art von Frucht, die nach draußen wächst. Das Wort ist zurückzuführen auf einen griechischen Begriff, der die Freundlichkeit beschreibt, die die ganze Natur durchdringt und erfüllt. Die Sanftmut wäscht alles hinweg, was hart und unfreundlich ist. Es ist in der Tat so, daß Sanftmut ausdauernde Liebe ist.

Jesus war ein sanftmütiger Mensch. Als er in unsere Welt kam, gab es nur wenige Orte, die dem Mitleid gewidmet waren; es gab nur wenige Krankenhäuser oder Heime für Nervenkranke, nur wenige Orte der Zuflucht für die Armen, wenige Waisenhäuser und nur wenige Orte, wo den Hilflosen Hilfe angeboten wurde. Im Vergleich zu heute war es eine grausame Zeit. Jesus hat das geändert. Wo immer das wahre Christentum sich ausgebreitet hat, haben seine Anhänger Taten der Freundlichkeit und Sanftmut vollbracht.

Das Wort Sanftmut taucht nur einige wenige Male in der Bibel auf. Sie wird erwähnt im Zusammenhang mit den drei Personen der Dreieinigkeit. In Psalm 18,35 lesen wir von der Sanftmut Gottes, in 2.Korinther 10,1 von der Sanftmut und Milde Christi, und in Galater 5,23 von der Sanftmut des Heiligen Geistes.

Charles Allen sagt dazu: »Man kann Sünde so verachten, daß man gegenüber einem Sünder hart und unfreundlich ist ... Manche Menschen sind so ausschließlich auf ein rechtschaffenes Leben ausgerichtet, daß sie keinen Raum mehr für Mitleid mit denen haben, die gesündigt haben« (The Miracle of the Holy Spirit, 1974, S.60).

Wie einfach ist es, denen gegenüber ungeduldig oder unfreundlich zu sein, in deren Leben etwas Schlechtes geschehen ist! Als in den USA die Hippie-Bewegung eingesetzt hatte, haben viele Menschen mit einer kritischen und unfreundlichen Haltung gegenüber den Hippies darauf reagiert. Die Bibel lehrt uns etwas anderes. Jesus wäre auf sie liebevoll mit Freundlichkeit und Sanftmut zugegangen. Die einzigen Menschen, mit denen er hart umsprang, waren die heuchlerischen religiösen Führer, aber allen anderen gegenüber bewies er eine wunderbare Sanftmut. Viele Sünder, die sich gerade dazu entschlossen hatten, Buße über ihre Sünden zu tun, sind von einem pharisäischen und kalten Christentum ernüchtert und enttäuscht worden, das nur einen starren gesetzlichen Kodex, aber keine Liebe kennt. Jesus aber verhielt sich jedem gegenüber liebevoll, sanftmütig und freundlich. Selbst kleine Kinder spürten seine Sanftmut und näherten sich ihm gerne und ohne Furcht.

Paulus schrieb an seinen jungen Freund Timotheus: »Ein Knecht des Herrn aber soll nicht streitsüchtig sein, sondern freundlich gegen jedermann, im Lehren geschickt, der Böses ertragen kann« (2.Tim 2,24). Jakobus schrieb: »Die Weisheit aber von oben her ist zuerst lauter, dann friedfertig, gütig, läßt sich etwas sagen, ist reich an Barmherzigkeit und guten Früchten, unparteiisch, ohne Heuchelei« (Jak 3,17).

Manche halten Sanftmut für ein Zeichen der Schwäche, aber sie irren sich sehr! Abraham Lincoln war für seine Sanftmut und Demut wohlbekannt, aber man kann wohl kaum sagen, daß er ein Schwächling war. Es war ganz anders: Gerade die Verbindung seines großen und starken Charakters mit seinem sanftmütigen und liebevollen Wesen machte ihn zu dem großen Menschen, der er war. Charles Hembree schreibt in seinem Buch: »Fruits of the Spirit«: »In unserem Zeitalter der ferngelenkten Raketen und der irregeleiteten Menschen besteht für uns eine verzweifelte Notwendigkeit, zu lernen, wie man sanftmütig sein kann. Es erscheint merkwürdig, daß wir in einer Zeit, in der wir auf den Mond gelangen, Signale von fernen Planeten empfangen und Bilder von kreisenden Satelliten abrufen können, so große Schwierigkeiten damit haben, unseren Nächsten gegenüber liebevoll und sanftmütig zu sein« (S. 74).

Der einzig richtige Ort, an den man sich zur Wegweisung und Unterrichtung in solchen Dingen sollte wenden können, wären die Pfarrer auf der Kanzel. Die zwingende Notwendigkeit für unsere Generation bestünde darin, daß sie vollmächtige Predigten hören müßte. Aber wie beredt, wie wohl vorbereitet und wie begabt ein Pfarrer auch sein mag: wenn es in seiner Predigt an Freundlichkeit und Sanftmut fehlt, wird er nicht in der Lage sein, Menschen zu Jesus Christus zu führen. Das sanftmütige Herz, das sowohl über die Sünden der Bösen als auch über die Opfer der Guten weinen kann.

Die Frucht des Geistes: Güte.

Der dritte Bestandteil dieser Gruppe ist die Gütigkeit. Dieser Begriff stammt von einem griechischen Wort, das einen Menschen beschreibt, der sich vom Guten bestimmen läßt und der darauf hinstrebt und der zugleich auch nach den höchsten moralischen und ethischen Maßstäben leben will. Paulus hat hierzu geschrieben: »Die Frucht des Lichts ist lauter Güte und Gerechtigkeit und Wahrheit« (Eph 5,9). Und an einer anderen Stelle hat er geschrieben: »Deshalb beten wir auch allezeit für euch, daß unser Gott euch würdig mache der Berufung und vollende alles Wohlgefallen am Guten und das Werk des Glaubens in Kraft, damit in euch verherrlicht werde der Name unseres Herrn Jesus und ihr in ihm, nach der Gnade unseres Gottes und des Herrn Jesus Christus« (2.Thess 1,11-12). Und noch an einer anderen Stelle schreibt er, indem er die Gemeinde in Rom lobt: »Ich weiß aber selbst sehr wohl von euch, liebe Brüder, daß auch ihr selber voll Güte seid, erfüllt mit aller Erkenntnis, so daß ihr euch untereinander ermahnen könnt« (Röm 15,14).

In einem der vorangegangenen Kapitel habe ich schon einmal berichtet, daß es auf dem Grundstück um unser Haus herum mehrere Wasserquellen gibt. Eine dieser Quellen versorgt unser Haus stets mit Trinkwasser, und wir beziehen daraus alles Wasser, das wir im Hause verwenden. Der Mann, der es einmal untersucht hat, hatte nur einen Kommentar: »Es ist das reinste Wasser, das ich jemals angetroffen habe.« Aus einem guten Herzen strömt beständig Gutes, ebenso wie aus einer guten Quelle.

In der Sprache der Bibel bedeutet »gut« eigentlich »so sein wie Gott«, weil nur er allein vollkommen gut ist. Aber auch wenn man selbst einen hohen ethischen Maßstab hat, ist das etwas ganz anderes, als wenn der Heilige Geist die Gütigkeit bewirkt, die von Gott selbst herrührt. Die Bedeutung, die hier gemeint ist, geht über das reine »Gutes tun« weit hinaus. Gütigkeit ist etwas viel Tieferes. Gütigkeit ist tätige Liebe. Es geht hier nicht darum, daß Rechtschaffenheit nur unterstellt wird, nein, sie wird im täglichen Leben durch den Heiligen Geist demonstriert. Es bedeutet, daß man Gutes aus seinem guten Herzen heraus tut, um Gott wohlzugefallen, und dies ohne Orden oder Belohnungen zu erwarten. Es ist der Wille Jesu, daß diese Art von Gütigkeit der bestimmende Charakterzug im Leben eines jeden Christen ist. Der Mensch kann keinen Ersatz für Gütigkeit finden, und kein geistlicher Imitationskünstler kann sie nachahmen.

Thoreau hat einmal geschrieben; »Wenn ein Mann mit seiner Truppe nicht gleichen Schritt hält, dann liegt das vielleicht daran, daß er einen anderen Trommler hört. Soll er doch zu der Musik marschieren, die er hört, wie genau im Takt oder wie weit entfernt sie auch sein mag« (Walden, 1906, S.358 ff). Als Christen haben wir keine Alternative, wir können nur nach der Trommel des Heiligen Geistes marschieren und dabei dem Takt der Gütigkeit folgen, die Gott wohlgefällt.

Wir können gute Taten tun und indem wir Gütigkeit praktizieren, können wir den Menschen um uns herum bezeugen, daß wir in unserem Leben etwas anderes haben, etwas, was sie selbst vielleicht gern auch hätten. Möglicherweise sind wir auch in der Lage, anderen zu zeigen, wie sie Gütigkeit in ihrem eigenen Leben praktizieren können. Aber in der Bibel heißt es: »Eure Liebe ist wie eine Wolke am Morgen und wie der Tau, der frühmorgens vergeht« (Hos 6,4). Wahre Gütigkeit ist eine Frucht des Geistes, und daher werden alle unsere Anstrengungen, sie durch unsere eigene Kraft zu bewirken, ohne Erfolg bleiben.

Wir müssen sorgfältig darauf achten, daß alle Gütigkeit, die die Welt an uns beobachtet, eine wirkliche Frucht des Geistes ist und nicht nur etwas Vorgetäuschtes, damit wir niemanden in die Irre führen. Wir müssen stets bedenken, daß der Satan sich jedes menschlichen Bestrebens bemächtigen und es so verdrehen kann, daß es seinen Zwecken dient. Aber er kann nicht den Geist des Menschen anrühren, der vom Blut Jesu bedeckt und geschützt und tief im Heiligen Geist verwurzelt ist. Nur der Heilige Geist kann die Gütigkeit wirken, die jede Probe besteht.

Die Gütigkeit steht, was die äußerlich sichtbaren Früchte des Geistes betrifft, nie allein da, sondern sie ist stets begleitet von der Geduld und der Freundlichkeit. Diese drei gehören zusammen, und sie zeigten sich aufs schönste im Leben des Einen, der das vollkommene Vorbild für das ist, was Sie und ich sein sollten. Durch die Kraft des Heiligen Geistes werden diese Charakterzüge zu einem Teil unseres Lebens, damit wir andere auf Ihn hinweisen.

17. KAPITEL

Die Frucht des Geistes: Treue, Sanftmut, Keuschheit

Das echte christliche Leben hat seine eigene Rangordnung von Prioritäten: Gott steht an der ersten Stelle, andere an der zweiten, und ich selbst stehe an der dritten Stelle. Wenn wir jetzt bei der dritten Gruppe von der Frucht des Geistes sprechen, dann richten wir unser Augenmerk auf den »inneren« Menschen. Der Geist wirkt in uns, damit ER durch uns wirken kann. »Etwas zu sein« scheint uns immer viel wichtiger als »etwas zu tun«. Aber wenn wir so sind, wie wir innerlich sein sollten, dann werden wir mehr und mehr Frucht bringen. Das wollte Paulus zum Ausdruck bringen, als er schrieb: »Denn Gott ist's, der in euch wirkt beides, das Wollen und das Vollbringen, nach seinem Wohlgefallen« (Phil 2,13). Und er hat deshalb auch geschrieben: »Und ich bin darin guter Zuversicht, daß der in euch angefangen hat das gute Werk, der wirds auch vollenden bis an den Tag Christi Jesu« (Phil 1,6).

Die dritte Gruppe der geistlichen Frucht hat es also mit dem inneren Menschen zu tun. Es geht dabei um Treue, Sanftmut, Keuschheit.

Die Frucht des Geistes: Treue.

Es geht hier um Pflichttreue, die der Heilige Geist in einem Leben wirkt, das ihm ausgeliefert ist.

Dasselbe Wort kommt in Titus 2,10 vor, wo es auch mit dem Wort »Treue« übersetzt worden ist. Dieses Verhalten wird in der Bibel hoch gelobt. Die Treue in den kleinen Dingen ist einer der verläßlichsten Charaktertests, wie auch unser Herr in dem Gleichnis mit den Talenten betont hat: »Da sprach sein Herr zu ihm: Recht so, du tüchtiger und treuer Knecht, du bist über wenigem treu gewesen, ich will dich über viel setzen; geh hinein zu deines Herrn Freude!« (Mt 25, 21). Bei der Moral geht es nicht so sehr um Größe, sondern vielmehr um Qualität. Richtig ist richtig, und falsch ist falsch, und das gilt für kleine Dinge ebenso wie für große.

Petrus stellt diejenigen, die getreulich mit dem Herrn wandeln, in Gegensatz zu jenen, die sich wieder vom Schmutz dieser Welt einfangen lassen. Er schreibt: »Denn es wäre besser für sie gewesen, daß sie den Weg der Gerechtigkeit nicht erkannt hätten, als daß sie ihn kennen und sich abkehren von dem heiligen Gebot, das ihnen gegeben ist. An ihnen hat sich erwiesen die Wahrheit des Sprichworts: Der Hund frißt wieder, was er gespien hat; und: Die Sau wälzt sich nach der Schwemme wieder im Dreck« (2. Petr 2,21-22).

Der dritte Brief des Johannes enthält nur vierzehn Verse. Diotrephes und Demetrius sind die beiden Männer, die darin ausdrücklich erwähnt werden. Der getreuliche Christ war Demetrius, von dem es heißt, er »hat ein gutes Zeugnis von jedermann und von der Wahrheit selbst« (V.12). Er wird gelobt, weil er dem Herrn getreulich in Wort und Wahrheit, in seinem Verhalten und in seinen Vorsätzen folgte.

In der Industrie ist das Wort »Lieferzeit« ein bekannter Begriff. Dabei handelt es sich um die Zeit, die zwischen dem Eingang einer Bestellung und ihrer Ausführung liegt. Viele Christen werden eines Tages noch bedauern, wieviel Zeit sie verstreichen ließen von dem Tage an, als Gott ihnen zeigte, welchen Plan er für sie hatte, bis sie sich schließlich dazu aufrafften, seinem Plan zu folgen. Die alten Israeliten hätten ihre Reise von Ägypten nach Kanaan in ein paar Wochen hinter sich bringen können. Statt dessen dauerte die Reise vierzig Jahre, und eine ganze Generation mußte zuvor sterben, weil sie nicht getreu gewesen war.

Ein Mangel an dieser Treue kennzeichnet eine geistliche Unreife. Ein Zeichen für innerliche Unreife ist es, wenn man sich dagegen wehrt, Verantwortung zu übernehmen. Ein junger Mensch wünscht sich vielleicht all die Vorrechte der Erwachsenen, aber ihre Verantwortung will er nicht übernehmen. Dasselbe gilt auch in geistlicher Hinsicht. Gott hat uns als reifen Christen bestimmte Pflichten übertragen. Wenn wir ungehorsam sind und diesen Pflichten nicht nachkommen, dann sind wir nicht getreu. Anders gesagt, wenn wir getreu sind, dann bedeutet das, daß wir die Pflichten übernehmen, die Gott uns auferlegt. Das ist das Kennzeichen geistlicher Reife, und zugleich ist es eine der wichtigsten Früchte, die der Heilige Geist in unserem Leben bringt.

Wir wachsen wohl alle langsamer als wir wachsen sollten, weil wir es dem Heiligen Geist nicht gestatten, in allen Bereichen unseres Lebens die Herrschaft zu übernehmen. Wir dürfen daher nie zögern, es in völligem Gehorsam Gott gegenüber dem Heiligen Geist zu ermöglichen, alle schlechten Angewohnheiten und auch alle erst keimenden

Sünden aus unserem Leben zu entfernen. Wir mögen manchmal ungeduldig werden, wenn uns bewußt wird, daß es so lange dauert, IHM ähnlich zu werden, aber wir sollten doch geduldig und getreu bleiben, denn es ist wert, darauf zu warten, daß man IHM ähnlich wird. Aber selbst wenn wir ganz und gar reife Christen werden könnten – ich glaube nicht, daß uns das bewußt würde. Wer von uns kann schon behaupten, daß er ein vollkommenes Leben führe? Aber wir wissen, daß wir, wenn wir in der Ewigkeit bei IHM stehen, auch mit IHM verherrlicht werden. Und der Heilige Geist wird damit beginnen, den eigentlichen Plan Gottes für unser Leben in uns auszuführen, wann immer wir aufrichtig dazu bereit sind, zu seinem Willen »ja« zu sagen.

Die Bibel ist voll von Geschichten über Männer wie Abraham (Hebr 11,8-10), die getreu vor Gott wandelten. Man muß einmal das ganze 11. Kapitel des Hebräerbriefes sorgfältig lesen, in dem von Männern und Frauen berichtet wird, die Gott »getreu« nennt.

Es ist gefährlich, Gott zu versuchen, so wie es die bösen Männer zur Zeit des Amos taten. Zu ihnen sagte Gott: »Siehe, es kommt die Zeit ..., daß ich einen Hunger ins Land schicken werde, nicht einen Hunger nach Brot oder Durst nach Wasser, sondern nach dem Wort des Herrn, es zu hören« (Amos 8,11).

Wir sollten vielmehr dem Rat des Jakobus folgen: »Selig ist der Mann, der die Anfechtung erduldet; denn nachdem er bewährt ist, wird er die Krone des Lebens empfangen, die Gott verheißen hat denen, die ihn lieb haben« (Jak 1,12). Einige Verse später heißt es bei Jakobus: »Wer aber durchschaut in das vollkommene Gesetz der Freiheit und dabei beharrt und ist nicht ein vergeßlicher Hörer, sondern ein Täter, der wird selig sein in seiner Tat« (1,25).

Immer und immer wieder werden wir ermahnt, getreu zu sein. Wir haben schon früher in diesem Buch gelesen, daß die Bibel von einer Anzahl von Gerichtstagen am Ende der Zeiten berichtet. Eines von ihnen wird als der Richterstuhl Christi bezeichnet. Eines Tages werden alle Christen vor Jesus Christus stehen, und über all das Rechnung ablegen müssen, was wir nach unserer Bekehrung getan haben. Wir werden dann unser Urteil empfangen, und zwar nicht gemessen daran, wie erfolgreich wir in den Augen der Welt waren, sondern wie getreu wir an dem Ort gewesen sind, an den Gott uns gestellt hat. Der Apostel Paulus beschreibt dies in 1.Korinther 3,9-16 ausführlich: Unsere Treue wird der Prüfstein sein, von dem sich Gott bei seinem Urteil leiten läßt.

Manchmal ist es der größte Prüfstein in unserem Leben, wieviel Zeit wir mit dem Lesen der Bibel, dem Beten und dem Leben nach den

Grundsätzen der Rechtschaffenheit verbringen. Ein aufrichtiger Christ überraschte mich vor kurzem mit der Bemerkung: »Es ist ganz schön schwierig, heute in den USA ein getreuer Christ zu sein.« Es ist so leicht, unseren Gott inmitten unseres Wohlstandes zu vergessen und zu verlassen, und das gilt besonders dann, wenn der Materialismus vorherrschend geworden ist. Deshalb hat Jesus uns gesagt, daß es für einen reichen Mann schwer sei, in das Reich Gottes zu kommen. Auch reiche Männer können zwar errettet werden – aber die Bibel spricht vom »Betrug des Reichtums« (Mt 13,22). Die Lasten und die Sorgen dieser Welt stehen oft unserem treuen Wandel vor dem Herrn entgegen. Inmitten unseres materiellen Wohlstandes sollten wir uns davor hüten, in den Irrtum zu verfallen, dessen sich die Laodizäer schuldig machten: Sie zogen Gottes Zorn und Mißfallen auf sich, weil sie dachten, sie hätten an nichts mehr Mangel, weil sie wohlhabend waren (vgl. Offb 3,17). »Denn die reich werden wollen, die fallen in Versuchung und Verstrickung und in viele törichte und schädliche Begierden, welche die Menschen versinken lassen in Verderben und Verdammnis. Denn Geldgier ist eine Wurzel alles Übels; danach hat einige gelüstet, und sie sind vom Glauben abgeirrt und machen sich selbst viel Schmerzen« (1.Tim 6,9-10).

Wenn wir auf den Grabstein des Apostels Paulus eine Inschrift schreiben könnten, dann könnte sie lauten: »Getreu bis zum Tode«. Als er auf seine Hinrichtung wartete, konnte er ohne Zögern sagen: »Ich habe den guten Kampf gekämpft, ich habe den Lauf vollendet, ich habe Glauben gehalten; hinfort liegt für mich bereit die Krone der Gerechtigkeit, die mir der Herr, der gerechte Richter, an jenem Tage geben wird, nicht aber mir allein, sondern allen, die seine Erscheinung lieb haben« (2.Tim 4,7-8). Mag auch Paulus zuweilen versagt haben und mag er auch nicht vollkommen gewesen sein, er wußte doch, daß er seinem Herrn bis zum Ende getreu gewesen war.

Diese wunderbare Frucht der Treue aus der Fülle der Frucht des Geistes bewirkt Treue in unserem Zeugnis, Treue gegenüber unseren Pflichten und unserer Berufung und Treue gegenüber den Geboten Jesu. Und von der letzten und höchsten Belohnung für die Treue hören wir in Offenbarung 2,10: »Fürchte dich nicht vor dem, was du leiden wirst! Siehe, der Teufel wird einige von euch ins Gefängnis werfen, damit ihr versucht werdet, und ihr werdet in Bedrängnis sein zehn Tage. Sei getreu bis in den Tod, so will ich dir die Krone des Lebens geben.«

Die Frucht des Geistes: Sanftmut.

Das Wort Sanftmut oder Demut stammt von einem griechischen Wort, das »Lindigkeit, Milde gegenüber anderen« bedeutet. Jesus hat gesagt: »Selig sind die Sanftmütigen, denn sie werden das Erdreich besitzen« (Mt 5,5). Nirgends in der Bibel gibt es jedoch einen Hinweis darauf, daß damit auch Ängstlichkeit und Furcht gemeint sein könnten. Zur Zeit Jesu hatten die Worte Sanftmut oder Demut eine viel tiefere Bedeutung als in unserer heutigen Sprache. Man hatte dabei die Vorstellung, daß jemand gezähmt worden war, etwa so wie ein wildes Pferd zugeritten wird. Petrus hatte einen derben und ungehobelten Charakter, bevor er vom Heiligen Geist gezähmt wurde. Danach gebrauchte er all seine Kraft zur Ehre Gottes. Mose wurde als ein überaus sanftmütiger Mann bezeichnet, aber bevor der besondere Ruf Gottes an ihn erging, war er ein Mensch, der außerordentlich viel von sich hielt und der dann erst vierzig Jahre in der Wüste brauchte, bis er Gott die Herrschaft über sein Leben übergab. Ein Feuer, das man unter Beobachtung hält, kann ein ganzes Haus erwärmen. Sanftmut ist nichts anderes als Kraft, Stärke, Macht und Energie unter der Kontrolle des Heiligen Geistes.

In einem anderen Zusammenhang kann man die Sanftmut mit der Bescheidenheit gleichsetzen, weil sie das Gegenstück ist zu einer übertriebenen, nur auf das eigene Selbst ausgerichteten Einstellung. Die Sanftmut kümmert sich um andere und achtet sorgsam darauf, die Rechte anderer zu respektieren.

Die Sanftmut erfreut sich einer ruhigen Stärke, die diejenigen verwirrt, die sie für Schwäche halten. Das kann man in dem Verhalten Jesu nach seiner Verhaftung sehen. Während seines Prozesses, seiner Peinigung und seiner Kreuzigung mußte er die seelischen und körperlichen Schmerzen aushalten, die ihm die Schergen und die spottenden Zuschauer zufügten: »Als er gemartert ward, litt er doch willig und tat seinen Mund nicht auf wie ein Lamm, das zur Schlachtbank geführt wird; und wie ein Schaf, das verstummt vor seinem Scherer, tat er seinen Mund nicht auf« (Jes 53,7). Man hat die Sanftmut als Liebe in der Disziplin bezeichnet. Charles Allen hat geschrieben: »Gott erwartet von uns nicht, weniger als das zu sein, was wir wirklich sind. Wenn wir uns selbst herabsetzen, dann stellt das eine Beleidigung Gott gegenüber dar, der uns geschaffen hat. Stolz entsteht, wenn wir nur auf uns selbst blicken; Demut entsteht, wenn wir auf Gott schauen« (The Miracle of the Holy Spirit, 1974, S.63).

Jedes christliche Wachstum, auch in der Sanftmut, findet in einer sehr feindseligen Atmosphäre statt. Diese Art von geistlicher Ruhe und Gelassenheit und innerlicher, ruhiger Stärke, die der Heilige Geist wachsen läßt, entsteht nicht auf einem Spielplatz, sondern auf einem geistlichen Schlachtfeld.

David Hubbard hat die Sanftmut so beschrieben: Sie bedeutet, daß wir ständig denen zur Verfügung stehen, die sich auf uns verlassen. Wir müssen uns vor unserer eigenen Kraft nicht fürchten, deswegen gebrauchen wir sie auch nicht in arroganter Weise oder so, daß wir anderen damit wehtun. De Witt Talmagde hat über die Sanftmut gesagt: »Ebenso wie der Himmel nach der Prophezeiung mit Gewalt eingenommen werden wird, wird die Erde von der Sanftmut eingenommen werden. Gott als der Eigentümer hat keine Pächter lieber als die, die sanftmütig sind nach Herz und Geist. Deshalb vergibt er auch keine größeren Pachten.«

Dr. V.R. Edman schreibt in seinem Buch »They found the Secret« über Andrew Murray, den bekannten Sprecher bei Keswick-Konferenzen, und er bemerkt dabei folgendes: »Das Leben, das seine Nahrung und Kraft aus dem Weinstock (Jesus) bezieht, ist von solcher Fülle des Heiligen Geistes gekennzeichnet, daß es ein Beten hat, das siegreich ist, ein Predigen in Kraft, eine Liebe, die ansteckt, eine Freude, die überfließt und einen Frieden kennt, der über alles Verstehen geht. Daraus entsteht dann auch die Anbetung in der Stille, in der man Gott für sich selbst kennenlernt, und der Gehorsam, der dem Geheiß des Heilandes folgt, entsprechend seinem Wort. Das ist dann die ergiebige Frucht, die wie von selbst heranreift, wenn ein Mensch am Weinstock bleibt« (1960, S. 98).

Ein anderer Vergleich, der mir dazu verholfen hat, die Sanftmut zu verstehen, ergibt sich, wenn wir an einen Eisberg denken. Ich habe einige gesehen, wenn ich mit dem Schiff über den Atlantik fuhr. Ein Eisberg mag noch so hoch aus dem Wasser ragen, sein viel größerer Teil befindet sich doch immer unter Wasser. Eisberge sind besonders dann bedrohlich und zerstörerisch, wenn sie über die Schiffsrouten treiben. Aber die größte Bedrohung für die Eisberge kommt von etwas Wohltätigem, nämlich der Sonne. Ihre Strahlen bringen dem Leben Wärme und den Eisbergen den Tod. Ebenso wie die Sanftmut an sich eine große Gewalt ist, so erweist sich auch die Sonne kräftiger als der mächtigste Eisberg. Gottes Sanftmut – oder Demut – in uns ermöglicht es den Sonnenstrahlen des Heiligen Geistes, an unseren vereisten Herzen zu arbeiten und sie in Werkzeuge zu verwandeln, die Gutes bewirken und Gott zur Verfügung stehen. Geistlich gesprochen ist der sanftmütige, vom Geist erfüllte

Christ ein Brennglas, in dem sich die Strahlen der Sonne sammeln, um gegen die Eisberge unserer Fleischlichkeit anzugehen.

Wie können Sie und ich es lernen, sanftmütig zu sein? Jesus gab uns sich selbst als Beispiel, indem er uns dazu aufrief, »sanftmütig und von Herzen demütig« zu sein (Mt 11,29).

Erstens beginnen wir nicht damit, uns zu verteidigen, wenn wir attackiert werden, so wie Petrus, der dem Soldaten ein Ohr abhieb, als Jesus im Garten Gethsemane festgenommen wurde. Er erntete dafür nur den Tadel seines Herrn (Mt 26,51-52).

Zweitens streben wir nicht danach, an erster Stelle zu stehen, so wie damals Diothrephes (3. Joh 9). Vielmehr ist es unser Wunsch, daß ER »in allem der Erste sei« (Kol 1,18).

Drittens streben wir auch nicht danach, Anerkennung und Belohnung zu erhalten oder als die große Autorität angesehen zu werden, so wie es Jannes und Jambres taten (vgl. 2.Tim 3,8 und 2.Mose 7,11.22). Diese beiden ägyptischen Zauberer widersetzten sich dem Moses, der in der Vollmacht des Herrn wandelte, und widerstanden ihm vor dem Auszug aus Ägypten. »Denn ich sage durch die Gnade, die mir gegeben ist, jedem unter euch, daß niemand mehr von sich halte, als sich's gebührt zu halten, sondern daß er maßvoll von sich halte, ein jeder, wie Gott das Maß des Glaubens ausgeteilt hat. – Die brüderliche Liebe untereinander sei herzlich. Einer komme dem anderen mit Ehrerbietung zuvor« (Röm 12,3.10).

Wenn Jesus in unserem Leben auf dem Thron sitzt, dann kann die Demut zu einer unserer Tugenden werden. Die Sanftmut kann das sichtbarste Zeichen seiner Größe in uns sein. Vielleicht werden Sie nie als eine Autorität angesehen werden, vielleicht werden Sie nie den Beifall der Welt gewinnen, und vielleicht werden Sie auch niemals Herrscher sein und das Zepter der Macht schwingen. Aber eines Tages werden die Sanftmütigen die Erde besitzen (vgl. Mt 5,5), denn niemand kann uns unseren rechtmäßigen Teil an Gottes herrlichem und wunderbarem Erbe nehmen.

Die Frucht des Geistes: Keuschheit.

Keuschheit, oder eigentlich: Selbstbeherrschung, ist die dritte Frucht, die in dieser Gruppe genannt wird. Das Wort geht zurück auf einen griechischen Begriff, der bedeutet, daß jemand stark ist und Meisterschaft übt und in der Lage ist, seine Gedanken und Handlungen zu kontrollieren.

Die Mutter John Wesleys schrieb einmal an ihn, während er in Oxford studierte, daß »alles, was die Herrschaft des Körpers über den Geist zunehmen läßt, von Übel ist«. Diese Definition hat mir dabei geholfen, besser zu verstehen, worum es sich bei der Selbstbeherrschung handelt.

Mangelnde Selbstbeherrschung hat zum Fall von Königen und von Industriemagnaten geführt. Die Geschichte zeigt das deutlich. Jemand hat einmal gesagt: »Es gibt Männer, die Armeen kommandieren können, aber sie können sich nicht selbst beherrschen. Es gibt Männer, die mit ihren flammenden Worten Menschenmassen in Bewegung bringen können, die aber nicht schweigen können, wenn man sie provoziert oder wenn man sie falsch behandelt. Der höchste Adel ist die Selbstbeherrschung. Sie ist etwas Königlicheres als eine Krone oder ein roter Mantel.«

Und an anderer Stelle heißt es:

> »Nicht in den Geräuschen der belebten Straße,
> nicht in den Rufen und im Beifall der Menge,
> nein, in uns selbst sind Triumph und Niederlage verborgen.«
> (Henry W. Longfellow, The Poets, 1968, S. 624b)

Sowohl die Geschichte, als auch wohlbekannte Beispiele um uns her lassen sehr gut erkennen, welchen Schaden die Auswüchse unbeherrschter Gelüste und die Schwäche des Fleisches in unserem Leben anrichten. Die Sünde der Unbeherrschtheit, des Fehlens der Selbstbeherrschung, hat zwei Ursachen: einmal das körperliche Verlangen, zum anderen die Gewohnheit.

Wenn wir an Selbstbeherrschung und Mäßigung denken, denken wir zumeist zunächst an den Alkohol. Das ist naheliegend, nicht zuletzt wegen der großen Anstrengungen der Alkoholgegner, die sich so viele Jahre lang bemüht haben, dieses Gift auszurotten, das vielen Menschen auf der Welt so schwer zu schaffen macht. Aber wir heißen stillschweigend die Völlerei gut, obwohl die Bibel sie ebenso verdammt wie die Trunksucht. Und außerdem neigen wir dazu, Unfreundlichkeit, Geschwätz, Stolz und Eifersucht zu übersehen. Auch in all diesen Dingen kann man unbeherrscht sein. In der Bibel heißt es dazu: »Denn die da fleischlich sind, die sind fleischlich gesinnt, die aber geistlich sind, die sind geistlich gesinnt« (Röm 8,5). Mäßigung und Selbstbeherrschung sind, wenn sie Frucht des Geistes sind, Auswirkungen des normalen christlichen Lebens in seiner zunehmenden Reife.

Beherrschung bei der Nahrungsaufnahme ist Mäßigkeit, Beherrschung beim Alkohol ist Nüchternheit, Beherrschung bei der Sexualität bedeutet Enthaltsamkeit für diejenigen, die nicht verheiratet sind. Und selbst für die Verheirateten unter uns mag es Zeiten geben, zu denen wir uns auf Grund beiderseitiger Übereinstimmung geschlechtlich enthalten, damit wir uns noch mehr dem Studium von Gottes Wort, dem Gebet und guten Taten widmen können (vgl. 1.Kor 7,5).

Auch Mäßigung bei Ärgernissen bedeutet Selbstbeherrschung. Vor kurzem begleitete ich einen Mann, der vor einem Flughafen im Parkverbot anhielt. Ein Parkwächter bat ihn daraufhin freundlich, er möge das Auto doch dort wegfahren, weil ein Parkverbot bestehe. Mein Begleiter erwiderte daraufhin zornig: »Wenn Sie kein Polizist sind, dann halten Sie mal lieber Ihren Mund!« Dieser Christ war so nervös und durch seine vielen Pflichten so eingespannt, daß er sich schon beinahe nicht mehr beherrschen konnte. Er war heftig und aufgebracht. Und das war genauso eine Sünde, als hätte er unbeherrscht getrunken.

Mäßigkeit bei der Auswahl der Kleidung ist ein gutes Beispiel für Selbstbeherrschung. Mäßigung bei einem Fehlschlag ist Hoffnung, Mäßigkeit bei sündigen Vergnügungen ist nichts weniger als völlige Enthaltsamkeit. Salomo hat geschrieben: »Ein Geduldiger ist besser als ein Starker, und wer sich selbst beherrscht, besser als einer, der Städte gewinnt« (Spr 16,32). In einer neuen englischen Übersetzung heißt es an dieser Stelle: »Es ist besser, Selbstbeherrschung zu besitzen als eine Armee zu kommandieren.« Der Verfasser der Sprüche schrieb: »Ein Mann, der seinen Zorn nicht zurückhalten kann, ist wie eine offene Stadt ohne Mauern« (25,28).

Auch Paulus lehrte, wie wichtig es sei, Selbstbeherrschung zu üben. Jeder Athlet, der einen Wettlauf gewinnen wolle, müsse sich so ausbilden, daß er seinen Körper vollständig beherrsche, schärfte er seinen Lesern ein. Dabei betonte er, daß das Ziel nicht eine vergängliche, sondern eine unvergängliche Krone sei: »Jeder aber, der kämpft, enthält sich aller Dinge; jene nun, damit sie einen vergänglichen Kranz empfangen, wir aber einen unvergänglichen. – Ich bezwinge meinen Leib und zähme ihn, damit ich nicht anderen predige und selbst verwerflich werde« (1.Kor 9,25.27).

In der Liste der christlichen Tugenden, die sich bei Petrus findet, heißt es: »So wendet alle Mühe daran und erweist in eurem Glauben Tugend und in der Tugend Erkenntnis und in der Erkenntnis Mäßigkeit und in der Mäßigkeit Geduld und in der Geduld Frömmigkeit und in der Frömmigkeit brüderliche Liebe und in der brüderlichen Liebe die Liebe zu allen Menschen« (2.Petr 1,5-6). All das gehört zusammen.

Und ganz sicher ist es so, daß wir, wenn wir unseren Leidenschaften nachgeben, schließlich Ergebnisse zu beklagen haben, die weit schlimmer sind, als wir es uns im Augenblick des Vergnügens je hätten vorstellen können.

Wer vermag zu sagen, wo die Mäßigung endet und wo die Unmäßigkeit beginnt? Das Gewissen mancher Christen ist elastisch, wenn es um die eigenen Schwächen geht, aber es ist eisenhart, wenn die Schwächen anderer zur Debatte stehen. Vielleicht ist es deshalb für manche Christen so einfach, jemanden zu verurteilen, der gelegentlich einmal etwas Wein trinkt, während sie sich selbst nie dafür tadeln, daß sie ständig zuviel essen. Das gewohnheitsmäßige übermäßige Essen ist eine der gängigsten und verbreitetsten Sünden der Christen im Westen heute. Es ist einfach, einen Ehebrecher zu verurteilen, aber wie kann ein Mensch eine solche Verurteilung aussprechen, wenn er selbst irgendeiner anderen Art von Unmäßigkeit und Maßlosigkeit schuldig ist? Sollten wir nicht alle saubere Hände und ein reines Herz haben, und zwar in unserem ganzen Leben? Ist eine Art von Sklaverei etwas grundsätzlich anderes als eine andere Art von Sklaverei? Sind wir nicht genauso fest gebunden, wenn die Fesseln aus Seilen statt aus Ketten bestehen?

Das Gelüst, das dem einen Menschen so wichtig ist, mag verschieden sein von dem, das einen anderen beherrscht. Aber wenn ein Mensch nach irdischen Besitztümern strebt, unterscheidet er sich dann so sehr von denen, denen Sex, Glücksspiel, Geld, Essen, Alkohol oder Drogen wichtig sind?

Die Notwendigkeit zur Mäßigkeit in jedem Bereich des Lebens ist noch nie so groß gewesen wie heute. In einer Zeit, wo Gewalt, Selbstsucht und eine undisziplinierte Lebensweise diesen Planeten zu zerstören drohen, ist es von höchster Dringlichkeit, daß Christen beispielhaft leben. Die Welt braucht dieses Beispiel – einen Halt, an den sie sich klammern kann, einen Anker in der stürmischen See.

Jahrhunderte hindurch haben die Christen Jesus als den Anker bezeichnet. Wenn wir, in denen der Heilige Geist lebt und wirkt, straucheln und versagen, was für eine Hoffnung gibt es dann für den Rest der Welt?

Platz für das Wachsen der Frucht.

Wir haben uns nun mit diesen neun wunderbaren Eigenschaften befaßt, die die Frucht des Geistes darstellen: Liebe, Freude, Friede, Geduld, Freundlichkeit, Gütigkeit, Treue, Sanftmut und Keuschheit. Ich bete darum, daß sie Ihr und mein Leben bestimmen mögen.

Der Heilige Geist befindet sich schon im Herzen eines jeden Christen, und er möchte die Frucht des Geistes in uns wirken. Dafür muß aber eine Umschichtung stattfinden. Ein Boot sinkt nicht, wenn es im Wasser schwimmt, aber es geht unter, wenn es mit Wasser vollschlägt. Wir können uns nicht deshalb nicht an der Frucht des Geistes erfreuen, weil wir von Verderben umgeben sind, sondern deshalb, weil so viel Verderben in uns ist.

Die schlimmsten inneren Feinde jedes Verbrennungsmotors sind die Schlacken, die sich um die Zylinder herum bilden. Sie reduzieren ihre Kraft und bewirken, daß der Motor nicht mehr so viel leistet. Öl kann zwar dafür sorgen, daß der Motor besser läuft, aber es kann nicht die Schlacken entfernen. Der Mechaniker muß einen richtiggehenden Eingriff vornehmen, um die Schlacken zu entfernen, damit das Öl seine Wirkung tun und der Motor die Arbeit leisten kann, für die er konstruiert worden ist. In ähnlicher Weise müssen wir die Werke des Fleisches aus unserem Inneren ausmerzen, damit die tödlichen Schlacken nicht die Wirksamkeit unseres Handelns beeinträchtigen können. Eine Mineralölgesellschaft hat einmal mit dem Satz geworben: »Mehr Kraft für eine bessere Leistung.« In geistlicher Hinsicht ist dies nur dann möglich, wenn wir unser Leben der Herrschaft des Heiligen Geistes ausliefern. Wir müssen es zulassen, daß der Scheinwerfer des Wortes Gottes uns genau ausleuchtet, um die noch verbliebenen Sünden und nutzlosen fleischlichen Eigenschaften ans Tageslicht zu bringen, die unser Wachstum und unser Fruchtbringen beeinträchtigen.

Es gibt die Geschichte von einem Mann, der die Todesanzeigen in der Zeitung durchlas. Zu seiner Überraschung las er dabei auch seine eigene Todesanzeige. Zuerst lachte er darüber. Aber bald begann das Telefon zu läuten. Tief betroffene Freunde und Bekannte riefen an, um ihr Beileid zu bekunden. Schließlich rief er zornig den Herausgeber der Zeitung an und teilte ihm erbost mit, daß er trotz der Todesanzeige quicklebendig sei. Der Herausgeber war peinlich berührt und entschuldigte sich vielmals. Und dabei hatte er schließlich einen Einfall. Er sagte: »Machen Sie sich keine Gedanken mehr, mein Herr, das bringen wir in Ordnung. Morgen erscheint Ihr Name unter den Geburtsanzeigen.«

Die Geschichte mag sich zwar anhören wie ein Witz, aber sie ist doch auch ein geistliches Gleichnis. Erst dann, wenn wir darin eingewilligt haben, daß unser altes Ich mit Christus gekreuzigt wird, kann unser neues Ich hervortreten und die wunderbaren Früchte bringen, die das Leben Jesu kennzeichnen.

Und nur der Heilige Geist kann es möglich machen, daß der in uns lebende Jesus nach außen sichtbar wird. Die Art von Mensch, die wir nach Gottes Willen sein sollen, kann nie nur durch menschliche Anstrengung hervorgebracht werden. Aber wenn der Heilige Geist uns erfüllt, dann wirkt seine Frucht in Menschen, die deutlich erkennbar Jesus immer ähnlicher werden und die damit der Prototyp des Menschen sind, der wir einmal sein werden.

18. KAPITEL

Die Not der Stunde

In den Jahren um 1850 war in den USA ein bemerkenswerter Rückgang des Glaubens festzustellen. Sowohl die Entdeckung von Gold in Kalifornien als auch eine Reihe von anderen Entwicklungen hatten die Herzen und Sinne der Menschen vom Glauben abgewandt und zu materiellen Dingen hingezogen. Auch die politischen Auseinandersetzungen über die Sklaverei und die drohende Spaltung des Landes nahmen die Aufmerksamkeit der Bevölkerung gefangen. Schließlich kam es gegen Ende dieser Zeit auch noch zu einer großen finanziellen Unsicherheit, die das Interesse der Menschen noch zusätzlich vorwiegend auf materielle Dinge fixierte.

Im September 1857 entschloß sich ein Geschäftsmann namens Jeremia Lanphier, andere Geschäftsleute darum zu bitten, daß sie einmal in der Woche mittags mit ihm zu einer Gebetsgemeinschaft zusammenkämen, in der sie auch um eine erneute Stärkung durch den Heiligen Geist beten wollten. Er verteilte Hunderte von Handzetteln, in denen er auf den Termin hinwies, aber am ersten Tag kamen nur sechs Menschen, die sich in einem Raum hinter der Kirche in der Fulton Street versammelten. Zwei Wochen später waren es jedoch vierzig, und innerhalb eines halben Jahres war es so weit gekommen, daß sich in New York allein täglich ungefähr 10000 Menschen zum Gebet zusammenfanden. Ein großes Erwachen ging durch das Land, und innerhalb von zwei Jahren kamen ungefähr eine Million Menschen zum Glauben.

Die Wirkungen dieser Erweckung waren umfassend, und zwar sowohl im Leben der einzelnen Menschen als auch für die Gesellschaft als Ganzes. Tragischerweise kam diese Erweckung zu spät, als daß der Bürgerkrieg noch hätte vermieden werden können, der dann die Existenz des ganzen Landes gefährdete. Gleichwohl entsprang dieser Erweckung viel Gutes, darunter auch starke Impulse für die Missionen und die Bemühungen, das Leben der Armen zu verbessern.

Die Notwendigkeit einer geistlichen Erweckung.

Heute braucht die Welt wiederum dringend eine geistliche Erwekkung. Es ist die einzige Hoffnung, die man für das Überleben der menschlichen Rasse haben kann.

Inmitten der ungeheuren Probleme, mit denen unsere Welt heute zu kämpfen hat, sind die Christen seltsamerweise still und kraftlos und anscheinend fast überwältigt vom Ansturm der Verweltlichung. Dabei sind die Christen dazu aufgerufen, das »Salz der Erde« zu sein (Mt 5,13) und damit eine verwesende Welt vor dem Untergang zu bewahren. Christen sollen das »Licht der Welt« sein (Mt 5,14), die Dunkelheit erleuchten, die die Sünde hervorgerufen hat, und einer Welt Richtung und Führung geben, die ihren Weg verloren hat. Wir sind dazu aufgerufen: »Tut alles ohne Murren und ohne Zweifel, damit ihr ohne Tadel und lauter seid, Gottes Kinder, ohne Makel mitten unter einem verdorbenen und verkehrten Geschlecht, unter dem ihr scheint als Lichter in der Welt« (Phil 2,14-15).

Warum sind wir nicht »Salz« und »Licht«, obwohl wir es sein sollten? Warum tun wir nicht viel mehr, um das Königreich Gottes den Herzen und Leben der Menschen nahezubringen?

Sicher gibt es viele Christen, die von Gott angerührt worden sind und die nun anderen den Weg zu Jesus zeigen. Aber für jeden solchen Christen gibt es leider sehr viele andere, die ein Leben ohne Hoffnung und Freude führen. Diese Menschen haben keine Gewißheit des Sieges über die Sünde, und sie können ihren Glauben nicht wirksam bezeugen. Sie können die Menschen um sich herum nicht für das Evangelium gewinnen.

Wenn es also so ist, daß die Welt heute mit der größten Dringlichkeit die Auswirkungen eines geistlichen Erwachens verspüren muß, dann besteht die größte Notwendigkeit für die christliche Kirche heute darin, die Berührung durch den Heiligen Geist neu zu erfahren, der »Erweckung« und »Erneuerung« in das Leben unzähliger Christen bringt.

Vor vielen Jahrhunderten schenkte Gott Hesekiel, dem Propheten, eine wichtige Vision, in der er sah, wie Israel unter den Nationen zerstreut war. Die Totengebeine Israels waren »sehr viel, und sie waren sehr verdorrt« (Hes 37,2). Alle Hoffnung für die Zukunft erschien vergeblich, nach der Aussage des Propheten hatte es ganz und gar den Anschein, als ob, aus der Sicht der Welt gesehen, Israel so gut wie begraben war. Deswegen war Hesekiel außer sich vor Staunen, als Gott ihn fragte: »Können diese Gebeine wieder lebendig werden?« (Hes

37,3). Der Prophet erwiderte darauf: »Herr, Herr, das weißt du wohl.« Dann erhielt dieser Mann Gottes den Befehl, sein Wort zu reden, und da kamen die Gebeine wieder zusammen, und es wuchsen Adern und Fleisch darauf, und sie wurden mit Haut überzogen; es war aber noch kein Atem in ihnen. Sie hatten noch keinen Atem und Geist. Dann aber gab der Geist Gottes ihnen seinen Atem, und sie wurden zu einer mächtigen Armee.

In der Geschichte der Menschen Gottes haben wir wieder eine dunkle Zeit vor uns. Es mag zwar einige positive Zeichen geben, aber die Mächte des Bösen sammeln sich anscheinend zu einem umfassenden Angriff auf das Werk Gottes in der Welt. Der Satan hat seine Macht in einer Art und Weise losgelassen, die in der Geschichte der christlichen Kirche vielleicht ohne Beispiel ist. Wenn es jemals eine Zeit gegeben hat, in der eine Erneuerung nötig war, dann ist es die unsrige heute. Nur Gott kann den Plänen des Satans und seiner Legionen Einhalt gebieten, denn nur Gott ist allmächtig. Nur sein Heiliger Geist kann eine wirkliche geistliche Erweckung herbeiführen, die sich der Flut des Bösen entgegenstemmt und den Trend umkehrt. Noch in der dunkelsten Stunde kann Gott seine Menschen neu erwecken, und durch den Heiligen Geist kann er neue Kraft und Stärke in den Leib Christi hineinhauchen.

Unsere Welt bedarf dringend der Christen, die vom Heiligen Geist erfüllt sind, die sich von ihm leiten lassen und von ihm ihre Kraft beziehen. Sind Sie ein solcher Christ? Oder brauchen Sie in Ihrem Leben ein neues Anrühren des Heiligen Geistes? Bedürfen Sie in Ihrem Leben einer wirklichen geistlichen Erneuerung? Wenn das so ist, dann dürfen Sie wissen, daß der Heilige Geist Ihnen diese Erneuerung in diesem Augenblick schenken will.

Die Stunde ist da!

Jetzt ist die Zeit für eine geistliche Erweckung. Wir dürfen nicht länger zögern. Dr. Samuel Johnson trug eine Uhr, auf der die Worte »Es kommt die Nacht« aus Johannes 9,4 eingraviert waren. Wir Christen sollten in unseren Herzen die wichtige Wahrheit eingraviert tragen, daß die Gelegenheit, Jesus zu bezeugen und für ihn zu leben, nicht mehr lange gegeben sein wird. Wir wissen nicht – wir alle nicht –, wieviel Zeit uns auf dieser Erde noch zur Verfügung steht. Der Tod kann unserem individuellen Leben ein schnelles Ende setzen. Jesus kann jeden Moment wiederkommen.

Ich habe einmal von einer Sonnenuhr gelesen, auf der der geheimnisvolle Satz stand: »Es ist später, als du denkst.« Passanten hielten oft inne, um über die Bedeutung des Satzes nachzudenken. Wir Christen haben eine besondere Sonnenuhr, nämlich das Wort Gottes. Es enthält vom 1.Buch Mose bis zur Offenbarung die durchgängige Warnung: »Es ist später, als du denkst.« Paulus schrieb an die Christen, die zu seiner Zeit lebten: »Und das tut, weil ihr die Zeit erkennt, nämlich daß die Stunde da ist, aufzustehen vom Schlaf, denn unser Heil ist jetzt näher als zu der Zeit, da wir gläubig wurden. Die Nacht ist vorgerückt, der Tag aber nahe herbeigekommen. So laßt uns ablegen die Werke der Finsternis und anlegen die Waffen des Lichts« (Röm 13,11-12).

Billy Bray, ein Pfarrer, der in einem früheren Jahrhundert lebte, saß einmal am Bett eines sterbenden Christen, der in seinem ganzen Leben mit seinem Zeugnis für Jesus sehr zurückhaltend gewesen war. Der Sterbende sagte: »Wenn ich nur die Kraft dazu hätte, würde ich laut rufen, Gott sei die Ehre.« Billy Bray erwiderte: »Es ist ein Jammer, daß du das nicht laut gerufen hast, als du noch die Kraft dazu hattest.« Ich frage mich, wie viele unter uns auf ein Leben voll ungenützter Gelegenheiten und schlechten Zeugnisses zurückschauen und darüber weinen werden, weil wir es Gott nicht erlaubt haben, uns so zu gebrauchen, wie er es wollte. »Es kommt die Nacht, da niemand wirken kann« (Joh 9,4).

Wenn wir je gründlich die Bibel studieren, wenn wir je Zeit im Gebet verbringen wollen, wenn wir je Menschen für Jesus gewinnen wollen, wenn wir je unser Geld in sein Königreich investieren wollen – dann muß es jetzt geschehen. »Wenn nun das alles so zergehen wird, wie müßt ihr dann dastehen in heiligem Wandel und frommem Wesen, die ihr das Kommen des Tages Gottes erwartet und erstrebt, an dem die Himmel vom Feuer zergehen und die Elemente vor Hitze zerschmelzen werden. Wir warten aber auf einen neuen Himmel und eine neue Erde nach seiner Verheißung, in denen Gerechtigkeit wohnt. Darum, meine Lieben, während ihr darauf wartet, seid bemüht, daß ihr vor ihm unbefleckt und untadelig im Frieden befunden werdet« (2. Petr 3,11-14).

Die Auswirkungen einer Erweckung.

Was würde geschehen, wenn in unserem Leben und in unseren Gemeinden heute eine Erweckung geschähe? Ich glaube, daß eine solche Ausgießung des Heiligen Geistes zumindest acht verschiedene Folgen und Auswirkungen hätte.

1. Wir würden einen neuen Blick für die Majestät Gottes bekommen. Wir müssen uns dessen bewußt werden, daß der Herr nicht nur mitfühlend und barmherzig und voll Liebe ist, sondern daß er auch der Gott der Gerechtigkeit, der Heiligkeit und des Zornes ist. Viele Christen kennen nur eine Karikatur von Gott. Sie sehen Gott nicht in seiner Ganzheit. Wir zitieren eilfertig und glatt Johannes 3,16, aber wir vergessen dabei, den darauf folgenden Vers zu zitieren: »Wer an ihn glaubt, der wird nicht gerichtet, wer aber nicht glaubt, der ist schon gerichtet, denn er glaubt nicht an den Namen des eingeborenen Sohnes Gottes« (V.18). Die Liebe ist in sich nicht vollständig, sondern sie muß begleitet sein von einer unbeugsamen Gerechtigkeit, von einem Zorn gegen die Sünde und von einem Verlangen nach Heiligkeit. Das Kreuz ist der aufrechtstehende, sichtbare Beweis dafür, daß die Heiligkeit für Gott etwas so Wesentliches ist, daß er dafür gestorben ist. Gott kann den Schuldigen nicht reinwaschen, wenn nicht zuvor das Versöhnungswerk getan ist. Wir brauchen die Gnade, und der Ort, wo wir sie finden, ist zu Füßen des Kreuzes.

2. Wir würden einen neuen Blick für die Sündhaftigkeit der Sünde bekommen. Jesaja sah den Herrn auf einem hoch erhabenen Thron sitzen, und sein Gewand erfüllte den Tempel. Die Engel verbeugten sich vor ihm in Ehrfurcht, während sie riefen: »Heilig, heilig, heilig ist der Herr Zebaoth, alle Lande sind seiner Ehre voll« (Jes 6,3). Da erkannte Jesaja, wie unwürdig er war und wie völlig er von Gott abhängig war. Als es Simon Petrus auf dem See Genezareth bewußt wurde, daß der Herr selbst mit ihm im Schiff war, da rief er: »Herr, geh weg von mir! Ich bin ein sündiger Mensch!« (Lk 5,8). Als ihm klar wurde, daß Jesus Gott selbst war, erkannte er seine eigene Sündhaftigkeit. Hiob sagte vor Gott: »Darum spreche ich mich schuldig und tue Buße in Staub und Asche« (Hiob 42,6).

Jakobus sagt uns, daß die Lust eines Mannes, der versucht wird, ihn reizt und lockt (Jak 1,14-15). Und was immer diese Lust auch sein möge, sie gebiert die Sünde und wird ihr Vater, und wenn die Sünde vollendet ist, dann gebiert sie den Tod. Wir müssen die Sünde so sehen, wie sie wirklich ist. Wir können die Sünde dann am besten erkennen, wenn wir auf das Kreuz blicken. Wenn Jesus Christus für die Sünden sterben mußte, dann muß sie aus der Sicht Gottes wirklich dunkel und schrecklich sein.

3. Es würde deutlicher empfunden werden, wie nötig Buße, Glaube und die Wiedergeburt sind. Jesus ist gekommen und hat Buße gepredigt, und er hat gesagt, daß niemand das Königreich des Herrn sehen kann, wenn er nicht »von oben«, »von neuem« geboren ist. Er hat ge-

sagt, daß Sünder die Dunkelheit lieben und daß sie nicht an das Licht kommen, weil sie fürchten, daß ihre Taten dann offenbar werden, und daß sie dafür bestraft werden. Diejenigen, deren Herzen verändert worden sind, sind neue Kreaturen. Sie kommen ans Licht, weil sie die Wahrheit lieben und weil sie Gott lieben. Wenn jemand in Christus Jesus ist, dann ist er eine neue Kreatur, denn das Alte ist vergangen, und alles ist neu geworden.

4. Es würde Freude über die Errettung herrschen. Das Gebet im 34. Psalm spricht von einer Erquickung, »daß sich dein Volk über dich freuen möge« (V.7). Es war Davids Wunsch, daß die Freude an der Errettung wiedererstehen möge. Der ausdrückliche Wunsch Jesu für seine Jünger war: »...daß eure Freude vollkommen werde« (Joh 15,11). Als Philippus nach Samarien hinabzog, kam es zu einer großen geistlichen Erweckung. Dazu heißt es in der Bibel: »und es entstand große Freude in dieser Stadt« (Apg 8,8). Jesus sagt uns auch, daß Freude im Himmel herrschen wird, Freude in der Gegenwart der Engel Gottes über einen einzigen Sünder, der Buße tut. Eine wirkliche Wiederbelebung der Kirche würde zur Errettung von Zehntausenden von Sündern führen, und darüber würde sowohl im Himmel als auch auf Erden Freude herrschen.

5. Es würde uns in einer ganz neuen Weise bewußt werden, welche Verantwortung wir für die Missionierung der Welt haben. Johannes der Täufer wies seine Zuhörer auf das »Lamm Gottes« hin, und seine Jünger folgten ihm von diesem Zeitpunkt an nach (Joh 1,36-37). Andreas fand zuerst seinen Bruder Petrus und sagte ihm, daß sie den Christus gefunden hätten. Als Philippus begonnen hatte, Jesus zu folgen, ging er zu Nathanael (Joh 1, 40-45). Die Apostel sollten überall und an allen Orten Zeugen sein, bis an das Ende der Erde (Apg 1,8). Und als Verfolgung über die Gemeinde in Jerusalem kam und sie zerstreute, da zogen sie überall hin und predigten Jesus und sein herrliches Evangelium (Apg 8,4). Eines der ersten und besten Anzeichen dafür, daß jemand ein wahrer Christ ist, ist, wie sehr er sich um andere kümmert.

6. Man würde sich mehr um soziale Belange kümmern. In Matthäus 22,37-39 sagte Jesus: »Du sollst den Herrn, deinen Gott, lieben von ganzem Herzen, von ganzer Seele und von ganzem Gemüt. Dies ist das höchste und größte Gebot. Das andere aber ist dem gleich: ›Du sollst deinen Nächsten lieben wie dich selbst.‹« Unser Glaube hat nicht nur eine vertikale, sondern auch eine horizontale Dimension. Wir würden Anteil nehmen an den Wunden der Menschen um uns herum und derjenigen, die weit von uns entfernt sind. Aber ich kann nur sagen,

daß eine neu belebte Christenheit einer Welt, die wirklich gerettet werden will von den Folgen ihrer Sünden und ihrer Narrheit, nur eine Botschaft zurufen kann: »Tut Buße!« Allzuviele Menschen wollen heute eine brüderliche Welt haben, in der sie selbst unbrüderlich bleiben können; eine anständige Welt, in der sie selbst unanständig bleiben können. Zu viele Menschen wollen heute wirtschaftliche Sicherheit ohne geistliche Sicherheit haben. Aber die Neubelebung, nach der wir uns sehnen, muß biblisch fundiert sein. Wenn sie christlich ausgerichtet ist, dann wird sie die Bibel als ihren Mittelpunkt sehen. Wenn sie wirklich wahr ist, dann müssen ihre Anführer den Mut des Amos haben, diejenigen zu verdammen, die »die Armen um Geld und die Dürftigen um ein paar Schuhe bringen« (Amos 8,6).

Wir müssen deutlich hervorheben, was Jesus über die Moral, die Ethik und das soziale Miteinander gelehrt hat, und wir müssen uns einig darüber sein, daß er der einzige Maßstab für den einzelnen als auch für die ganze Menschheit ist. Die Bergpredigt gilt für uns heute ebenso wie für alle früheren und späteren Zeiten. Wir können nicht eine neue Zivilisation auf den chaotischen Grundsteinen von Haß und Bitternis aufbauen.

7. Sowohl die Gaben als auch die Frucht des Geistes würden deutlich hervortreten. Die Erneuerung wird durch den Heiligen Geist gewirkt, und wenn er in all seiner Macht auf die Kirche herabkommt, dann werden die Gaben und die Frucht des Geistes klar zu erkennen sein. Gläubige werden lernen, was es bedeutet, einander zu dienen und einander durch die Gaben aufzubauen, die der Heilige Geist geschenkt hat. Sie werden eine neue Zuteilung an Liebe füreinander und für eine verlorene und sterbende Welt erhalten. Die Welt wird dann nicht länger sagen können, daß die Kirche kraftlos sei und schweige. Unser Leben wird nicht mehr ganz gewöhnlich und normal aussehen, so daß man es vom Rest der Welt nicht unterscheiden kann. Unser Leben wird von den Gaben gekennzeichnet sein, die nur der Heilige Geist schenken kann. Unser Leben wird gekennzeichnet sein von der Frucht, die nur er bringen kann.

8. Es würde eine ganz neue Abhängigkeit vom Heiligen Geist spürbar werden. Schon heute gibt es Anzeichen dafür, daß sich das an vielen Orten in der Welt ereignet. Keine geistliche Wiederbelebung ist ohne ihn möglich. Es ist der Heilige Geist, der tadelt, überführt, sich bemüht, unterrichtet, einlädt, stärkt, erneuert, kräftigt und in Dienst nimmt. Man darf ihn nicht betrüben, ihm nicht widerstehen, ihn nicht versuchen, nicht unterdrücken, beleidigen oder beschimpfen. Er gibt dem Christen Freiheit, dem Reichsgottesarbeiter Richtlinien, dem Leh-

rer Einsicht, dem Wort Kraft und dem getreuen Dienst Frucht. Er offenbart die Dinge Jesu. Er lehrt uns, das Schwert des Geistes richtig zu führen, welches das Wort Gottes ist. Er leitet uns in alle Wahrheit. Er führt uns auf dem Weg der Gottseligkeit. Er unterweist uns darin, wie wir den Feinden unseres Herrn antworten können. Er schenkt uns Zugang zum Vater. Er hilft uns in unserem Gebetsleben.

Er gibt Dinge, die man mit Geld nicht kaufen kann, die keine Musik vermitteln kann, die einem keine soziale Position einbringt, deren man sich durch keinen noch so großen persönlichen Einfluß versichern kann und auf die man durch noch so viel Beredsamkeit keinen Einfluß nehmen kann. Kein Pfarrer, so überzeugend er auch wirken mag, kein Evangelist, und sei er noch so beredt, kann die Erweckung herbeiführen, die wir brauchen. Nur der Heilige Geist kann es tun. Sacharja hat gesagt: »Es soll nicht durch Heer oder Kraft, sondern durch meinen Geist geschehen, spricht der Herr Zebaoth« (4,6).

Schritte zum Erwachen.

Wenn so viele Christen der geistlichen Erweckung heute so dringend bedürfen, dann erhebt sich die Frage, wie sie herbeikommt. Welches sind die Schritte, die zu einer Wiedererweckung in unserem Leben und im Leben anderer führen? Meiner Auffassung nach spricht die Bibel von drei Schritten:

Der erste Schritt ist es, daß wir unsere geistliche Armut erkennen. Nur zu oft sind wir wie die Christen in Laodizea, die gegenüber ihren eigenen geistlichen Bedürfnissen blind waren. »Du sprichst: Ich bin reich und habe genug und brauche nichts! und weißt nicht, daß du elend und jämmerlich bist, arm, blind und bloß« (Offb 3,17).

Gibt es eine Sünde in unserem Leben, die das Wirken des Heiligen Geistes in und durch uns blockiert? Wir sollten nicht zu schnell »Nein« darauf antworten. Wir müssen uns im Licht des Wortes Gottes prüfen, und wir müssen darum beten, daß der Heilige Geist uns jede Sünde zeigt, die uns hindert. Vielleicht ist etwas falsch, was wir tun, eine Gewohnheit, eine Beziehung, ein böses Motiv oder ein böser Gedanke. Es mag auch etwas sein, was wir unterlassen, eine Verpflichtung, der wir nicht nachkommen, oder ein Akt der Liebe, dem wir uns bisher entzogen haben. Was auch immer es sein mag, wir müssen der Sache ehrlich und demütig vor Gott ins Auge sehen.

Der zweite Schritt bei der geistlichen Erneuerung ist das Bekenntnis und die Buße. Es ist möglich, daß wir wissen, wir haben gesündigt, aber wir unternehmen daraufhin nichts. Wir müssen jedoch unsere Sünden in Bekenntnis und Buße vor Gott bringen, uns nicht nur zu ihnen bekennen, sondern uns auch von ihnen abwenden und uns darum bemühen, IHM gehorsam zu sein. Wir finden eine der großen Verheißungen in 1.Johannes 1,9: »Wenn wir aber unsere Sünden bekennen, so ist er treu und gerecht, daß er uns die Sünden vergibt und reinigt uns von aller Ungerechtigkeit.« Der Prophet Jesaja hat gesagt: »Suchet den Herrn, solange er zu finden ist; rufet ihn an, solange er nahe ist. Der Gottlose lasse von seinem Wege und der Übeltäter von seinen Gedanken und bekehre sich zum Herrn, so wird er sich seiner erbarmen, und zu unserm Gott, denn bei ihm ist viel Vergebung« (Jes 55,6-7).

Es ist kein Zufall, daß manche der großen Erweckungen in der Geschichte mit dem Gebet begonnen haben. Eine Gebetsgemeinschaft in einem Heuschober bei strömendem Regen im Jahre 1806 führte zur ersten großen Missionsbewegung in den USA. Im Jahre 1830 kamen ungefähr 30000 Menschen in Rochester bei New York zum Glauben auf Grund der Predigten, die Charles Finney hielt. Später sagte Finney selbst, daß das auf das getreuliche Beten eines Mannes zurückzuführen sei, der selbst an den Versammlungen nie teilgenommen, sondern sich nur dem Gebet hingegeben hatte. Im Jahre 1872 führte der Evangelist Dwight L. Moody in London eine Evangelisation durch, die Gott dazu benützte, um zahllose Menschen zum Glauben zu führen. Später erfuhr Moody, daß ein demütiges krankes Mädchen dafür gebetet hatte. Man könnte hier immer neue Beispiele erwähnen.

Beten Sie um eine Erweckung, und zwar sowohl in Ihrem eigenen Leben als im Leben anderer? Bekennen Sie IHM Ihre Sünde, und bemühen Sie sich um seinen Segen für Ihr Leben?

Der dritte Schritt ist eine erneuerte Verpflichtung, die wir eingehen, den Willen Gottes zu erkennen und zu tun. Wir können uns unserer Sünde bewußt werden – wir können beten und unsere Sünde bekennen –, und wir können sie bereuen, aber die wirkliche Probe aufs Exempel ist unsere Bereitschaft zu gehorchen. Es ist kein Zufall, daß eine wirkliche und wahre Erweckung stets von einem neuen Hunger nach Rechtschaffenheit begleitet ist. Ein Leben, das vom Heiligen Geist angerührt worden ist, wird die Sünde nicht mehr dulden.

Was hindert heute in Ihnen eine geistliche Erneuerung? Letztlich ist es natürlich die Sünde. Manchmal schmerzt es sehr, wenn man erkennen muß, wie sehr es einem an geistlichem Eifer und an Hingabe fehlt. Aber Gott will uns anrühren und zu seinen nützlichen Dienern machen. »Weil wir eine solche Wolke von Zeugen um uns haben, laßt uns ablegen alles, was uns beschwert, und die Sünde, die uns ständig umstrickt, und laßt uns laufen mit Geduld in dem Kampf, der uns bestimmt ist, und aufsehen zu Jesus, dem Anfänger und Vollender des Glaubens, der, obwohl er hätte Freude haben können, das Kreuz erduldete und die Schande geringachtete und sich gesetzt hat zur Rechten des Thrones Gottes« (Hebr 12,1-2). James A. Stewart hat hier folgendes gesagt: »Eine Kirche, die der Erweckung bedarf, ist eine Kirche, die die Norm des Neuen Testaments nicht erreicht. Es ist eine tragische Tatsache, daß die große Mehrheit der Christen heute ein Leben führt, das das christliche Standardmaß nicht erreicht. Die Kirche wird nie ›normal‹ werden, bevor sie eine Erweckung erlebt!«

Führen Sie ein Leben unterhalb der christlichen Norm? Ein Leben, das nichts bewirkt, das lauwarm ist und dem es an Liebe zu Jesus und zu den Mitmenschen fehlt? Lassen Sie sich von dem Heiligen Geist in Demut vor Gott führen, bekennen Sie Ihre Sünde und suchen Sie sein Angesicht. Lassen Sie sich von ihm berühren, während Sie sich vor ihm neigen. Die größte Not, die die Welt heute kennt, ist die Not an Christen, die es mit ihrem Glauben ernst nehmen.

Vor über 100 Jahren unterhielten sich in Irland zwei junge Männer. Der eine sagte: »Die Welt muß erst noch erfahren, was Gott durch einen Menschen tun kann, der sich völlig ihm geweiht hat.« Der andere dachte einige Wochen lang über diese Aussage nach. Schließlich wurde er von ihr so ergriffen, daß er ausrief: »Durch die Kraft des Heiligen Geistes, der in mir wirkt, werde ich dieser Mann sein!« Heute sagen die Historiker, daß er zwei Kontinenten Jesus verkündete. Es war Dwight L. Moody.

Das kann wieder geschehen, wenn wir unser Leben der erneuernden Kraft des Heiligen Geistes öffnen. Niemand kann aufrichtig und ehrlich die Reinigung durch den Heiligen Geist und seinen Segen erstreben und dann weiter der gleiche Mensch bleiben. Kein Land kann eine Erweckung erfahren und danach sein wie zuvor.

Wir haben in diesem Buch gesehen, daß Pfingsten der Tag der Kraft des Heiligen Geistes war. Es war der Tag, an dem die christliche Kirche geboren wurde. Wir erwarten nicht, daß sich der Tag der Pfingsten noch einmal ereignen wird, ebenso wie auch Jesus nicht noch einmal am Kreuz sterben wird. Aber wir erwarten von Herzen pfingstlichen Segen, wenn wir die Voraussetzungen erfüllen, die Gott dafür bestimmt hat, und besonders jetzt, wo wir uns der »Endzeit« nähern. Als Christen haben wir die Aufgabe, den Weg vorzubereiten. Wir sollen dazu bereit sein, daß der Geist uns erfüllt und gebraucht!

ANMERKUNGEN

1. Kapitel

1. Matthew Henry, »Commentary on the Whole Bible«, Band 1 (Old Tappan, N.J.: Fleming H. Revell Co.), S.2.

2. Kapitel

1. W.A. Criswell, »The Holy Spirit in Todays World« (Grand Rapids: Zondervan Publishing House, 1966), S. 87.
2. J.d. Douglas, ed. »Let the Earth Hear His Voice« (Minneapolis, World Wide Pub. 1975), S. 227.
3. John R.W. Stott, »Your Mind Matters« (Downers Grove, IL: Inter-Varsity Press, 1973), S. 5,7.
4. Ibid; S.10.

3. Kapitel

1. Al Bryant, »1.000 New Illustrations« (Grand Rapids: Zondervan Publishing House, 1960), S. 3.
2. B.H. Carroll, »Inspiration of the Bible« (New York, Chicago, London, Edinburgh: Fleming H. Revell Co., 1930), S. 54ff.
3. John R.W., Stott, »The Authority of the Bible«, (Downers Grobe, IL: Inter-Varsity Press, 1974), s. 30, 40.
4. John Calvin (Trans. Ford Lewis Battles) ed. John McNeill, »Institutes of the Christian Religion« (Philadelphia: Westminster Press, 1960), Erstes Buch, Kapitel 7, Abschnitte 4 + 5, S. 79,80.
5. J.D. Douglas, ed., »Let The Earth Hear His Voice« (Minneapolis: World Wide Pub., 1975), S. 259.
6. Henry H. Halley, »Halley's Bible Handbook« (Grand Rapids: Zondervan Publishing House, 1962), S.5.
7. J.B. Philipps, »Letters to Young Churches« (New York: The MacMillan Company, 1955), S. XII.

4. Kapitel

1. The Open Bible (Nashville: Thomas Nelson, 1975), S. 988.
2. J. Gresham Machen, »The Christian Faith in the Modern World« (Grand Rapids: W. B. Erdmans Co., 1947), S.63.

5. Kapitel

1. John R.W. Stott, »Baptism and Fullness« (London: Inter-Varsity Press, 1975), S. 28 f.

2. David Howard, »By the Power of the Holy Spirit« (Downers Grove, IL: Inter-Varsity Press, 1973), S. 34 f.

3. Ibid.

6. Kapitel

1. A.T. Robertson, »Word Pictures in the New Testament«, Band 1 (Nashville: Broadman Press, 1930), S. 239.

2. Matthew Henry, »Commentary on the Whole Bible«, Band 6 (Old Tappan, N.J.: Fleming H. Revell Co.), S. 688 f.

3. Ibid.

4. C.S.Lewis, »Letters to Malcolm: Chiefly on Prayer« (London and Glasgow: Collins Fontana Books, 1966), S. 22 f.

5. John Wesley, »A Compend of Wesleys Theology«, eds. Burtner und Chiles (Nashvolle: Abingdon Press, 1954), S. 95.

7. Kapitel

1. Horatius Bonar, »God's Way of Holiness« (Chigaco: Moody Press, 1970), S. 93.

2. C.I. Scofield, ed., The New Scofield Reference Bible, (New York, Oxford University Press, 1967), S. 1276.

3. Ibid., S. 1219.

4.Bonar, »God's Way of Holiness«, S. 91.

8. Kapitel

1. Keswick Week, (London: Marshall Brothers, 1907), S. 105.

9. Kapitel

1. William Barclay, »The Daily Study Bible: The Letter to the Romans« (Philadelphia, Westminster Press, 1957), S. 90.

2. John R.W. Stott, »Men Made New« (London, Inter-Varsity Fellowship, 1966), S. 49-51.

3. James H. McConkey, »The Threefold Secret of the Holy Spirit« (Chicago: Moody Press, 1897), S. 65.

4. John MacNeil, »The Spirit-filled Life« (Chicago: Moody Press, n.d.) S. 58-59.

10. Kapitel

1. »Oh for a Closer Walk«, in: Christian Praise (London: Tyndale Press, 1963), S. 337.

11. Kapitel

1. David Howard, »By the Power of the Holy Spirit« (Downers Grover: IL, Inter-Varsity Press, 1973), S. 101.

2. John R.W. Stott, »Baptism and Fullness«, S. 99ff.

3. Merrill C. Tenney, ed., The Zondervan pictorial Encyclopedia of the Bible, Band 4 (Grand Rapids: Zondervan Publishing House, 1977), S. 903.

13. Kapitel

1. Peter Wagner, »Frontiers in Missionary Strategy« (Chicago: Moody Press, 1971), S. 71.

14. Kapitel

1. Manford George Gutzke, »The Fruit of the Spirit« (Atlanta: The Bible for You, n.d.,), S. 10,11.

15. Kapitel

1. J.D. Douglas, ed., The New Bible Dictionary (London: The Inter-Varsity Fellowship, 1965), S. 753.

2. Stephen Neill, »The Christian Character« (New York: Association Press, 1955), S. 22.

3. Ibid., S. 21.

4. Sherwood Wirt, »Afterglow« (Grand Rapids: Zondervan Publishing House, 1975), S. 82.

5. Neill, »The Christian Character«, S. 29.

6. Amy Carmichael, »Gold by Moonlight« (Fort Washington, PA: Christian Literature Crusade, n.d.), S. 31.

7. Charles Allen, »The Miracle of the Holy Spirit« (Old Tappan, N.J.: Fleming H. Revell Co., 1974), S. 56.

16. Kapitel

1. Carles Hembree, »Fruits of the Spirit« (Grand Rapids: Baker Book House, 1969), S. 57, 58.

2. Charles Allen, »The Miracle of the Holy Spirit« (Old Tappan, N.J. Fleming H. Revell Co., 1974), S. 60.

3. Hembree, »Fruits of the Spirit«, S. 74.

4. Henry David Thoreau, »Walden« (Boston: Houghton, Mifflin & Co., 1906), S. 358 ff.

17. Kapitel

1. Charles Allen, »The Miracle of the Holy Spirit« (Old Tappan, N.J., Fleming H. Revell Co., 1974), S.63.

2. V. Raymond Edman, »They Found the Secret« (Grand Rapids: Zondervan Publishing House, 1960), S.98.

3. Henry Wadsworth Longfellow, The Poets, zitiert aus »Bartletts Familiar Quotations« (Boston: Little, Brown and Co.), S. 624 b.

BIBELSTELLENREGISTER

1. Kapitel

2. Kapitel

3. Kapitel

4. Kapitel

10. Kapitel

11. Kapitel

12. Kapitel

13. Kapitel

14. Kapitel

15. Kapitel

16. Kapitel

17. Kapitel

18. Kapitel

Billy Graham

Biblische Richtlinien für Evangelisten

Pb., 130 S., Nr. 59.443, ISBN 3-7751-1107-7

Jeder Christ ist dazu berufen, ein Zeuge Jesu Christi zu sein. In fünfzehn Thesen und dazugehörenden Ausführungen umreißt das Buch Inhalt und Praxis dieses Zeugendienstes in der Gegenwart.

Billy Graham

Wiedergeburt – wie geschieht das?

Pb., 184 S., Nr. 71.129, ISBN 3-7751-0339-2

Woher kommt die große Leere in mir? Wo finde ich Gott? So oder ähnlich fragen heute viele Menschen auf der Suche nach dem Sinn des Lebens. Ganz praktisch spricht der Autor hier über eine geistliche Neuwerdung.

Von den deutschen Mitgliedern des Billy Graham Teams

ENTSCHEIDUNG

Eine der größten christlichen Zeitschriften der Welt
6 Ausgaben pro Jahr, farbiges Poster in jeder Ausgabe, Abo-Nr. 88.496

- Christsein ist bunt, nicht Schwarz-Weiß-Malerei
- Christsein macht Spaß, wenn es liebevoll und farbenfroh verpackt ist
- Christsein blickt den Realitäten meiner Welt und meiner Stadt ins Auge

Das alles finden Sie in ENTSCHEIDUNG
ENTSCHEIDUNG ist nicht nur die alternative Illustrierte, sondern christlicher Glaube, heute gelebt.
Aufmachung, Inhalt, Themen, Berichterstattung sind präzis, klar formuliert, ohne Schnörkel. Die Zeitschrift gibt Zuflucht, Geborgenheit, Wegweisung, Freude – und Hoffnung.
ENTSCHEIDUNG, eine missionarische Zeitschrift für Leser von 13–90 – jeglicher Ausbildung.
Erlebnisberichte, Bibelauslegungen, aktuelle Themen, Interviews, Gedichte …

hänssler

Irmhild Bärend

Ich schöpfe das Meer aus

Gb., 96 S., 20 × 25 cm, Nr. 79.508, ISBN 3-7751-1461-0

Ein Stück Leben – das sind sie, die Artikel, die die Autorin seit vielen Jahren für die missionarische Zeitschrift ENTSCHEIDUNG schreibt. Es sind immer wieder neue Entdeckungen, Überraschungen, lernen, Gott besser zu verstehen. Und staunend erleben, wie er handelt, wenn wir ihm wirklich die ganze Situation übergeben. Zusammen mit ausdrucksstarken, gleichnishaften Bildern ein besonderer Geschenkband!

Irmhild Bärend (Hg.)

Als ich ganz unten war

Pb., 100 S., Nr. 71.310, ISBN 3-7751-1245-6

»Das habe ich erlebt«, bezeugen Menschen,
»So wurde mein Leben verändert!«
Bewegende Berichte aus dem Alltag. Die Texte sind ehrlich. Sie gehen »unter die Haut«. Sie machen Mut, weil aus ihnen deutlich wird, daß es für Gott keine »Sackgasse« gibt.

Bitte fragen Sie in Ihrer Buchhandlung nach diesen Büchern!
Oder schreiben Sie an den Hänssler-Verlag, Postfach 12 20,
D-7303 Neuhausen-Stuttgart.

hänssler

Eduard Ostermann

Ich setze auf das Leben

Bekenntnisse eines Industriemanagers

Tb., 64 S., Nr. 75.021, DM 4,80*, ISBN 3-7751-0488-7

Dr. Eduard Ostermann war 30 Jahre lang als Manager in Industrie und Wirtschaft tätig. Bis 1982 gehörte er zum Direktorium eines Multikonzerns der Schwerindustrie.
Ostermann arbeitete in vielen internationalen Gremien, wie im Energiekomitee der Internationalen Handelskammer in Paris, im Marktausschuß des International Iron and Steel Institute in Brüssel, im Vorstand des Industry Council for Development in New York und im European Management Forum. Darüberhinaus war er noch Mitglied des European Government Business Relation Council und im Beirat zahlreicher ausländischer Unternehmen, ob in Saudi-Arabien, Iran, Indien, Mexiko, Venezuela und Brasilien tätig.
Seine erfolgreiche Karriere basiert auf dem realistischen Blick für die Wirklichkeit und das Machbare. Seine »Bekenntnisse als Industrie-Manager« offenbaren jene tiefere Lebensdimension, die ihm auch in Krisenzeiten sehr oft geholfen hat.

Eduard Ostermann

»Zukunfts-Chinesisch«

Über die Chancen der Krisenkonzepte unter Berücksichtigung der New Age Bewegung

Pb., 200 S., Nr. 56.607, DM 21,80, ISBN 3-7751-1228-6

Unsere Welt verändert sich mit einem atemberaubenden Tempo. Allerdings wird sie dabei nicht besser! Alle Zukunftsprojekte zeigen sich als falsch! Situationen spitzen sich zu! Erdöl wird zum Modewort der 90er Jahre!
Ostermann hat in diesem Buch all das, was wir heute erleben, vorweggenommen! Er bietet eine realistisch, faszinierende Gesamtschau harter Fakten. Gleichzeitig zeigt sich Ostermann als Praktiker, der seine Materie beherrscht und den Politikern und Wirtschaftsmanagern eine Fülle von Anregungen bietet. Alle wollen die Überholspur benützen. Aber wie geht das?
In »Zukunfts-Chinesisch« entwickelt Ostermann die Dimension einer realistischen Hoffnung, die uns nicht nur davor bewahrt, den Kopf vor der Wirklichkeit in den Sand zu stecken, sondern uns auch lehrt, die Chancen, die uns geboten werden, zu nützen.

hänssler

Eduard Ostermann

»Die große Täuschung«

Pb., 160 S., Nr. 56.690, DM 19,80, ISBN 3-7751-1465-3

Je näher das Jahr 2000 auf uns zukommt, umso kritischer wird die allgemeine Stimmung. Daß es auf einer begrenzten Erde kein unbegrenztes Wachstum geben kann, ist inzwischen Allgemeingut geworden. Ein tiefgreifender Pessimismus verdrängt schon die EG-Euphorie. Der Mensch müsse sich verändern, um mit den Problemen fertig zu werden, so die Forderung von Politik und Wissenschaft, von Erich Fromm bis Fritjof Capra. Kann der Mensch denn das? Wie macht man so etwas? Warum gibt es trotzdem Hoffnung?
Ostermann baut einen Spiegel auf, in dem man sich selbt erkennen kann. »Wer bist du?«, »Wo stehst du?«, »Was kommt auf uns zu?«, »Du mußt dich entscheiden!«.
Inzwischen ist unsere Welt verletzbar geworden und durch die totale Information leicht manipulierbar geworden. Das Angtsmachen ist »in«, denn Angst schafft immer Märkte, und dabei drückt der Stärkere den Schwächeren an die Wand. Wovor haben wir Angst? Haben wir Angst vor dem Ozonloch, vor dem Anstieg des CO_2-Gehalts unserer Atmosphäre, vor weiteren Tschernobyls oder gar vor uns selbst?
Erstaunlicherweise ängstigen wir uns vor Dingen, vor denen wir keine Angst zu haben brauchen und wir fürchten uns nicht vor kommenden Situationen, vor denen uns heute schon die Knie schlottern sollten.
Ein hochaktuelles, sehr zeitgemäßes Buch von einem Mann, der weiß über was er schreibt.
Seine bisherigen Zukunftsbücher wie »Zukunft ohne Hoffnung?«, »Zukunfts-Chinesisch« und »Ohne Gott geht es nicht« haben einen großen und breiten Leserkreis gefunden.

Bitte fragen Sie in Ihrer Buchhandlung nach diesen Publikationen!
Oder schreiben Sie an den Hänssler-Verlag, Postfach 12 20,
D-7303 Neuhausen-Stuttgart.